Workshop Wein

Workshop
Wein

MARNIE OLD

DK

DIE GRUNDLAGEN

INHALT

WEIN UND SEINE STILE

WIE WEIN ENTSTEHT

REBSORTEN UND REGIONEN

INHALT

Vorwort

Dieses Buch von Marnie Old gehört für mich als Standardwerk in jeden Haushalt. Sie finden darin alles, was Sie über Wein wissen wollen – für jedermann absolut verständlich beschrieben.

Während vor 20 Jahren Wein eher als Thema für die älteren Herren aus der gehobenen Schicht galt, hat sich das erfreulicherweise vollkommen gewandelt. Ich erlebe heute ständig, dass mindestens genauso viele Frauen wie Männer sich für Wein interessieren – und dass die Damen heute sogar mehr für den Weineinkauf zuständig sind. Hätten Sie das auch gedacht?

Besonders freut es mich, dass sich so viele junge Menschen für Wein interessieren. Sie wollen viel über Hintergründe erfahren, Fundiertes oder technische Details wissen – zum Beispiel wie man Säure oder Tannine im Wein bewertet, wie sich verschiedene klimatische Bedingungen auf den Wein auswirken, wie man Wein und Essen optimal miteinander kombiniert, oder wie die Aromen in den Wein gelangen.

Marnie Old hilft dabei, ein Problem zu lösen, welches jeden Anfänger beschäftigt, der sich mit Wein auseinanderzusetzen beginnt: Der Anfänger wird mit Fachterminologie, mit komplizierten Namen, Ursprungsbezeichnungen und Detailangaben förmlich erschlagen. Er findet sich hilflos vor einer Regalwand mit vielen unterschiedlichen, ihm unbekannten Weinflaschen. Hier nimmt ihn Marnie Old behutsam an die Hand und macht ihn entschluss- und entscheidungsfähig.

Endlich ein junges Buch! Marnie Old versteht es, Wein auf wirklich unkomplizierte, frische, lebendige Weise und dabei mit richtig fundiertem Wissen näher zu bringen. Nie zuvor wurden die einzelnen Informationen so gut visuell vermittelt. Die Grafiken und Bilder machen den *Workshop Wein* regelrecht lebendig, und die Informationen prägen sich auf diese Weise wie ganz von selbst ein.

So wirkt beispielsweise die Herstellung von Wein gar nicht mehr trocken, durch die Bilder und die anregend frische Kommunikation nimmt man sie interessiert wahr. Oder wie weitsichtig ist es, die Weinempfehlung auf die verschiedenen Jahreszeiten abzustimmen! Können Sie sich vielleicht vorstellen, an einem heißen Sommertag einen holzbetonten Chardonnay oder einen Zinfandel mit 14,5 % Alkohol zu trinken?

Checklisten helfen Ihnen, auf schnellem Weg zum Weinkenner zu werden. Die wichtigsten Informationen sind darin noch einmal zusammengefasst – und Sie können die einzelnen Punkte sowohl nachschlagen, als auch auf eine übersichtliche Weise besser verinnerlichen.

Sie merken – ich bin begeistert! Marnie Old kann ich nur ganz herzlich zu ihrem gelungenen Werk gratulieren.

Natalie Lumpp
Weinsommelière

Einführung

Sie mögen Wein, finden das Thema aber verwirrend? Dies ist das Buch für Sie!

Sie müssen sich nicht Unmengen von Fakten einprägen, um für den Weineinkauf oder die Bestellung im Restaurant gerüstet zu sein. Es gibt ein einfaches, aber aussagekräftiges Konzept, mit dem Sie der Vielfalt der Weinstile schnell auf die Spur kommen. Sobald Sie einmal wissen, *warum* Weine so schmecken, wie sie schmecken, und *wie* Sie herausfinden, welche Stile Sie mögen, wird Weinshopping ganz einfach.

Für Neulinge kann Wein ungeheuer komplex und hermetisch erscheinen, doch das gibt sich, wenn man einen Schritt zurücktritt und das große Ganze betrachtet. Die meisten Weinbücher sehen den Wald vor lauter Bäumen nicht und liefern zwar Details ohne Ende, aber nur wenig, was in der Praxis unmittelbar hilft. Der *Workshop Wein* geht anders vor. Er führt Ihnen direkt vor Augen, worauf es beim Wein ankommt, und vermittelt die besten Strategien, um sich selbstsicher in der Weinwelt zu bewegen.

Anstatt sich im Dickicht der Weinetiketten zu verlieren, erläutert der *Workshop Wein* mit anschaulichen Bildern und farbigen Infografiken die praktischen Verallgemeinerungen, auf deren Grundlage Profis begründete Vermutungen anstellen, wie ein Wein wohl schmeckt. Im *Workshop Wein* wird nicht Wein als gänzlich neues Thema angegangen, sondern er beginnt bei den Dingen, die Sie schon kennen. Wenn Sie sich vorstellen können, wie ein Pfirsich mit der Reifung seinen Geschmack ändert, werden Sie auch leichter verstehen, warum Weine aus kühleren Gebieten verhaltener und säurebetonter, Weine aus wärmeren Regionen dagegen üppiger und fruchtiger schmecken.

Das soll nicht heißen, dass die traditionellen Weinbücher überflüssig wären. Kein landwirtschaftliches Erzeugnis präsentiert sich derart vielfältig und raffiniert wie Wein, und kein anderer Konsumartikel kann es mit seinem geheimnisvollen Bezeichnungssystem aufnehmen. Es wird immer Dinge geben, die man in dicken Wälzern nachschlagen möchte. Doch der *Workshop Wein* geht einen erfrischend anderen Weg. Anstatt sich darauf zu konzentrieren, was individuelle Weine voneinander unterscheidet – Rebsorten und Regionen, Jahrgänge und Winzer –, erklärt er, was sie gemeinsam haben, und schlägt sinnvolle Methoden vor, Weine nach ihrem Geschmack einzuteilen, nicht nach ihrer Herkunft.

Leider hat Wein zu oft noch den Ruf, etwas für Angeber und Snobs zu sein, aber echte Weinprofis sind selten Snobs. Natürlich mögen wir anspruchsvolle Weine, erkennen aber auch an, dass weniger ambitionierte Tropfen ebenfalls ihre Berechtigung haben. Die wahren Experten haben es vom bloßen Weinwissen zur »Weinerleuchtung« gebracht. Sie haben eine recht gute Vorstellung davon, was sie in der Flasche erwartet, weil sie ein paar entscheidende Dinge wissen. Deshalb können sie sich entspannt zurücklehnen und genießen – egal wo der Wein herkommt. Dieses Buch möchte Ihnen diese Herangehensweise nahebringen und Sie damit in eine ähnlich entspannte Lage versetzen. Indem der *Workshop Wein* Sie lehrt, Ihren Sinnen zu vertrauen, möchte er Ihnen den Weg zum puren Genuss und zur reinen Freude mit Wein ebnen.

Zum Wohl!

ZUR VERWENDUNG DIESES BUCHS

Der *Workshop Wein* vermittelt Wissen auf Profiniveau in erfrischend direkter Weise. Er setzt keinerlei Weinwissen voraus, benutzt Alltagssprache statt Weinjargon und schlägt vergleichende Verkostungen zur Verdeutlichung der wichtigsten Ideen vor. Was Sie hier finden, ist eine vereinfachte Fassung der sinnvollen Verallgemeinerungen und praktischen Fähigkeiten, die Sommeliers und Kellermeister weltweit anwenden. Um Ihnen den Zugang zu erleichtern und Informationen zu liefern, mit denen Sie im Alltag wirklich etwas anfangen können, mussten einige komplexere Sachverhalte etwas verkürzter dargestellt werden. Es ist wie bei so vielen Dingen: Bevor man losrennt, sollte man erst einmal zu gehen gelernt haben.

Am besten verstehen Sie die einzelnen Kapitel dieses Buchs wie Lektionen und führen die vorgeschlagenen Verkostungen auch wirklich durch. Nehmen Sie sich Zeit dafür, sie machen Spaß.

- Die Verkostungen umfassen zwei bis maximal acht Weine, die Sie zu Hause probieren und vergleichen. Und da Sie schon mehr als einen Korken ziehen: Zu mehreren macht es noch mehr Spaß. Vielleicht können Sie ja eine private Verkostungsgruppe gründen. Aber auch, wenn Sie nur mit einem oder zwei Freunden verkosten: Sorgen Sie sich nicht um Reste, denn auf Seite 62 steht ein guter Tipp, wie man Wein in angebrochenen Flaschen konserviert – indem man ihn einfriert.
- Um möglichst die ganze Weinwelt abzubilden, sind die Weinempfehlungen international und beruhen auf weitverbreiteten Stilen. Vielleicht können Sie nicht jeden davon auftreiben. Da aber viele Weine ähnliche Eigenschaften haben, erklären Sie die Situation am besten Ihrem Weinhändler – er sollte Ihnen eine sinnvolle Alternative anbieten können.
- Wenn Sie nicht gut zu Hause verkosten können, ist eine Weinbar, die viele Weine offen ausschenkt, eine gute Alternative.
- Von den Weinen, die Sie zu den angegebenen Kategorien bekommen, sollten mindestens 80 % den Beschreibungen so gut entsprechen, dass das Ziel der Lektion klar wird. Aber natürlich gibt es immer ein paar Ausreißer – und das ist völlig in Ordnung. Nehmen Sie sie als köstliche Exkurse, und versuchen Sie es mit einem anderen Wein noch einmal.

DIE GRUNDLAGEN

Sie sind neugierig auf Wein, fühlen sich vor einem Weinregal aber hoffnungslos verloren? Schon der Versuch zu erklären, was Sie trinken möchten, macht Sie sprachlos, und die Namen von ein paar Rebsorten oder Weinregionen helfen Ihnen auch nicht weiter? Keine Sorge. Es ist ein bisschen wie Autofahren zu lernen: Zunächst muss man die praktischen Dinge beherrschen, also die Verkehrsregeln kennen und wissen, wie man lenkt. Wie ein Auto gebaut wird oder wie der Motor funktioniert, ist dagegen erstmal zweitrangig.

Wer Wein mag, sollte sich in der Weinwelt pudelwohl fühlen. Diese Welt zu entdecken sollte Genuss bescheren, nicht besorgt machen oder Stress bereiten. Schon ein wenig Grundwissen kann hier Türen aufstoßen. Am wichtigsten: Was bedeutet es, einen Wein zu »verkosten«, und wie macht man das? Wie beschreibt man ihn? Worauf muss man beim Einkaufen achten und wie zieht man aus jeder Flasche so viel Freude wie möglich? Wenn Sie mit diesen grundlegenden Dingen vertraut sind, dann bekommen Sie sicher auch Lust, mehr Gas zu geben und die wunderbare Welt des Weins auf eigene Faust zu erkunden.

Wissen ist…
Genuss – auf
jeden Fall
beim Wein!

SCHMECKEN UND SPRECHEN

Entdeckungsreise mit den Sinnen

Wein ist ein großartiges Getränk, macht aber leider viele oft sprachlos. Dabei ist es gar nicht schwer, seine Erfahrungen mit Wein einzuordnen und abrufbar zu machen – wenn man weiß, worauf man achten muss und wie man über die verschiedenen Weinstile spricht. Dazu muss man sich weder einer protzigen Weinsprache bedienen noch sich krampfhaft selbst etwas ausdenken. Die wesentlichen Eigenschaften eines Weins lassen sich ganz einfach nach ihren Eindrücken auf die Sinne beschreiben. Eine Checkliste hilft, neue Weine einzuschätzen und genau zu beschreiben, was wir an ihnen mögen und was nicht.

Fachjargon und Weinsprech

Wein zu genießen ist einfach, sich darüber auszutauschen ist schwer. Im Kern geht es nur darum zu sagen, wie ein Wein schmeckt und wie er sich von anderen unterscheidet, doch leider ist unser Alltagswortschatz in Bezug auf Riechen und Schmecken begrenzt – also da, wo Weine brillieren können.

Sich den Jargon aneignen

Weinetiketten und Weinkarten in Restaurants sagen meist eher etwas über Inhaltsstoffe und Anbaugebiete als über den Geschmack des Weins. Der erste Schritt zum besseren Verständnis ist, über die eigenen Eindrücke sprechen und die Aussagen anderer interpretieren zu lernen. Anfänger brauchen nur eine Handvoll Begriffe, um die Eigenschaften von Weinen zu beschreiben. Das gelingt, wenn man der Herausforderung planvoll begegnet und eine Checkliste von Sinneseindrücken benutzt, die einigermaßen objektiv sind.

Die bildhafte Sprache von Weinrezensionen kann verwirrend, manchmal sogar unappetitlich sein.

Beschreibungen helfen

Beim Thema Weinsprache denken wir meist an das, was auf Etiketten steht: Namen von Trauben wie Chardonnay oder Weinregionen wie Bordeaux. Für den Neuling aber sind beschreibende Begriffe viel sinnvoller. Mit ihnen können wir die Qualitäten eines Weins angeben, die wir am liebsten mögen (und natürlich auch die, die wir nicht mögen). Es gibt dabei zwei Haupttypen: indirekte und direkte Beschreibungen. Keine von ihnen ist falsch – es sind nur zwei verschiedene Arten, über Wein zu sprechen.

Indirekt

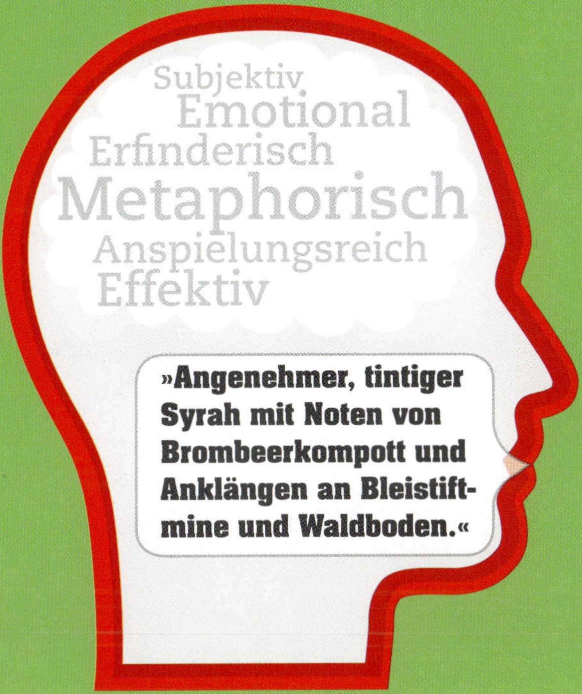

Direkt

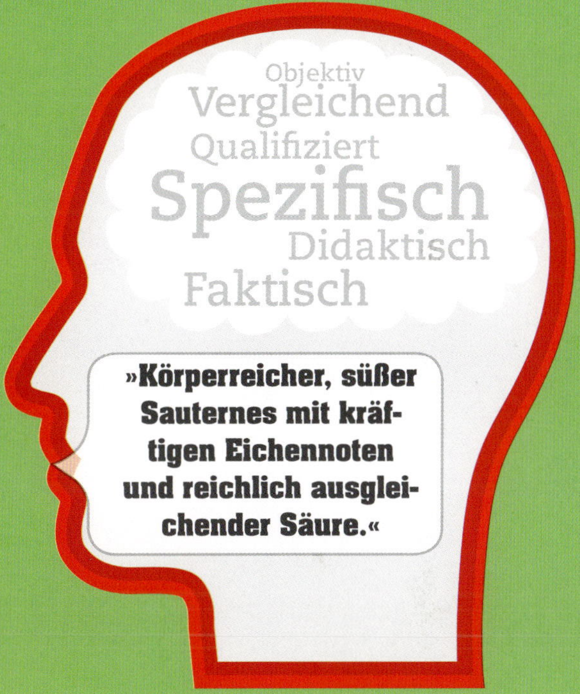

Indirekte Weinbegriffe

Fachleute neigen dazu, mit poetischen »Wortgemälden« komplexe Geschmackseindrücke möglichst eingängig mitzuteilen. Diese Ausdrücke

- beschreiben Weine metaphorisch, indem sie sie mit anderen Wahrnehmungen vergleichen;
- beschreiben subjektive Eigenschaften, die individuell unterschiedlich aufgefasst werden können;
- gibt es in unbegrenzter Menge, darunter auch Wörter mit emotionalem oder persönlichem Gehalt;
- versuchen oft, flüchtige Düfte und Aromen durch plastische Vergleiche zu fassen;
- wirken verkaufsfördernd und werden deshalb gern in der Werbung und in den Medien verwendet;
- werden gern einseitig als »Expertenwissen« eingesetzt.

Direkte Weinbegriffe

Eine weitaus leidenschaftslosere Terminologie der Weinbranche beschreibt die wichtigsten sensorischen Eigenschaften. Diese Ausdrücke

- beschreiben primäre Eigenschaften wie Farbe, Süße und Stärke des Weins, typischerweise auf einer Skala;
- beziehen sich auf eher objektive Merkmale, die die meisten Personen auf die gleiche Art wahrnehmen;
- gibt es in begrenzter Menge; meist sind es konkrete, weniger persönlich geprägte Begriffe;
- geben reale sinnliche Eigenschaften wieder, etwa wie Wein aussieht, schmeckt, riecht und sich anfühlt;
- eignen sich für vergleichende Analysen, wie man sie für die Weinbereitung und in der Ausbildung braucht;
- unterstützen die wechselseitige Kommunikation.

Wein verkosten wie ein Profi

Unsere Wahrnehmung von Wein wird leicht von der Umgebung beeinflusst, in der er verkostet wird. Deswegen versuchen Profis, so objektiv wie möglich zu sein. Eine stets gleichbleibende Routine beim Verkosten schafft die Grundlage für Vergleiche. Ziel ist es, die sensorischen Eigenschaften – Farbe, Geruch, Geschmack – isoliert hervorzuheben, um einen Wein mit einem anderen vergleichen zu können. Am besten gießen Sie sich jetzt ein Glas ein und folgen den nächsten Schritten.

Betrachten Sie den Wein

Ist der Wein weiß, rosé (rosa) oder rot? Wenn die Umgebung hell genug ist, halten Sie das Glas schräg vor eine weiße Fläche, etwa ein Blatt Papier, und blicken Sie durch den Wein hindurch. Das kann einiges über den Stil aussagen. Wie intensiv ist die Farbe? Spielt sie ins Bräunliche hinein (was ein Zeichen von Alter sein kann)?

Was es sonst noch zu sehen gibt, siehe S. 22–25.

Schwenken Sie den Wein im Glas

Man schwenkt den Wein, um ihn besser riechen zu können – ähnlich, als ob man an der Hi-Fi-Anlage die Lautstärke aufdreht. Der Geruch eines Weins intensiviert sich, wenn sich seine Aromen im Kelch des Weinglases sammeln. Das Schwenken vergrößert seine Oberfläche, was die Verdunstung und damit die Intensität der Aromen steigert.

Schnuppern Sie am Wein

Der Geruch ist der wichtigste Sinn beim Verkosten von Wein, darum ist das Riechen vor dem Trinken ganz wesentlich. Stecken Sie Ihre Nase richtig rein ins Glas und schnüffeln Sie zwei- oder dreimal. Wie intensiv ist das Aroma? Erinnert es Sie an etwas? Früchte oder Gemüse? Kräuter oder Gewürze? Können Sie die Toastnote des Eichenfasses riechen?

Was es sonst noch zu erschnüffeln gibt, siehe S. 26–27.

AUSSPUCKEN ODER NICHT? DAS IST DIE FRAGE

Weinprofis spucken bei großen Verkostungen den Wein oft wieder aus, was einem schon seltsam vorkommen kann. Spucken gilt sonst immerhin als unhöflich. Doch wer im Rahmen seines Berufs Weine kritisch verkostet, kann sie nicht alle herunterschlucken – einfach, um nicht betrunken zu werden. Bei größeren Weinwettbewerben, in den Verkostungsräumen von Kellereien und bei Weinkursen stehen deshalb immer genügend Spuckgefäße bereit.

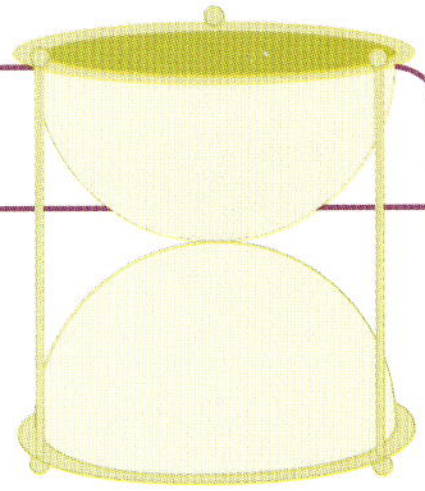

Modernes Verkostungs-Spuckgefäß

Nehmen Sie einen Schluck

Nehmen Sie einen etwas größeren Schluck als gewöhnlich in den Mund, schlucken Sie ihn aber nicht gleich herunter. Behalten Sie ihn 3–5 Sekunden im Mund, damit er sich überallhin ausbreiten kann: über die ganze Zunge, bis tief in den Gaumen, hinein in die Backen.

Im Mund bewegen

Bewegen Sie den Wein im Mund hin und her, etwa so, als ob Sie sich den Mund ausspülen. Manche »kauen« oder schlürfen ihn auch. Die Intensität der Wahrnehmung von Geschmack, Geruch und »Mundgefühl« steigert sich, je weiter der Wein im Mund herumkommt – je mehr Oberfläche er erreicht. Dabei erwärmt er sich auch, was die Verdunstung beschleunigt und konzentriertere Aromen in die Riechgänge schickt.

Nehmen Sie den Gesamteindruck auf

Auch nach dem Herunterschlucken bleibt ein Wein noch eine Weile präsent. Während Sie seinen Nachgeschmack auskosten, können Sie seine sensorischen Qualitäten bewerten. Ordnen Sie ihn anhand der Verkostungs-Checkliste stilistisch ein. Mögen Sie ihn? Lieber zum Essen oder für sich allein? Würden Sie ihn noch einmal kaufen?

Siehe S. 22 für die Verkostungs-Checkliste.

Verkostungs-Checkliste

Jeden Wein, den Sie verkosten, sollten Sie gedanklich in einer Art mentalen Datenbank abspeichern. So können Sie ihn mit anderen Weinen vergleichen und damit einordnen. Am Ende, beim Auskosten des Gesamteindrucks, prägen Sie sich alle mehr oder weniger objektiven Qualitäten ein. Unsere Checkliste der sensorischen Eigenschaften deckt die wichtigsten Punkte ab.

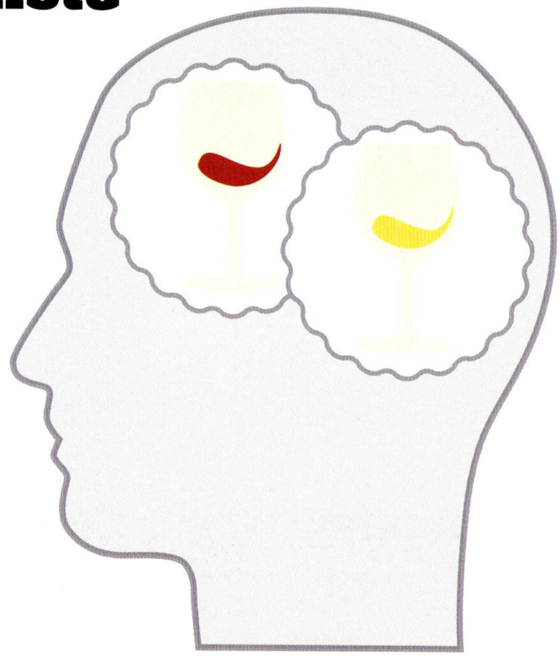

Im Speicher ablegen
Wer einen Wein mit Worten beschreibt, und sei es ganz für sich allein, behält seine Eigenschaften besser im Gedächtnis und kann ihn mit anderen Weinen vergleichen.

Benutzen Sie Ihre Sinne – jedenfalls die meisten!

Vier unserer fünf Sinne können sich mit Wein beschäftigen; nur das Gehör spielt keine Rolle. In der Tabelle unten sind einzelne Attribute nach ihrer Intensität (schwach – mittel – stark) eingeteilt und jeweils entsprechende Begriffe angegeben, die sich zur Beschreibung des Stils eines Weins eignen.

SINN	ATTRIBUT	SCHWACH	MITTEL	STARK
Sehen	FARBE	Weiß	Rosé	Rot
	FARBTIEFE	Blass	Mäßig	Dunkel
Schmecken	SÜSSE	Trocken	Halbtrocken	Süß
	SÄURE	Weich	Frisch	Säurebetont
Riechen	FRUCHTINTENSITÄT	Verhalten	Mittel	Üppig
	EICHENNOTE	Keine	Fein	Kräftig
Fühlen (Mundgefühl)	KÖRPER	Leicht	Mittelschwer	Voll
	TANNIN (Rotwein)	Seidig	Samtig	Rau
	KOHLENSÄURE	Still	Perlend	Schäumend

Wie Wein aussieht

Die offensichtlichsten Unterschiede zwischen Weinen können wir sehen. Menschen sind von Natur aus so auf optische Eindrücke fokussiert, dass auf Weinkarten oder in Geschäften Weine fast immer nach ihrer Farbe eingeteilt werden.

Die Farbe bestimmen

Weine gibt es in vielen Farbabstufungen, von fast wasserklar bis nahezu schwarz, doch für alle gelten zunächst drei Hauptkategorien: weiß, rosé und rot. Ein paar seltene Weine werden auf eine Weise erzeugt, die ihre eigentliche Farbe verbirgt; meist sind das bräunliche Süßweine aus getrockneten Trauben. In 99,9 Prozent aller Fälle aber kann man ganz einfach sagen, ob ein Wein weiß, rot oder rosé ist.

Wusssten Sie ...?

Weißwein kann aus hellen, aber auch aus dunklen Trauben erzeugt werden – der Traubensaft muss dafür nur sofort von den Schalen getrennt werden. Rote und Rosés bereitet man aus dunklen Trauben. Die Farbe richtet sich dann nach der Dauer des Schalenkontakts mit dem Most.

Seltene Rosés
Nur ein kleiner Teil aller Weine fällt in die Kategorie rosé. Das französische Wort für »rosa« steht für Weine aus Rotweintrauben, die bei der Bereitung nur kurzen Kontakt mit den Schalen hatten und deshalb nicht viele Farbstoffe extrahieren konnten.

Nach der Farbtiefe einteilen

Die Intensität der Farbe innerhalb der Kategorien weiß, rot und rosé kann Hinweise darauf geben, wie der Wein möglicherweise schmeckt. Als Faustregel gilt, dass Farbsättigung mit Geschmacksintensität einhergeht und auch auf andere Eigenschaften hindeuten kann. Weißweine mit Goldton beispielsweise haben eher eine Eichennote als fast wasserklare, und blasse, durchsichtige Rote weisen oft einen leichteren Körper und weniger Adstringenz auf als dunkle.

Hell oder verblasst?
Rotweine verblassen mit der Zeit. Das Purpur oder Violett der Jugend geht bei fortgeschrittenem Alter in ein rostbraunes Orange über.

Die Schale hat's in sich
Rotweine fallen dunkler aus, wenn sie längeren Schalenkontakt hatten und aus kleineren, dickschaligeren Trauben erzeugt wurden. Neben Farbstoffen sitzen in den Schalen auch Aromen, deshalb schmecken Rote und Rosés oft kräftiger als Weißweine.

Die goldene Regel
Goldgelbe Farbe bei Weißen deutet auf ältere Weine, Weine mit Eichennote oder reichhaltige, süße Dessertweine hin.

Fast wasserklar
Nur ganz junge Weißweine sind beinahe farblos, in Fässern oder Flaschen gereifte Exemplare nehmen dagegen einen hellen Gelbton an.

Weißweine: Was beeinflusst ihre Farbe?

Verantwortlich für die Farbe von Weißweinen ist hauptsächlich Oxidation: Luftzutritt lässt helles Gelb zu Gold nachdunkeln. Grund dafür ist meist Fassreifung, deshalb wird ein Chardonnay mit Eichennote in der Regel dunkler und goldgelber aussehen als ein frischer, in Edelstahl vergorener Sauvignon Blanc. Ungewöhnlich intensiv aromatische Weiße haben – wie auch süße Dessertweine – ebenfalls eine tiefere Farbsättigung.

Rotweine: Was beeinflusst ihre Farbe?

Auch Rotweine sehen dunkler aus, wenn sie konzentrierter sind. Doch während Weiße mit dem Alter nachdunkeln, werden Rote mit der Zeit blasser, da ihre Farbstoffe nach unten sinken und sich als Sediment ablagern. Die Farbe von Rotweinen stammt aus den dunklen Schalen der Trauben und verhält sich deshalb anders als bei Weißen.

Die Farbtiefe wird von der Traubensorte und ihrem Reifegrad bestimmt, aber auch von den zur Farbextraktion eingesetzten Techniken. Dünnschalige Sorten wie Pinot Noir ergeben blassere Weine als dickschaligere wie Syrah, und die Frucht aus sonnigeren Regionen bringt dunklere Weine hervor als die aus kühlem Klima.

Für hochklassige, alterungswürdige Rotweine extrahieren die Erzeuger mehr Farbe aus den Schalen, während sie für Rosés den Schalenkontakt kurz halten.

Schmecken oder riechen wir?

In der Alltagssprache sagen wir »schmecken« zu allen Sinneseindrücken, die im Mund stattfinden. Auch beim Wein wird meist in diesem Sinn verallgemeinert. Um Wein zu analysieren, ist es aber besser, ganz genau zu unterscheiden, welcher Sinn welche Eigenschaften wahrnimmt.

Welche Sinne sind aktiv?

Wenn wir einen Schluck Wein in den Mund nehmen, werden drei Sinne gleichzeitig aktiv: Geruchs-, Geschmacks- und Tastsinn. Man unterscheidet echte Geschmacksempfindungen von den Aromen, die der Geruchssinn wahrnimmt, und dem taktilen Empfinden im Mund, dem Mundgefühl. Beispielsweise kann man sagen, dass Crème brûlée süß und cremig schmeckt – oder nach Vanille und Karamell. Für die wissenschaftliche Sensorik gilt indes nur die Süße, die allein von den Geschmacksknospen der Zunge wahrgenommen wird, als echte Geschmacksempfindung. Vanille- und Karamellaromen sind Geruchsempfindungen, und die Cremigkeit gehört zum Mundgefühl.

RIECHEN SIE RICHTIG HIN

Fachleute verwenden mindestens ebenso viel Zeit darauf, an ihrem Wein zu riechen, wie ihn zu trinken. Direkt durch die Nase werden die Aromen nämlich viel klarer aufgenommen als auf dem Umweg durch den Mund.

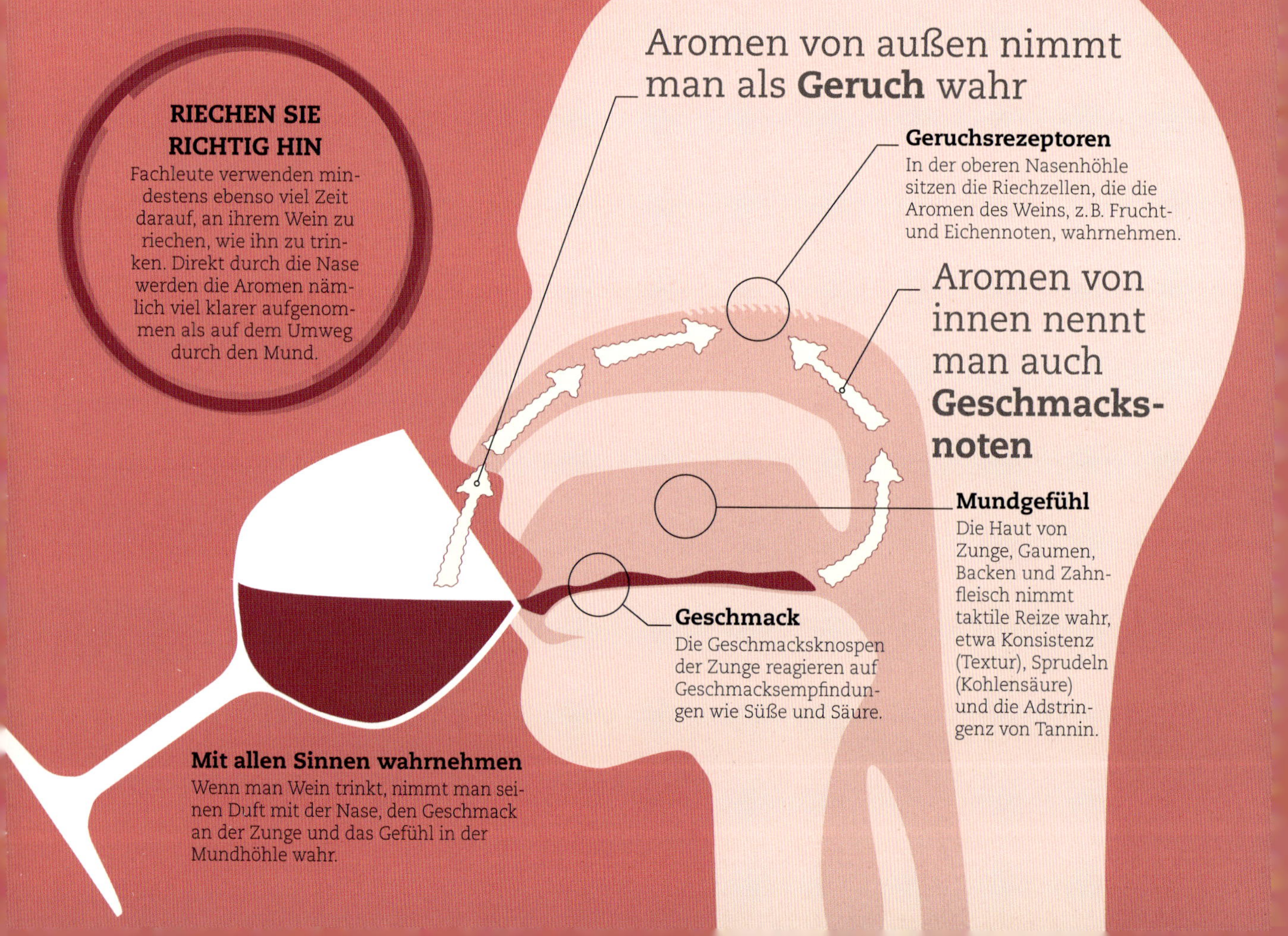

Mit allen Sinnen wahrnehmen
Wenn man Wein trinkt, nimmt man seinen Duft mit der Nase, den Geschmack an der Zunge und das Gefühl in der Mundhöhle wahr.

Was sind Aromen?

Von allen Sinnen ist beim Weingenuss der Geruchssinn der wichtigste. Selbst wenn wir vorher nicht am Glas riechen, gelangen die Aromen beim ersten Schluck mit Wucht an den richtigen Ort. Da der Weg durch den Mund geht, verbinden wir diese Empfindung mit »Geschmack« – weshalb man auch von »Geschmacksnoten« spricht –, doch tatsächlich ist das meiste davon eine Geruchswahrnehmung.

Physiologisch gibt es keinen Unterschied zwischen Aromen, die als Duft durch die Nase kommen, und Aromen, die als »Geschmacksnoten« den Weg durch den Rachen nehmen. Beide werden von den Riechzellen in der oberen Nasenhöhle wahrgenommen – nur der Weg, auf dem sie dorthin gelangen, ist ein anderer.

Wenn man sich den fundamentalen Unterschied zwischen den Geschmackswahrnehmungen an der Zunge und den Geruchswahrnehmungen an den Riechzellen klarmacht, ergeben Weinbeschreibungen viel mehr Sinn. Schmecken können wir, durch den Kontakt mit der Zunge, nur ein paar grundlegende Weinqualitäten wie Süße und Säure. Die flüchtigen Aromen aber, die unsere Riechzellen erreichen – gleichgültig ob von innen oder von außen – vermitteln uns ein viel komplexeres Bild vom Wein, den wir trinken.

Wir können mindestens 10 000 Dinge riechen …

… aber es gibt nur sechs Dinge, die wir wirklich schmecken.

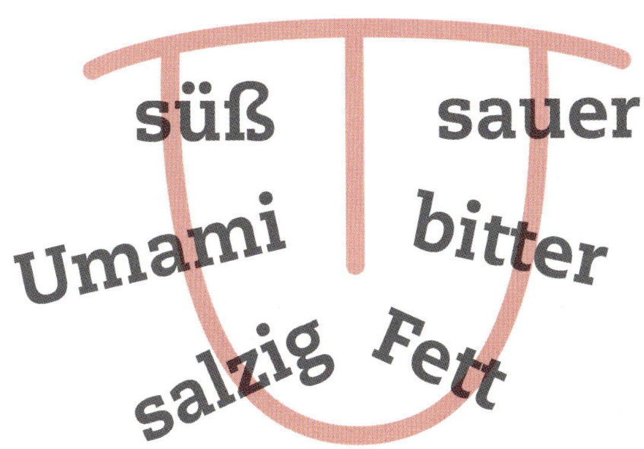

Ein Test für die Nase

Um den Unterschied zwischen Geschmack und Geruch deutlich zu machen, gibt es ein einfaches Experiment.

- Sie halten sich die Nase gut zu, nehmen einen Schluck Orangensaft und lassen die Nase nach dem Herunterschlucken noch fünf Sekunden geschlossen.
- Achten Sie darauf, was Sie in der Zeit, in der die Nase zu ist, wahrnehmen können: nur das, was Ihnen die Zunge mitteilt – in diesem Fall Süße und Säure.
- Geben Sie nun die Nase frei. Sobald Luft an die Riechzellen gelangt, werden Sie erleben, wie plötzlich der »Geschmack« (also das Aroma) von Orangen auftaucht.

Wie Wein schmeckt

Es gibt also nur sechs primäre Geschmacksqualitäten. Was bedeutet das für das Verkosten von Wein? Am überraschendsten dürfte sein, dass nur zwei dieser »echten« Geschmacksempfindungen in Wein zu finden sind.

Geschmack im engeren Sinn

Vier der sechs Geschmacksqualitäten sind seit Jahrhunderten bekannt: süß, sauer, salzig und bitter. Nummer fünf und sechs sind weit weniger auffällig und wurden erst kürzlich durch Laborversuche entdeckt. Die als »deftig« oder »herzhaft« umschriebene Qualität namens Umami, die von Glutamaten und Aminosäuren ausgelöst wird, wurde von japanischen Forschern identifiziert, die dem Geheimnis des Wohlgeschmacks von Seetang und Miso auf der Spur waren. Eine kaum wahrnehmbare weitere Geschmacksqualität wurde erst jüngst gefunden, die mit Fett in Lebensmitteln in Zusammenhang steht.

Nur zwei Geschmacksempfindungen sind beim Verkosten von Wein maßgeblich: Süße und Säure.

Die sechs Geschmacksqualitäten sind …

Sauer = Zitrone
Bitter = Tee
Umami = Glutamat
Salzig = Sojasauce
Süß = Honig
Fett = Butter

Zwei sind wichtig

Süße und Säure sind die beiden Geschmacksqualitäten, die wir beim Weinverkosten vorfinden. Beide sind wichtig für die Einordnung in Weinstile. Andere Geschmacksqualitäten spielen keine Rolle: Wein enthält weder Salz, Fett noch Bitterstoffe, und Umami kommt zwar vor, ist aber kaum spürbar.

Süße messen

In der Weinwelt misst man Süße nach Gramm Zucker pro Liter Wein (g/l). Die Illustration unten zeigt den Süßegrad von Weinen im Verhältnis zu anderen Getränken.

Süß oder trocken?

Süße wird mit der Zunge wahrgenommen. Besonders dicht sitzen die Geschmacksrezeptoren ganz vorn an der Zungenspitze. Die meisten Weine haben keine wahrnehmbare Süße und werden als »trocken« beschrieben. Anfänger kann dieser Ausdruck verwirren, da er in Zusammenhang mit Wein etwas anderes bedeutet als im Alltagsgebrauch. Seit Jahrhunderten nennen Kellermeister weltweit ihre Weine »trocken«, wenn der gesamte natürliche Traubenzucker in Alkohol umgewandelt wurde. Alle Begriffe, *sec* auf Französisch, *dry* auf Englisch oder *secco* auf Italienisch bedeuten in der Alltagssprache »nicht nass« – in Bezug auf Wein aber »nicht süß«.

Eine gewisse Süße findet sich in unterschiedlichem Ausmaß häufig in billigeren Weinen für den Massenmarkt. Neulinge bevorzugen oft diese, je nach Süßegrad »halbtrocken« oder »lieblich« genannten Stile. Richtig süße Weine, häufig »Dessertweine« genannt, sind köstlich, aber aufgrund ihrer aufwendigen Produktionsweise eher selten und teuer. Die allermeisten Weine weltweit sind trocken: Dieser Stil ist einfacher in der Herstellung, hält sich besser und passt gut zum Essen.

STARK UND SCHWACH

Diese Tabelle enthält geläufige Begriffe für Weine mit niedrigem, mittlerem und hohem Zuckergehalt, beschreibt, wie sie wahrgenommen werden, und nennt Beispiele entsprechender Weine.

SÜSSE	BEGRIFF	BESCHREIBUNG	WEINBEISPIELE
Schwach	Trocken	Kein wahrnehmbarer Zuckergehalt	Australischer Chardonnay, französischer Côtes du Rhône
Mittel	Halbtrocken; lieblich	Erkennbarer leichter Zuckergehalt	Deutscher Riesling, kalifornischer Old-Vine-Zinfandel
Stark	Süß, Dessert-	Offensichtlicher, kräftiger Zuckergehalt	Portugiesischer Portwein, italienischer Moscato

Die Vorzüge von Säure

Säure wird hauptsächlich an den Seiten der Zunge wahrgenommen und löst fast unmittelbar Speichelfluss aus – »das Wasser läuft einem im Mund zusammen«. Da frische Trauben viel Säure enthalten, ist auch Wein ein vergleichsweise stark säurehaltiges Getränk. Neulinge empfinden Wein oft als zu sauer für ihren Geschmack, auch weil Säure beim ersten Schluck am deutlichsten hervortritt. Doch dieser Eindruck lässt nach ein paar weiteren Schlucken nach, vor allem, wenn man etwas dazu isst. Um aber nicht abzuschrecken, ist die Weinbranche mit ihren Begrifflichkeiten bei Beschreibungen vorsichtig. Wörter wie sauer oder säuerlich sind negativ besetzt, lieber verwendet man Begriffe wie frisch, knackig, herb, rassig oder erfrischend.

DAS GEHEIMNIS DER KÖCHE

Ein Hauch Säure lässt alles ein bisschen besser schmecken. Köche wissen das, deshalb werden in Restaurants viele Gerichte mit einem Schuss Wein, einem Spritzer Zitronensaft oder einem Tropfen Essig verfeinert.

STARK UND SCHWACH

Diese Tabelle enthält geläufige Begriffe für Weine mit niedrigem, mittlerem und hohem Säuregehalt, beschreibt, wie sie wahrgenommen werden, und nennt Beispiele entsprechender Weine.

SÄURE	BEGRIFF	BESCHREIBUNG	WEINBEISPIELE
Schwach	Weich, schlaff	Erkennbare, aber mäßige Säure, wie in Backäpfeln	Chardonnay mit Eichennote, Cream Sherry
Mittel	Frisch, knackig	Normale, erfrischende Säure, wie in frischen Äpfeln	Italienischer Pinot Grigio, chilenischer Merlot
Stark	Säurebetont, herb, scharf	Hervorstechende, scharfe Säure, wie in unreifen Äpfeln	Französischer Sancerre, italienischer Chianti

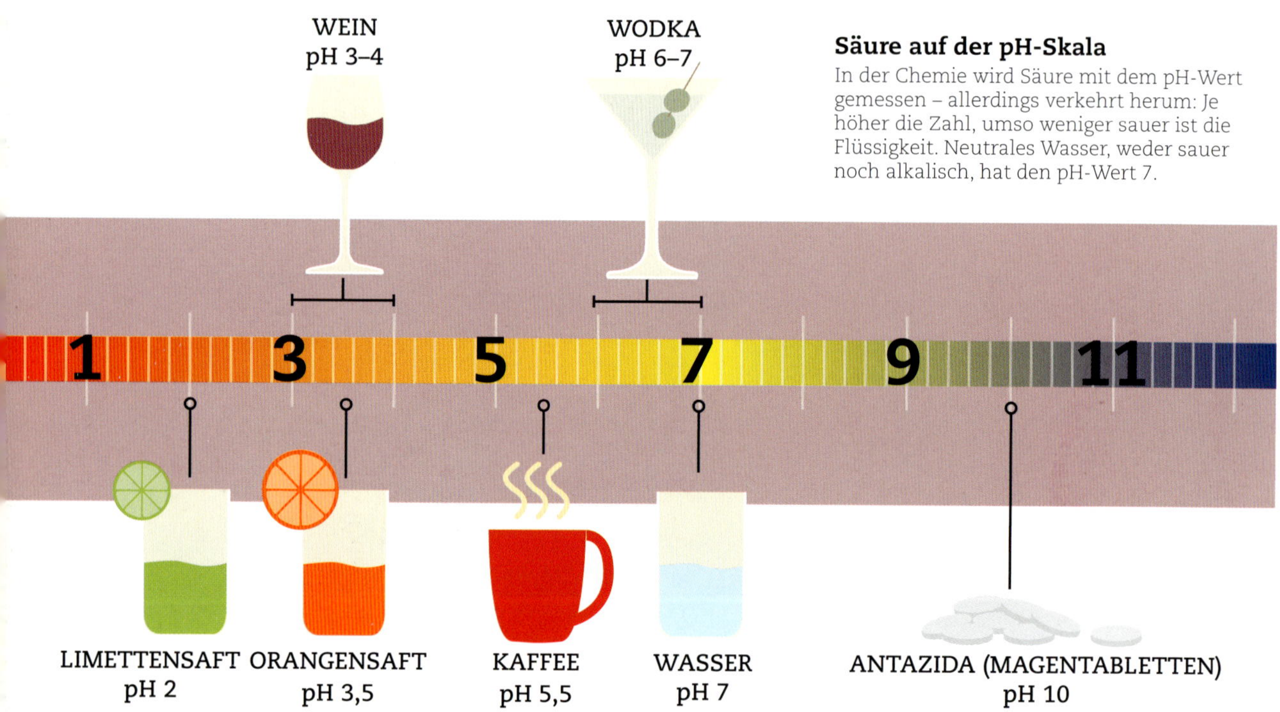

Säure auf der pH-Skala

In der Chemie wird Säure mit dem pH-Wert gemessen – allerdings verkehrt herum: Je höher die Zahl, umso weniger sauer ist die Flüssigkeit. Neutrales Wasser, weder sauer noch alkalisch, hat den pH-Wert 7.

DIE VERKOSTUNG

Süße und Säure

Vergleichen Sie vier Weine zu Hause

Probieren Sie die vier unten aufgeführten Weißweinstile.

1 Achten Sie besonders auf die Empfindungen beim ersten Kontakt mit der Zunge.

2 Bewerten Sie den Gehalt von Süße und Säure auf einer Skala von schwach bis stark.

3 Welchen mögen Sie am liebsten, sei es allein oder zum Essen?

SCHWACHE SÜSSE, STARKE SÄURE | **SCHWACHE SÜSSE, MITTLERE SÄURE** | **MITTLERE SÜSSE, STARKE SÄURE** | **STARKE SÜSSE, SCHWACHE SÄURE**

1 – Schwache Süße, starke Säure

Zum Beispiel …

Sancerre, Pouilly-Fumé, Bordeaux Blanc oder Touraine Sauvignon Blanc

Schmecken Sie …?

Sehr trocken: eindeutig kein Zucker

Säurebetont: ungewöhnlich säurehaltig und herb

2 – Schwache Süße, mittlere Säure

Zum Beispiel …

Fassvergorene Stile aus Sonoma, Monterey oder von der Central Coast

Schmecken Sie …?

Trocken: kein Zucker

Frische Säure: mittlerer Säuregehalt

3 – Mittlere Süße, starke Säure

Zum Beispiel …

Weine aus der Pfalz, Rheinhessen oder dem Rheingau mit der Bezeichnung »halbtrocken« oder »feinherb«

Schmecken Sie …?

Leicht lieblich oder halbtrocken: erkennbarer Zuckergehalt

Säurebetont: hoher Säuregehalt, herb

4 – Starke Süße, schwache Säure

Zum Beispiel …

Dessertweine wie Muscat de Minervois oder Muscat de Beaumes-de-Venise

Schmecken Sie …?

Süß: deutlicher Zuckergehalt

Weiche Säure: ungewöhnlich niedriger Säuregehalt

Wie Wein riecht

Bei der Verkostung ist »Frucht« der Überbegriff für alle Aromen (Geschmacksnoten), die aus der Traube stammen. Da Wein immer zu 100 % aus Frucht besteht, deckt diese Beschreibung fast alle vorkommenden Aromen ab.

Was ist Frucht, was Eiche?

Es ist sinnvoll, die Weinaromen in Kategorien einzuteilen und nach ihrer jeweiligen Intensität zu beurteilen. Die beiden wichtigsten Kategorien bei der Weinverkostung für Wahrnehmungen mit dem Geruchssinn sind »Fruchtnoten« und »Eichennoten«, benannt jeweils nach ihrer Herkunft im Weinbereitungsprozess.

Die meisten Weinaromen stammen aus den Trauben.

STARK UND SCHWACH

Diese Tabelle enthält geläufige Begriffe für Weine mit niedriger, mittlerer und hoher Fruchtintensität, beschreibt, wie sie wahrgenommen werden, und nennt Beispiele entsprechender Weine.

AROMA	BEGRIFF	BESCHREIBUNG	WEINBEISPIELE
Schwach	Verhalten, fein, subtil	Zurückhaltendes Aroma, wie bei Kamillentee	Italienischer Prosecco, französischer Chablis – v.a. bei Weißwein
Mittel	Mittel, fruchtig	Normales Aroma, wie bei schwarzem Kaffee oder Tee	Neuseeländischer Sauvignon Blanc, spanischer Garnacha
Stark	Üppig, konzentriert	Intensives, kraftvolles Aroma, wie bei Espresso	Napa Valley Cabernet Sauvignon, deutscher Eiswein – kommt v.a. bei Rot- und Dessertweinen vor

Was ist überhaupt »Frucht«?

Um bestimmte Aspekte der Fruchtaromen eines Weins hervorzuheben, werden gern Vergleiche wie »Brombeere« oder »Zitrone« bemüht. Für Neulinge aber ist es sinnvoller, erst einmal die Intensität der Fruchtigkeit insgesamt auf einer einfachen Skala zu beurteilen. Die Fruchtkomponente hängt dabei eng mit der Geschmacksintensität des Weins zusammen: Ist sie subtil und zurückhaltend, üppig oder sogar übertrieben?

Für Branchenprofis bedeutet »Frucht« in Bezug auf Wein mehr als in der Alltagssprache. Natürlich gehören offensichtlich an Früchte erinnernde Gerüche wie der Ananasduft von Chardonnay oder die Kirschnoten von rotem Burgunder dazu, doch in der Fachsprache werden auch Aromen dazugerechnet, die nicht wirklich Früchten ähneln. Der pfeffrige Duft von Syrah, die Kräuternote von Sauvignon Blanc, das blumige (»florale«) Aroma von Gewürztraminer – alle gelten als Teil der »Frucht« eines Weins. »Fruchtig« dagegen hat häufig die landläufige Bedeutung, dass nämlich im Duft die Aromen reifer Früchte vorherrschen.

Zu den in den Trauben bereits vorhandenen Noten kommen dann noch die Aromen, die bei der Weinbereitung entstehen. Komplexe chemische Reaktionen bringen flüchtige aromatische Verbindungen hervor, die nach allem Möglichen riechen können – von Brotteig bis Leder, von Asphalt bis Zedernholz.

ERDE WIRD ZU »FRUCHT«

Aus dem Weinberg können auch erdige Noten in den Wein gelangen, was oft mit *terroir* umschrieben wird. Auch sie zählt man zum Universum der »Frucht« eines Weins.

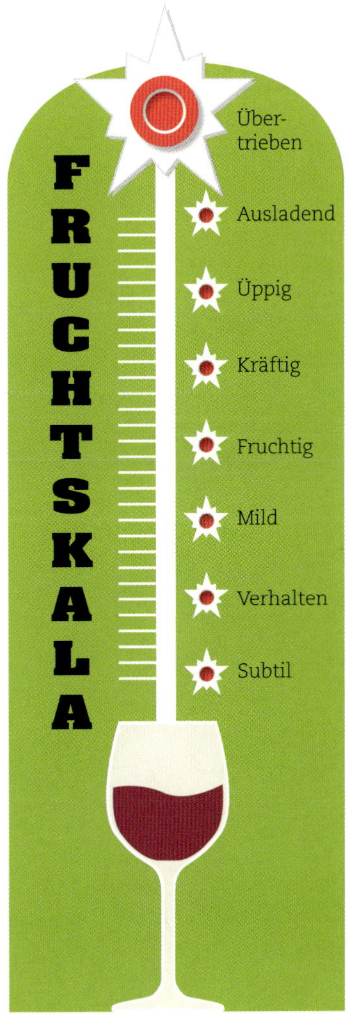

Ansteigende Fruchtintensität

Mit dieser Skala können Sie die Fruchtintensität eines Weins besser einschätzen. Ordnen Sie jedem Wein, den Sie probieren, den passendsten Begriff zu.

Und was ist »Eiche«?

Mit »Eichennote« oder »eichenholzwürzig« wird eine begrenzte Zahl von Weinaromen beschrieben, die aus dem Kontakt mit Holz herrühren, in der Regel von Fässern aus angeröstetem Eichenholz. Jahrhundertelang vergor und lagerte man Wein aus praktischen Gründen in Eichenfässern, heute nutzt man sie meist, weil sie Aromen einbringen. Eichennoten haben mehrheitlich Rot- und körperreiche Weißweine, insbesondere hochklassige gereifte Stile.

Am stärksten ist der Einfluss neuer, angerösteter Fässer; das Aromenspektrum ähnelt dem in Eiche gereifter Brände wie Cognac und Bourbon. Alte Fässer dagegen übertragen oft gar keine Aromen mehr auf den Wein.

DER DUFT VON EICHE

Neben dem Duft nach Holz können in Eiche gereifte Weine Aromen annehmen, die an Vanille, süße Gewürze, Karamell und Nüsse erinnern. Sie sind aber nicht immer vorhanden, da viele Weine ohne Eicheneinfluss erzeugt werden.

WEIN IN DER EICHE ODER EICHE IM WEIN?

Eichennoten kommen aus neuem, angeröstetem Eichenholz in den Wein. Bei hochklassigen Weinen geschieht dies durch Reifung oder Gärung in neuen Holzfässern, bei Billigweinen dagegen werden häufig einfach Eichenchips oder -stäbe in den Edelstahltank gehängt.

Traditionelle Methode

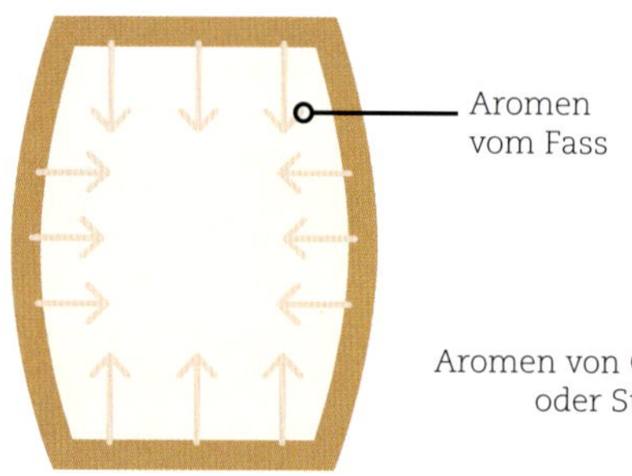

Industrielle Methode

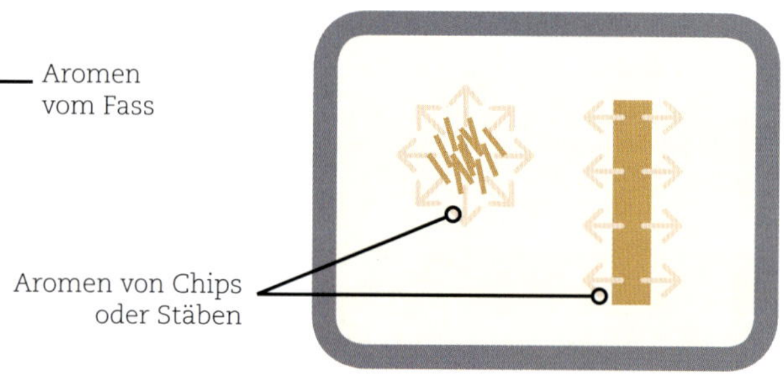

STARK UND SCHWACH

Diese Tabelle enthält geläufige Begriffe für Weine ohne, mit mittlerer und mit kräftiger Eichennote, beschreibt, wie sie wahrgenommen werden, und nennt Beispiele entsprechender Weine.

EICHENNOTE	BEGRIFF	BESCHREIBUNG	WEINBEISPIELE
Schwach	Ohne Eichennote, kein Holz	Keinerlei Eichenaromen, wie bei Wodka	Deutscher Riesling, italienischer Valpolicella
Mittel	Feine Eichennote	Feine Eichenaromen, wie bei jungem kanadischem Whisky	Französischer Bordeaux, Oregon Pinot Noir
Stark	Eichenholzwürzig	Intensive Eichenaromen, wie bei hochklassigem altem Cognac	Premium-Chardonnay, spanischer Rioja

DIE VERKOSTUNG

Frucht und Eiche

Probieren Sie die vier unten aufgeführten Weinstile.

1 Achten Sie besonders auf die Aromen, die Sie wahrnehmen, bevor und nachdem Sie einen Schluck genommen haben.

2 Versuchen Sie, den allgemeinen »fruchtigen« Duft vom Röstaroma der Eiche zu unterscheiden.

3 Bewerten Sie die Intensität beider auf einer Skala von schwach bis stark.

SCHWACHE FRUCHT, SCHWACHE EICHE

Zum Beispiel …

Mâcon-Villages, Chablis, St-Véran, Bourgogne Blanc oder Viré-Clessé

Schmecken Sie …?

Subtile Frucht: wenig intensive Aromen

Keine Eiche: Aromen von Eichenholz nicht wahrnehmbar

MITTLERE FRUCHT, MITTLERE EICHE

Zum Beispiel …

Weinstile aus Sonoma, der Central Coast, Monterey, Santa Barbara oder Carneros

Schmecken Sie …?

Mäßige Fruchtigkeit: Aromen von mittlerer Intensität

Feine Eichennote: erkennbare Aromen aus dem Eichenfass

MITTLERE FRUCHT, STARKE EICHE

Zum Beispiel …

Rioja, Toro oder Ribera del Duero der Qualitätsstufen *Crianza* oder *Reserva*

Schmecken Sie …?

Mäßige Fruchtigkeit: Aromen von mittlerer Intensität

Eichenholzwürzig: deutliche Aromen aus dem Eichenfass

STARKE FRUCHT, STARKE EICHE

Zum Beispiel …

Spitzenweine aus Barossa, McLaren Vale oder South Australia

Schmecken Sie …?

Üppige Frucht: sehr intensive Aromen

Eichenholzwürzig: deutliche Aromen aus dem Eichenfass

Wie sich Wein anfühlt

Manches beim »Schmecken« von Wein ist weder Geruch noch Geschmack, sondern »Mundgefühl« – Wahrnehmungen des Tastsinns an Zunge, Gaumen und Zahnfleisch. Das Mundgefühl ist Teil des Genusses beim Essen und Trinken, von knusprigen Kartoffelchips bis zur cremigen Schokoladenmousse.

Beim Wein achten wir auf drei Arten von Empfindungen des Tastsinns:

1. Kohlensäure oder Bläschen
2. Gewicht oder Körper
3. Tannin oder Adstringenz

Sprudeln und Schäumen

Die offensichtlichste und direkteste taktile Wahrnehmung bei Wein ist das Prickeln der Kohlensäure. Kohlendioxid ist ein natürliches Nebenprodukt der alkoholischen Gärung – während der Produktion schäumen also irgendwann alle Weine. Normalerweise verflüchtigt sich das Kohlendioxid, weshalb der Großteil der Weine am Ende »still« ist. Wenn man es aber am Entweichen hindert, bleibt es als Kohlensäure gelöst im Wein, und es entsteht Schaumwein mit seinen Bläschen. Schaumweine sprudeln im Glas und erzeugen ein prickelnd-frisches Gefühl am Gaumen. Sie benötigen spezielle Flaschen und Korken, die dem Druck der Kohlensäure standhalten. Manchmal spürt man auch nur ein leichtes Perlen im Mund, das sogenannte Moussieren, das als »spritzig« empfunden wird – meist bei sehr jungen Weiß- oder Roséweinen. Dabei handelt es sich aber nicht um Schaumwein – im Glas verschwinden die Bläschen rasch.

STARK UND SCHWACH

Diese Tabelle enthält geläufige Begriffe für Weine ohne, mit mittlerem und mit hohem Kohlensäuregehalt, beschreibt, wie sie wahrgenommen werden, und nennt Beispiele entsprechender Weine.

KOHLENSÄURE	BEGRIFF	BESCHREIBUNG	WEINBEISPIELE
Schwach	Still(wein), normal	Völlige Abwesenheit von Bläschen	Pinot Gris, Sauvignon Blanc
Mittel	Spritzig, perlend	Bläschen vorhanden, aber nicht sehr intensiv	Vinho Verde, baskischer Txakolina
Stark	Schäumend	Deutliches Schäumen und Sprudeln	Champagner, Prosecco

Das Gewicht beurteilen

Wenn es bei Weinverkostungen um »Gewicht« geht, ist damit die Konsistenz oder Textur gemeint – das Gefühl, wie »dick« oder zähflüssig (viskos) sich der Wein anfühlt. Man spricht auch vom »Körper« des Weins. So, wie sich Sahne dicker als Milch anfühlt, weil sie mehr Fett enthält, erscheinen körperreiche Weine schwerer, da sie mehr Alkohol enthalten. Mittelschwere Weine haben meist um 13 % Alkohol.

Eine Ausnahme sind Dessertweine, da gelöster Zucker ebenfalls die Viskosität erhöht. Ein Wein, der sowohl süß als auch stark ist, etwa Port, erscheint besonders schwer und zähflüssig. Auch andere Faktoren wie Fassreifung oder Hefekontakt können ein Gefühl von Gewicht vermitteln, aber in der Regel nicht so stark wie Alkohol und Zucker.

Heller ist leichter
Weißweine sind meist alkoholschwächer und fühlen sich leichter an als die meisten Rotweine, doch gibt es auch hier Ausnahmen von der Regel.

Kaum Rote
Rotweine werden selten mit weniger als 12,5 % Alkohol erzeugt, deshalb sind wirklich leichte Rote nur schwer zu finden.

DAS GEHEIMNIS DER TRÄNEN

Sichtbar wird das Gewicht eines Weins, wenn er nach dem Schwenken im Glas »Tränen« oder »Kirchenfenster« bildet. Diese Tropfenformen fließen bei schweren Weinen am langsamsten ab.

STARK UND SCHWACH

Diese Tabelle enthält geläufige Begriffe für Weine mit leichter, mittlerer und voller Textur, beschreibt, wie sie wahrgenommen werden, und nennt Beispiele entsprechender Weine.

TEXTUR	BEGRIFF	BESCHREIBUNG	WEINBEISPIELE
Schwach	Leicht, leichter Körper	Dünne, feine Textur, wie bei Magermilch	Deutscher Riesling, italienischer Moscato – v. a. bei Schaum-, Weiß- und Roséweinen
Mittel	Mittelschwer, mittlerer Körper	Normale, mittlere Textur, wie bei Kakao	Französischer Bordeaux Blanc, chilenischer Merlot
Stark	Schwer, körperreich, voller Körper	Üppige, viskose Textur, wie bei einem Schokoladen-Milchshake	Kalifornischer Old-Vine Zinfandel, Portwein – v. a. bei Rot-, Dessert- und gespriteten Weinen

Tannin entdecken

Rotweine machen oft den Mund trocken. Sie stoppen den Speichelfluss und hinterlassen manchmal ein raues, ledriges Gefühl am Gaumen. Das liegt am enthaltenen Tannin, einer adstringierenden phenolischen Verbindung aus den Schalen, Kernen und Stielen der Trauben.

- Größere Mengen Tannin finden sich nur in Rotweinen, die im Gegensatz zu Weißweinen während der Gärung in Kontakt mit den genannten Feststoffen bleiben.
- Tannine intensivieren die Farbe von Rotweinen und oft auch deren Geschmack.
- Als natürlicher Konservierungsstoff erhöht Tannin die Lagerfähigkeit von Wein, wird mit der Zeit aber abgebaut.
- Die jüngsten, dunkelsten, intensivsten Rotweine, die noch reifen sollen, enthalten in der Regel auch am meisten Tannin.
- Der austrocknende Effekt des Tannins – »griffig« wird so ein Wein gern genannt – ist nicht immer sofort spürbar, sondern steigt in den ersten 30–60 Sekunden noch an.
- Weine mit milden Tanninen können ein Gefühl wie Samt erzeugen, bei kräftigen Tanninen ist es rauer, etwa wie Veloursleder.

Tannine stammen hauptsächlich aus den Traubenschalen. Sie wirken oxidationshemmend und geben dem Wein Farbe, Geschmack und Adstringenz.

TROCKNEND, NICHT TROCKEN

Tannin verursacht zwar einen trockenen Mund, das muss aber nicht heißen, dass der Wein trocken ist. »Trocken« heißt in der Weinsprache »nicht süß«, während ein austrocknender Wein als »tanninhaltig« bezeichnet wird.

STARK UND SCHWACH

Diese Tabelle enthält geläufige Begriffe für Weine mit niedrigem, mittlerem und hohem Tanningehalt, beschreibt, wie sie wahrgenommen werden, und nennt Beispiele entsprechender Weine.

TANNIN	BEGRIFF	BESCHREIBUNG	WEINBEISPIELE
Schwach	Ohne	Kein wahrnehmbarer, den Mund austrocknender Effekt	Französischer Beaujolais, trockener Rosé
Mittel	Samtig, weiche Tannine	Erkennbare, leichte Adstringenz	Kalifornischer Merlot, französischer roter Burgunder
Stark	Rau, harte Tannine	Prägnante aggressive Adstringenz	Italienischer Barolo, australischer Cabernet Sauvignon

DIE VERKOSTUNG

Körper, Tannin und Kohlensäure

Vergleichen Sie vier Weine zu Hause

Probieren Sie die vier unten aufgeführten Weinstile.

1 Achten Sie besonders darauf, wie sie sich im Mund anfühlen.

2 Spüren Sie dem Gewicht, also der »Dicke« der Textur, sowie einem eventuellen Prickeln der Kohlensäure nach.

3 Wie zeigt sich bei den Roten nach dem Runterschlucken der austrocknende Effekt des Tannins?

LEICHTER KÖRPER, KEIN TANNIN, SCHÄUMEND

Zum Beispiel …

Einfache, preisgünstige Marken

Schmecken Sie …?

Leicht: feine, dünne Textur

Schäumend: heftiges Prickeln

LEICHTER KÖRPER, KEIN TANNIN, PERLEND

Zum Beispiel …

Einfache, preisgünstige Marken

Schmecken Sie …?

Leicht: feine, dünne Textur

Spritzig: sanftes Prickeln

MITTELSCHWER, MITTLERE TANNINE, NICHT SCHÄUMEND

Zum Beispiel …

Marken mittlerer Preislage

Schmecken Sie …?

Mittlerer Körper: normale, mittelschwere Textur

Weiche Tannine: leicht austrocknend im Mund

Still: keine Kohlensäure

KÖRPERREICH, KRÄFTIGE TANNINE, NICHT SCHÄUMEND

Zum Beispiel …

Marken mittlerer oder hoher Preislage

Schmecken Sie …?

Schwer: dichte, reichhaltige Textur

Kräftige Tannine: stark austrocknend im Mund

Still: keine Kohlensäure

Gesamteindruck: Die Weinqualität

Für Neulinge ist es oft am schwierigsten, die »objektive« Qualität eines Weins zu bestimmen, die sich keineswegs mit dem eigenen persönlichen Geschmack decken muss.

Den Abgang analysieren

Von allen Qualitätsindikatoren ist die Länge des Nachgeschmacks – des Abgangs – eines Weins die wichtigste, die zudem am einfachsten zu erkennen ist. Es geht darum, wie lange ein Wein nach dem Herunterschlucken (nachdem er sozusagen von der Bühne abgegangen ist) noch nachwirkt. Dieser Geschmackseindruck kann 30 Sekunden anhalten, aber auch fünf Minuten – je länger, umso besser ist im Prinzip die Qualität.

Aus erstklassigen Grundstoffen gut bereitete Weine werden immer einen längeren, intensiveren und angenehmeren Abgang haben als weniger ambitionierte Tropfen. Im Abgang lassen sich auch Weinfehler wie schlechte Lagerung, schadhafte Korken und schlampige Erzeugung erkennen.

Der Abgang eines Weins ist nicht einfach nur die Summe des nachwirkenden Geschmacks, Geruchs und Mundgefühls, es ist in seiner Gesamtheit eine fast greifbare, vibrierende Energie, die den Mund erfüllt. Billige Weine klingen sehr schnell ab, gut bereitete Weine auf höherem Niveau wirken mindestens 1–2 Minuten im Mund nach, und wirklich große Gewächse beherrschen den Mund noch wesentlich länger. Fachleute sind beim Abgang hellwach, denn jeder Wein verabschiedet sich auf seine ganz spezifische Weise.

Die Qualität eines Weins kann an der Dauer des Nachhalls gemessen werden, den er im Mund erzeugt.

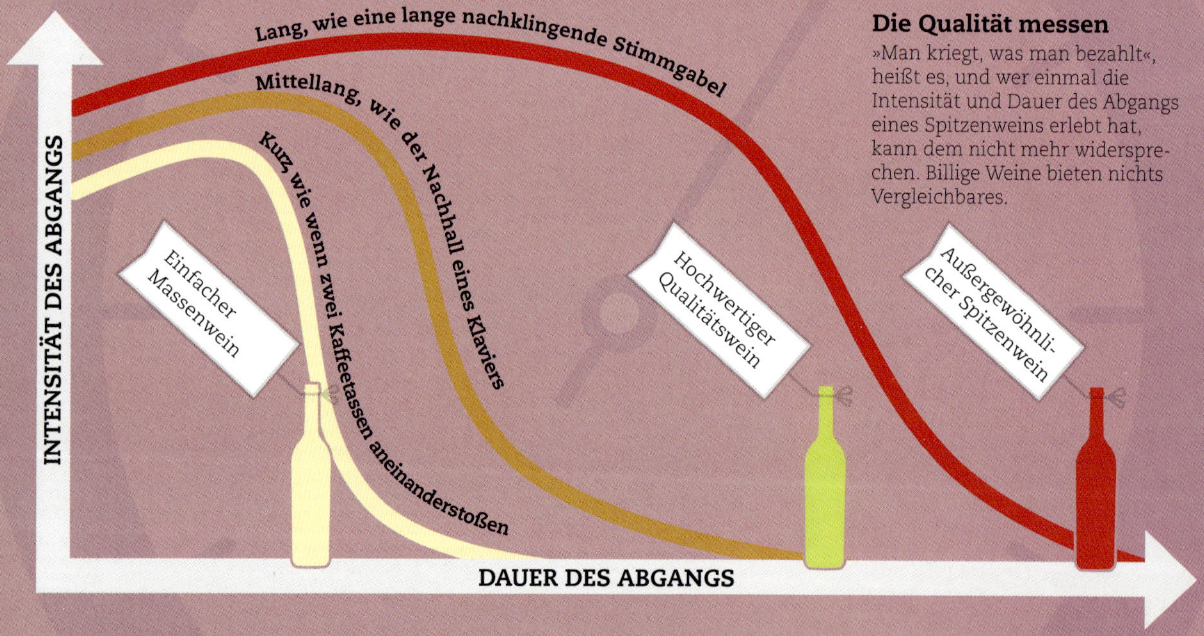

Die Qualität messen

»Man kriegt, was man bezahlt«, heißt es, und wer einmal die Intensität und Dauer des Abgangs eines Spitzenweins erlebt hat, kann dem nicht mehr widersprechen. Billige Weine bieten nichts Vergleichbares.

Schlechte Korken

Seit Jahrhunderten werden Weinflaschen mit Korken verschlossen, doch viele Erzeuger wenden sich inzwischen davon ab, da Naturkorken Weine auch verderben können. Etwa fünf Prozent der verkorkten Weine sind schadhaft, wenngleich in sehr unterschiedlichem Maß. Wenn ein Wein »korkelt« (oder einen »Korkschmecker« hat), riecht er im schlimmsten Fall sehr unangenehm nach Dingen wie nasser Pappe oder schimmeliger Wolle. Ein schwächerer Befall zeigt sich mehr am Fehlen angenehmer als am Vorhandensein übler Gerüche. Wenn man nicht mehrere Flaschen desselben Weins vergleichen kann, lässt sich dieser heimtückische Fehler kaum erkennen. Die Weinbranche kennt das Problem – sprechen Sie es also an, wenn Sie Zweifel haben. Gastronomen und Händler sollten beanstandete Flaschen in der Regel austauschen.

Hitzeschäden

Wie Obst hält sich auch Wein länger, wenn er kühl gelagert wird. Irgendwann hat jeder Wein seine Zeit hinter sich, aber je kühler er liegt, umso länger dauert es. Wärme heizt buchstäblich die chemischen Reaktionen an, die zur Reifung beitragen, vor allem die Oxidation. Zu warm gelagerter Wein reift zu schnell und erscheint dann wie gekocht: bräunlich und fade. Extreme Hitze kann sogar den Druck in der Flasche so stark ansteigen lassen, dass der Verschluss undicht wird und der Wein noch schneller oxidiert. Manchmal sieht man das daran, dass Wein heraustropft oder der Korken hervorsteht, doch meist sind Hitzeschäden nicht so offensichtlich. Auch kurze Überhitzung und längere Lagerung bei Zimmertemperatur können das Leben eines Weins verkürzen. Leider merkt man das oft erst, wenn man von seinem kurzen, faden, leblosen Abgang enttäuscht ist.

WEINLAGERUNG

Die optimale Lagertemperatur für Wein liegt bei etwa 10–15 °C, und zwar möglichst dunkel. So lassen sich Schäden am ehesten ausschließen.

Kapitel-Checkliste

Eine Zusammenfassung der wichtigsten Punkte dieses Kapitels.

- ✓ **Begriffe**, um die Qualitäten eines Weins zu beschreiben, können **indirekt** und anspielungsreich oder **direkt** und relativ objektiv sein.
- ✓ Weineigenschaften werden mit allen **Sinnen** wahrgenommen, mit Ausnahme des Gehörs.
- ✓ Die **Farbe** eines Weins stammt aus den **Traubenschalen**. Weißwein nimmt keine Farbe an, bei Rosés und Roten hängt sie von der Dauer des **Kontakts** des Mosts mit den Schalen ab.
- ✓ Die Farbtiefe ist meist analog zur **Geschmacksintensität** und weist auch auf **Eichennoten** und **Adstringenz** hin.
- ✓ Von den sechs echten **Geschmacksempfindungen** – süß, sauer, Umami, bitter, salzig, Fett – sind nur die ersten beiden für Wein relevant.
- ✓ In der Weinwelt bedeutet **trocken** »nicht süß« (anstatt »nicht nass«).
- ✓ Der natürliche **hohe Säuregehalt** frischer Trauben macht Wein herber als viele andere Getränke. Dadurch passt Wein gut zum Essen, erfrischt den Gaumen und altert in Würde.
- ✓ **»Frucht«** nennt man alle mit dem Geruchssinn wahrgenommenen Aromen aus den Trauben.
- ✓ **»Eichennoten«** sind die (wenigen) Aromen, die vom Kontakt des Weins mit Holz herrühren.
- ✓ Als **»Mundgefühl«** beschreibt man die Wahrnehmungen des Tastsinns an Zunge, Gaumen, Lippen und Zahnfleisch.
- ✓ Je mehr **Alkohol** ein Wein enthält, desto schwerer fühlt er sich im Mund an.
- ✓ **Tannin** ist eine adstringierende phenolische Verbindung, die in den Schalen, Kernen und Stielen der Trauben vorkommt. Sie ist nur in **Rotweinen** enthalten und verursacht im Mund ein austrocknendes Gefühl.

STÖBERN UND KAUFEN

Die Tricks der Branche

Wein einzukaufen birgt viele Tücken. Die riesige Auswahl in den Geschäften und Restaurants kann einen manchmal zur Verzweiflung treiben. Wer sich aber ein paar Strategien von Weinprofis zu eigen macht, hat schnell wieder Boden unter den Füßen. Ein Etikett verrät vielleicht nicht, wie der Wein schmeckt, doch zwischen den Zeilen lässt sich einiges herauslesen. Auch die Verpackung eines Weins spricht Bände über seinen Inhalt, und das richtige Verständnis von drei einfachen Kennzahlen erleichtert den Einkauf enorm. Und selbst im Restaurant muss niemand zu tief in die Tasche greifen.

Der Blick auf die Verpackung

Man kann über einen Wein bereits einiges erfahren, ohne das Etikett zu lesen – Farben, Beschriftung und Illustrationen sprechen Bände. Da Verbraucher die Etikettierungsvorschriften oft nicht verstehen, versuchen die Erzeuger, durch die Gestaltung der Verpackung eine Botschaft über den Inhalt zu vermitteln.

Was man auf den ersten Blick erkennt

In der modernen Einkaufswelt haben sich Selbstbedienungsläden durchgesetzt. Die Erzeuger versuchen deshalb, schon durch die Gestaltung der Verpackung ihre Zielgruppe anzusprechen und Hinweise auf das Geschmacksprofil des Weins zu geben.

Lebenslustig und modern

Knallige Farben, modernes Design und witzige Namen weisen auf reife Weine mit üppigen Aromen hin, die sofort getrunken werden wollen.

Kultivierter Klassiker

Traditionelle Gestaltung, ruhige Farben und ein Eigenname suggeriert einen schlankeren, trockeneren Wein mit genug Säure, der gut zum Essen passt.

Hell und klar

Klarglas und helle Etiketten deuten auf eher leichte Weiße hin, bei dunklerem Glas und Herbstfarben erwartet man mehr Körper oder eine Eichennote.

Weine an der Flasche erkennen

In manchen Weinregionen werden bestimmte Flaschenformen verwendet, die inzwischen sogar einen Teil ihrer Identität ausmachen – ein Hinweis auf den Stil des Inhalts.

UNTERSCHWELLIGE BOTSCHAFTEN

Die Gestaltung der Verpackung spiegelt Stil und Philosophie des Erzeugers wider und kann deswegen gute Hinweise geben, wie der Wein wohl schmeckt.

Burgunderflasche

Die bauchige, sich zum Hals hin verjüngende Burgunderflasche wird oft für Chardonnay, Pinot Noir, Syrah und Weine im Rhône-Stil verwendet.

Bordeauxflasche

In die zylinderförmige Bordeauxflasche mit kurzem Hals füllt man die meisten anderen Weinstile ab, v.a. Cabernet Sauvignon, Merlot und Sauvignon Blanc.

Schlegelflasche

Diese hohe, schlanke Flasche ist typisch für Weißweine im deutschen bzw. Elsässer Stil wie Riesling und Gewürztraminer – süß wie trocken.

INNOVATIONEN BEI DER VERPACKUNG

Einige Weine können Jahrzehnte lagern, deshalb sind die Kellereien zurückhaltend, was neue Verpackungsformen angeht. Doch sind mit Naturkorken verschlossene Flaschen heute nicht mehr das Maß aller Dinge – viele Erzeuger probieren neue Möglichkeiten aus.

Alternative Behälter – z.B. Karton- bzw. Schlauchwein (Bag-in-Box)

Man kann Wein auch in etwas anderes abfüllen als nur in Flaschen. Inzwischen eignen sich auch Getränkekartons, Schläuche und Dosen für Wein. Alle verringern das Transportgewicht und schützen den Inhalt vor Licht. Als Verkaufsschlager haben sich v.a. die Bag-in-Box-Behälter entpuppt, in denen sich der Wein auch nach Anbruch der Packung bis zu sechs Wochen ohne Qualitätsverlust hält – der mit der Füllmenge schrumpfende Kunststoffbeutel im Karton verhindert den Luftzutritt.

Alternative Verschlüsse – z.B. Schraubverschlüsse

Naturkorken sind zwar immer noch die Norm, aber sie verursachen bei einem kleinen Prozentsatz der Weine, die sie eigentlich schützen sollen, ernsthafte Schäden. Deshalb sieht man immer öfter Schraubverschlüsse, v.a. für Weine, die bald getrunken werden sollen.

Einkaufen nach Zahlen

Selbst wenn man weiß, was für einen Stil von Wein man möchte – einen roten Italiener oder einen kalifornischen Weißen –, fällt die endgültige Auswahl angesichts der vielen Möglichkeiten oft schwer genug. Profis haben da einen einfachen Trick, mit der Vielfalt fertigzuwerden: Sie vergleichen drei zentrale Kennziffern, von denen jede Hinweise gibt, wie der Inhalt wohl schmeckt.

Was sagt der Jahrgang?

Ob es ein »guter« oder »schlechter« Jahrgang ist, kann uns erst einmal gleichgültig sein. Viel wichtiger ist, dass uns die Jahreszahl auf dem Etikett das Alter des Weins verrät.

Jüngere Weine dürften eher fruchtbetont sein, ganz junge sind meist ohne Eichennote. Sie haben wahrscheinlich auch einen leichteren Körper und sind erfrischender und erschwinglicher.

Bei Weinen, die älter als zwei Jahre sind, handelt es sich in der Regel um höhere, oft in Eichenfässern gereifte Qualitäten. Die Aromen gereifter Weine sind weniger lebhaft und frisch, dafür aber komplexer und vielschichtiger, gerne mit deutlichem Eichenholzeinfluss, etwa einer Röstnote. Sie sind meist auch körperreicher, opulenter und teurer.

Was sagt der Alkohol?

Die Alkoholstärke eines Weins (gemessen in Vol.-%) kann als grober Anhaltspunkt für viele stilistische Parameter gelesen werden, insbesondere für Körper und Geschmacksintensität. In Teil zwei (siehe S. 66ff.) wird dies ausführlicher dargestellt, doch selbst ein kurzer Überblick kann wichtige Entscheidungshilfen liefern. Ganz allgemein kann man erwarten, dass sich bestimmte Eigenschaften eines Weins proportional zu seinem Alkoholgehalt verhalten.

UNTER 13%

JE WENIGER ALKOHOL EIN WEIN ENTHÄLT, UMSO WAHRSCHEINLICHER HAT ER …

- eine feinere, dünnere Textur;
- eine blassere Farbe;
- schwächere Frucht- und Eichennoten;
- mehr frische Säure;
- mehr Jugend und Frische.

13–14%

NORMALE MITTELGEWICHTIGE WEINE

ÜBER 14%

JE MEHR ALKOHOL EIN WEIN ENTHÄLT, UMSO WAHRSCHEINLICHER HAT ER …

- eine üppigere, dickere Textur;
- eine tiefere Farbe;
- intensivere Frucht- und Eichennoten;
- weniger frische Säure;
- mehr Reife und Geschmacksfülle.

Was sagt der Preis?

Die wichtigste Zahl für die Kaufentscheidung ist natürlich der Preis. Viele Konsumenten meinen, sie müssten mehr ausgeben, als sie eigentlich möchten, um eine »gute« Flasche Wein zu bekommen. Profis wissen aber, dass man sich um die Qualität insgesamt kaum noch sorgen muss, und dass die größten Qualitätssprünge gerade bei erschwinglichen Weinen zu finden sind.

Wie bei allen Konsumgütern stehen auch beim Wein Preis und Qualität in enger Beziehung. Mit besserem Material und Fachwissen Wein zu erzeugen, bringt mehr günstige Eigenschaften hervor, und dazu zählen auch Ästhetik, Individualität und Haltbarkeit, ganz wie bei Schuhen oder Autos. Doch ab einem bestimmten Punkt werden die Vorteile im Verhältnis geringer. (Mehr zum Einkaufen nach Preis auf der nächsten Seite.)

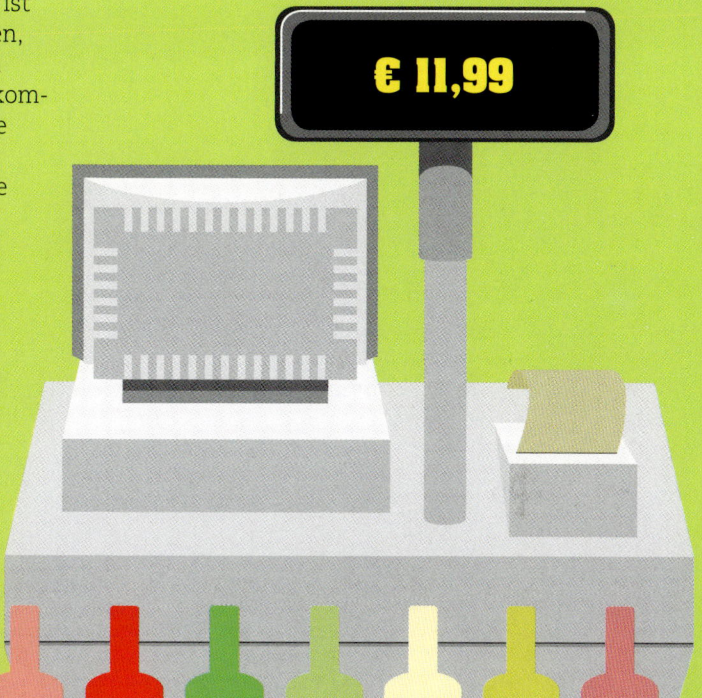

WAS HEISST HIER TEUER?

Qualität hat ihren Preis, klar – aber die Mondpreise, die für bestimmte Weine verlangt werden, wirken manchmal komplett an den Haaren herbeigezogen. Ein günstiger Rioja kostet vielleicht 7,50 €, die Spitzen-Gran-Reserva eines bekannten Guts bringt es auf 75 €. Bei Auktionen aber werden für alte Flaschen € 750 und mehr erzielt. Wie das? Bessere Weine sind in der Herstellung teuer, sie werden aber auch in kleineren Mengen erzeugt. Es gibt also bei höheren Kosten weniger zu verkaufen. Dazu kommt jahrelange Lagerung, den Rest erledigen Angebot und Nachfrage.

Weine, die 75 € kosten, sind qualitativ sicher höherwertig als solche für 7,50 € – aber sind sie deshalb wirklich zehnmal besser oder mag man sie tatsächlich zehnmal lieber?

Den Geldbeutel schonen

»Das Leben ist zu kurz, um schlechten Wein zu trinken«, heißt es, aber arm werden muss man auch nicht dabei. Weinprofis trinken beileibe nicht jeden Tag teure Gewächse – schließlich wissen sie, wie man die beste Qualität für sein Geld bekommt. Mögen diese Einkaufstipps auch für Sie hilfreich sein!

Das günstigste Preissegment

Um deutlich besseren Wein zu bekommen, muss man gar nicht viel mehr investieren. Wenn etwa die Preisschwelle für Ihre Alltagsweine bei 7,50 € pro Flasche liegt, dann bieten die Weine, die nur ein wenig darüber liegen, also zwischen 8 und 12 €, aller Wahrscheinlichkeit nach das beste Preis-Genuss-Verhältnis. Denn wenn sie nicht besser wären, ließen sich ihre höheren Preise nicht durchsetzen. Weiter oben, im Bereich zwischen 15 und 30 € (und höher), werden die Weine zwar noch besser sein, aber der Preissprung ist dann im Verhältnis zur Qualität größer.

LASSEN SIE SICH BERATEN

Bei Weinkauf ist guter Rat normalerweise alles andere als teuer. Das Verkaufspersonal sollte mehr über die Weine wissen, als das, was auf den Etiketten steht. Es sollte Ihnen zumindest Vorschläge machen können, die sich an Ihren Wünschen ausrichten.

Sagen Sie klar, wie viel Sie ausgeben möchten. Und wenn Sie selbst nicht genau wissen, was Sie möchten, erklären Sie, was Sie kochen wollen, oder nennen Sie Weine, die Ihnen schon mal geschmeckt haben.

Gehen Sie auf Entdeckungstour

Berühmte Weinregionen wie Bordeaux erzielen höhere Preise als unbekanntere wie Bergerac – und das gilt auch für berühmte Rebsorten, Kultmarken und Flaschen im Edeldesign. Solche Faktoren, die die Nachfrage anheizen, erhöhen zwar auch die Wahrscheinlichkeit für bessere Qualität (oder zeigen zumindest, dass der Erzeuger genug Kleingeld hat, um ehrgeizige Ziele zu verfolgen). Doch auch abseits der eingefahrenen Pfade gibt es viele großartige Weine zu entdecken – und das Risiko, sich auf unbekannte Weine einzulassen, ist überschaubar. Richtig schlechte Qualität findet man heutzutage kaum noch. Was Sie unter dem Strich wirklich mögen, können Sie nur durch Ausprobieren herausfinden.

Kritiken nicht überbewerten

Neulinge orientieren sich gern an Weinkritiken, doch wer nur auf Punktwertungen schaut, zahlt oft zu viel. Qualitätsbewertungen in Zeitschriften lassen meist den Preis außer Acht, deshalb sind die hoch eingestuften Weine gern auch jene, die aufwendiger produziert werden. Eine hohe Punktzahl steigert zudem die Nachfrage und damit den Anreiz für Kellereien, Groß- und Einzelhändler, die Preise zu erhöhen – oder zumindest keine Rabatte einzuräumen.

GROSS EINKAUFEN?

Die meisten Geschäfte bieten Rabatte, wenn ein Kunde viel einkauft. Man kann aber auch anders von »Mengenrabatten« profitieren. Achten Sie auf die Weine, die Ihr Händler am meisten ordert und prominent in Sichtzonen präsentiert. Solche Produkte werden oft zu ausgesprochen günstigen Preisen angeboten.

Etiketten der Neuen Welt

Alle Weinetiketten nennen neben dem Erzeuger oder dem Markennamen auch die sogenannte Appellation, also das Herkunftsgebiet. Die berühmtesten Weinappellationen sind meist kleine Anbaugebiete. In vielen Ländern dienen aber auch politische Verwaltungseinheiten als Appellationen, von ganzen Provinzen bis zu kleineren Bezirken oder Gemeinden. Weinetiketten aus der Neuen Welt – Amerika und die südliche Hemisphäre – sind einfacher zu entschlüsseln, darum beginnen wir mit ihnen.

TRAUBEN IN DEN MITTELPUNKT
Die meisten modernen Etiketten nennen den Namen der Rebsorte, von der der Wein bereitet wurde, zusammen mit dem Jahrgang. Gesetzlich vorgeschrieben ist das aber nicht.

Was steht auf dem Etikett?

1 Appellation bzw. Herkunftsgebiet – *obligatorisch*
Eine offizielle Herkunftsbezeichnung muss jeder Wein haben. Sie gibt an, wo die Trauben angebaut wurden – was nicht zwingend auch der Ort der Weinbereitung sein muss.

2 Marken- oder Erzeugername – *obligatorisch*
Meist wird hier die Kellerei genannt, es kann aber auch der Markenname einer Firma sein.

3 Jahrgang – *optional*
Die Angabe bezieht sich auf das Jahr der Traubenernte.

4 Rebsorte – *optional*
Die Rebsorte steht sehr häufig auf dem Etikett. Der Wein muss dann mindestens 75 Prozent dieser Sorte enthalten.

5 Kleingedrucktes
Je nach Land sind hier unterschiedliche Angaben vorgeschrieben, immer genannt sein muss aber (vorn oder auf dem Rückenetikett): Inhaltsmenge, Alkoholgehalt und Herkunftsland. Auch der Herstellerbetrieb muss mit Ortsangabe identifizierbar sein.

Noch mehr Etikettenkunde

Viele Erzeuger stellen mehr als einen Wein von derselben Traubensorte oder aus derselben Region her – die Standard- und die Premiumabfüllung beispielsweise, oder eine süße und eine trockene Version. Es gibt verschiedene Möglichkeiten, diese Weine voneinander zu unterscheiden: Entweder bekommen die Weine jeweils einen anderen Eigennamen, oder es stehen Zusatzbezeichnungen auf dem Etikett, von denen hier einige Beispiele genannt sind.

1 Name des Guts oder Weinbergs
etwa Ornellaia oder Dutton Ranch.

2 Qualitätsangabe oder Zertifizierung
etwa »Reserve« oder »organic« (teils gesetzlich geregelt, teils nicht).

3 Wein-Eigenname
etwa Penfold's Grange oder Insignia von Joseph Phelps.

4 Markenname einer Weinreihe
etwa Mouton Cadet von Rothschild oder Diamond Label von Coppola.

5 Stilangabe
etwa »late harvest« (spät gelesen) oder »unwooded« (ohne Holznote).

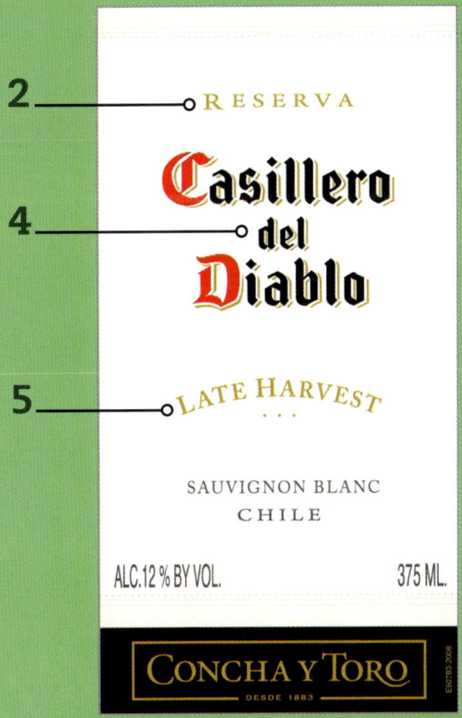

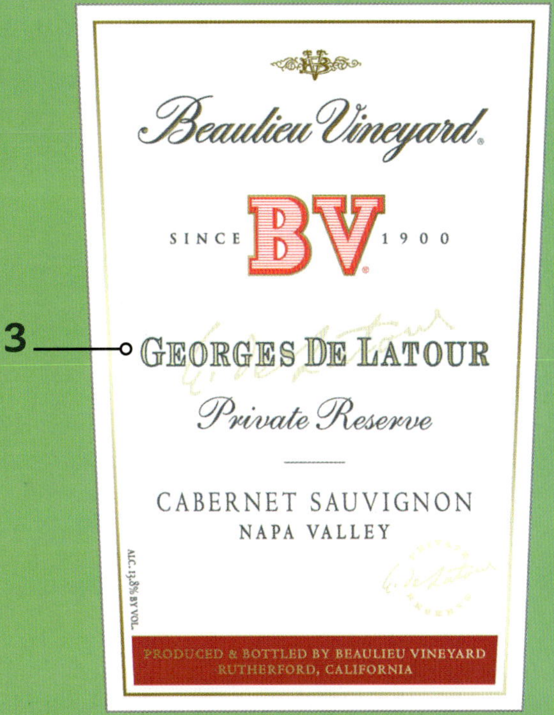

Etiketten der Alten Welt

Jahrhundertealten Traditionen folgend, sind europäische Weine nach ihrer Herkunft benannt – etwa Chablis oder Chianti –, und nicht nach der Rebsorte. Deshalb gelten in der Europäischen Union eigene Regeln für Weinetiketten. Hier, in der »Alten Welt«, dienen Appellationen als Ordnungsprinzip für weitgehende Qualitätsstandards, wie auch als Mittel, diese durchzusetzen. Anderswo wird damit lediglich etwas über die Herkunft der Trauben ausgesagt.

Region geht vor Traube

In den bekannten europäischen Appellationen dürfen die Erzeuger jeweils nur bestimmte Trauben anbauen und müssen sich an strenge Regeln bei der Weinbereitung halten, wenn sie den Ortsnamen auf dem Etikett nennen wollen. In den Appellationen sind lokale Traditionen formalisiert, und oft herrscht eine hierarchische Organisationsform, bei der die besten Lagen kleineren Premium-Appellationen vorbehalten sind, während die umliegenden größeren Gebiete weniger renommiert sind.

Nur in einigen Regionen Europas hat die Angabe der Rebsorte Tradition, darunter Deutschland und Norditalien. Doch auch aufstrebende Appellationen nennen inzwischen die Traube, um auf dem internationalen Markt zu bestehen. Das EU-Weinrecht aber ist nach dem französischen Modell gestrickt, in dem eine Region die Identität und das Ansehen eines Weins prägt. Chablis etwa muss zu 100 Prozent von Chardonnay bereitet sein, doch auf dem Etikett wird die Sorte nicht erwähnt. Dies gilt für die meisten der hochwertigen Klassiker.

WO IST DIE TRAUBE?

Die Weine der angesehensten europäischen Regionen werden seit Jahrhunderten nach ihrer Herkunft benannt, sei es eine große Region oder ein kleines Dorf. Die vorherrschende Traube sucht man dagegen oft vergeblich auf dem Etikett.

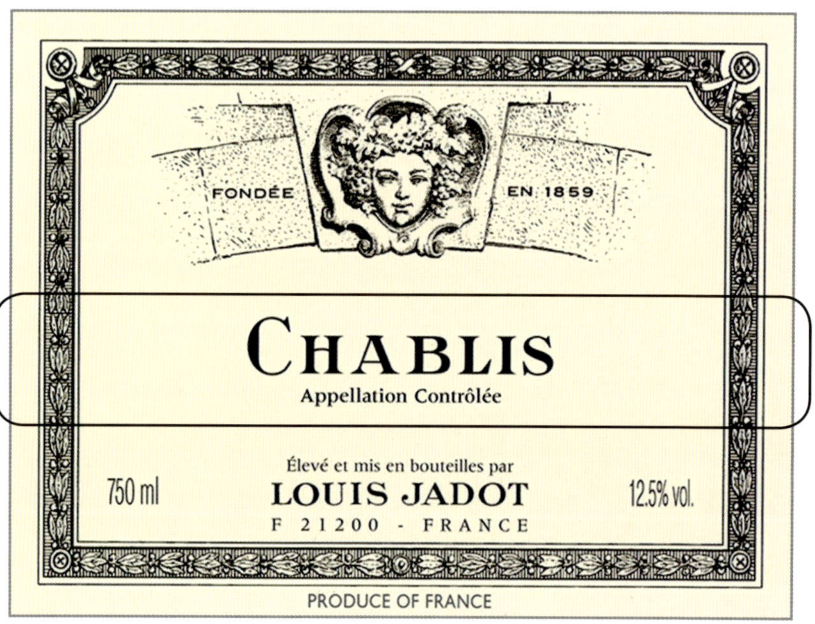

Europäische Wein-Appellation

Stolz auf die Herkunft

Die Angaben zum Herkunftsgebiet sind in den europäischen Staaten unterschiedlich geregelt, aber meist nach der Qualität klassifiziert. Erstklassige Appellationen sind typischerweise prominent auf dem Etikett genannt, die Pflichtangaben folgen dann in kleinerer Schrift.

Qualitäts-Ranking

Einige europäische Regionen verwenden eigene Etikettbegriffe für besondere Qualitäten. Diese Bezeichnungen sind streng geregelt und oft in einer Rangfolge geordnet. Jede Region hat ihr eigenes System, das auf einem oder mehreren Qualitätsfaktoren basieren kann.

GESETZE OHNE ENDE

Jedes Erzeugerland Europas hat eigene Weingesetze, was recht verwirrend sein kann, insbesondere dann, wenn man die verschiedenen Sprachen nicht beherrscht.

1

2

3

1 Bessere Rebflächen
In einigen Regionen Frankreichs besitzen die besten Weinberge oder Weingüter den Elite-Status *Grand cru* bzw. (an zweiter Stelle) *Premier cru*. In Italien bezeichnet *Classico* einen besseren Unterbereich.

2 Längere Fassreifung
In Italien und Spanien werden gesetzlich festgelegte Begriffe wie *Riserva* oder *Crianza* verwendet, um längere Reifezeiten im Eichenfass anzuzeigen.

3 Reifegrad der Trauben
In Deutschland und Österreich reifen die Trauben nicht immer voll aus, weshalb ein komplexes System von Prädikaten wie *Kabinett* und *Spätlese* eingeführt wurde, das sich nach dem Zuckergehalt der Trauben bei der Lese richtet.

PRO UND CONTRA

Gut am europäischen Etikettierungssystem ist die Menge der Informationen, die es bietet. Man kann viel davon aber nur entschlüsseln, wenn man sich auskennt. Dieses Champagneretikett enthält z. B. acht Kategorien von Informationen.

Wein in Restaurants

Restaurants bieten die Gelegenheit, verschiedene Weine zu probieren, sowohl als sorgfältig ausgewählte Begleiter zu den angebotenen Speisen (zur Kombination von Wein und Essen siehe S. 114–129) als auch für sich allein. Es ist aber nicht alles Gold, was glänzt. Vor schlechtem Weinservice und astronomischen Preisen sollte man sich vorsehen.

Ist das Lokal vertrauenswürdig?

Restaurants und Bars können hervorragende, maßgeschneiderte Weinerlebnisse im Freundes- oder Familienkreis möglich machen – doch nur, wenn das Lokal Wein und seine Kundschaft auch wertschätzt. Sehen Sie sich um. Wenn Weinservice in einem Lokal großgeschrieben wird, kann man das schnell erkennen. Wirkt die Weinkarte jedoch dürftig, oder stehen Bier und Cocktails im Vordergrund, sollten Sie vielleicht woanders hingehen.

Gute Zeichen

- Auf den Tischen sind bereits Weingläser eingedeckt.
- Es gibt große Weingläser, die zu weniger als der Hälfte gefüllt werden.
- Die Weinkarte ist ansprechend und übersichtlich.
- Viele Weine werden auch offen angeboten.
- Die Weinkarte nennt Details und gibt Hinweise auf den Stil.

Schlechte Zeichen

- Keine Weingläser sichtbar
- Kleine Weingläser, die fast bis zum Rand gefüllt werden
- Lieblos gestaltete, unübersichtliche Weinkarte
- Wenige Weine werden auch offen angeboten
- Unvollständige Weinkarte, z. B. ohne Jahrgangsangaben

LASSEN SIE SICH BERATEN

Nicht jedes Restaurant hat fähiges Personal, das sich mit Wein auskennt, doch wenn, dann sollten Sie das nutzen. Wer beruflich viel mit Wein zu tun hat, sei es ein ausgebildeter Sommelier oder ein fähiger Barkeeper, ist eine unschätzbare Informationsquelle. Wenn Sie aber nur allgemein um eine Empfehlung bitten, werden Sie vermutlich den Wein bekommen, den der Kellner am liebsten mag. Geben Sie ihm deshalb lieber Hinweise darauf, welchen Stil Sie bevorzugen. Sie können etwa sagen: »Ich mag Pinot Grigio, möchte heute aber einmal etwas anderes probieren. Was würden Sie vorschlagen?«

Sie entscheiden!

Da Restaurants mit Wein Umsatz machen, servieren sie gern Weine der Oberklasse, wenn nicht konkret etwas anderes bestellt wird. Menschen, die ins Restaurant einladen, fühlen sich bei der Weinbestellung oft unsicher und folgen der Empfehlung der Kellner, um ja nicht als knickriger Gastgeber zu erscheinen. Aber Sie sind es, der entscheidet – schließlich bezahlen Sie am Ende.

Wie viel Sie im Restaurant ausgeben möchten, entscheiden Sie ganz allein.

Nennen Sie ein Preisniveau, wenn Sie sich etwas empfehlen lassen

Sie können Ihre Preisvorstellung ganz diskret signalisieren, indem Sie auf einen Preis in der Weinkarte deuten. Denn ohne Hinweis kann der Kellner nicht wissen, ob Sie sparen oder aus dem Vollen schöpfen wollen. Wenn er Ihre Preisvorstellung kennt, kann er Ihnen stilistische anstatt qualitative Optionen nennen.

Bestellen Sie keine Flasche, wenn ein Glas ausreicht

Offene Weine sind ideal als Aperitif, während Sie die Speisekarte studieren, oder als letzter Schluck nach dem Hauptgericht oder der Käseplatte. Flaschen zu bestellen, lohnt sich nur dann, wenn Sie sie auch austrinken.

Lassen Sie bei größeren Festen nicht einfach unbegrenzt nachschenken

Wenn Sie als Gastgeber den Kellnern freie Hand beim Nachschenken lassen, müssen Sie sich um weniger kümmern und können selbst entspannter feiern. Ihre Rechnung wird dann allerdings höher ausfallen. Setzen Sie für Einladungen zum Abendessen jeweils eine Flasche für zwei Personen an, beim Mittagessen oder Brunch weniger. Am besten legen Sie eine Höchstmenge fest.

Kapitel-Checkliste

Eine Zusammenfassung der wichtigsten Punkte dieses Kapitels.

- ✓ Die Informationen auf **Weinetiketten** können Verbraucher ohne Vorkenntnisse verwirren, deshalb versuchen viele Erzeuger, ihren **Weinstil** durch die Art der **Verpackung** mitzuteilen.
- ✓ Flaschen mit **Korken** haben Tradition, sind aber nicht die wirtschaftlichste Art, Wein zu verpacken. Heute werden oft **Schraubverschlüsse** verwendet, und für Alltagsweine auch immer häufiger **Weinschläuche (Bag-in-Box)**.
- ✓ Beim Weineinkauf können drei wichtige **Zahlen** als nützliche Hilfen dienen: Jahrgang, Alkoholgehalt und Preis.
- ✓ Auch Weinprofis trinken nicht jeden Tag teure Weine. Lernen Sie, wie man auch mit kleinem Geld **gute Qualität** bekommt, und lassen Sie sich nicht nötigen, **zu viel auszugeben**.
- ✓ Ein **Weinetikett** sagt wenig über den **Geschmack** aus. Angaben über die **Bestandteile** des Weins und das Herkunftsgebiet der **Trauben** verraten Fachleuten mehr als Gelegenheits-Weintrinkern.
- ✓ Beim **Lesen des Etiketts** sollte man die wichtigsten **Etikettbegriffe** erkennen sowie Etiketten, die Rebsorten in den Mittelpunkt stellen, von den auf Regionen aufbauenden europäischen Etiketten unterscheiden können.
- ✓ Prüfen Sie, wenn Sie ausgehen, ob sich das Restaurant gut um den **Weinservice** kümmert.
- ✓ Nutzen Sie die Gelegenheit, wenn es in einem Restaurant einen **Sommelier** oder fähigen Barkeeper gibt, und **lassen Sie sich beraten**.
- ✓ Geben Sie dem Kellner klar zu verstehen, wie viel Sie ausgeben möchten, und **lassen Sie sich nicht nötigen**, mehr zu investieren, weder durch Ordern einer teureren Flasche noch durch Bestellen von mehr Wein als nötig.

EINGIESSEN UND LAGERN

Was trinkt man wann und wie

Wein kann man allein zu Hause ebenso gut genießen wie im Freundes- oder Familienkreis. Ihn richtig zu servieren und zu lagern, ist aber nicht ganz so einfach wie bei Bier oder Spirituosen. Sein Geschmack, aber auch seine Haltbarkeit werden von der Temperatur beeinflusst, mit der er serviert bzw. gelagert wird. Wer das Wie und Warum kennt, wird seine Einkäufe am besten und längsten genießen können, selbst nach Öffnen der Flasche. Und wenn Sie wissen, wie viel Sie in welches Glas einschenken und wie viele Flaschen Sie einkalkulieren sollten, dann läuft es bei Ihrer nächsten Einladung wie am Schnürchen.

Als Gastgeber Wein anbieten

Ob im Restaurant oder zu Hause: Wenn Sie einladen, sollten Sie wissen, wie viel Wein Sie brauchen und wie er serviert wird.

Wie viel Wein ist in einem Glas?

Man rechnet etwa 150 ml für ein Glas Wein, aus einer Standardflasche kann man also fünf Gläser ausschenken. Es gibt aber Situationen, in denen nur etwa die Hälfte davon angemessen ist:

- Wenn man sich bei Tisch eine Flasche teilt, v.a. in guten Restaurants oder bei mehrgängigen Menüs, für die mehr als ein Wein serviert wird.
- Wenn der Wein hauptsächlich dazu dient, miteinander anzustoßen.
- Bei sehr süßem oder sehr alkoholstarkem Wein, z.B. Dessertweinen und gespriteten Weinen.
- Bei Verkostungen, wenn mehrere Weine probiert werden.

Füllmengen

VOLLES GLAS (150 ML)

Das ist die richtige Menge:

- für Stehpartys,
- als Wein vor dem Abendessen,
- bei einfachen Mahlzeiten (ein Gang, ein Wein),
- offene Weine in Restaurants enthalten oft nur 0,1 l.

HALBES GLAS (75 ML)

Das ist die richtige Menge:

- zum Anstoßen oder bei Verkostungen,
- als Wein nach dem Abendessen,
- bei größeren Menüs (mehrere Gänge, mehrere Weine),
- bei Flaschenweinen im Restaurant.

WIE VIEL WEIN BRAUCHT MAN FÜR EINE PARTY?

Als Gastgeber sind Sie mit einer Flasche Wein pro Person auf der sicheren Seite; tatsächlich wird im Durchschnitt nur halb so viel verbraucht.

- Für Feste und größere Einladungen: 1,5 Gläser pro Person in der ersten Stunde, danach pro Person und Stunde 1 Glas.
- In Restaurants: 2,5 Gläser pro Person oder für 2 Gäste je 1 Flasche.
- Für Dinnerpartys: 2 Flaschen zur Begrüßung, dann pro Gang 1 Flasche pro 6–8 Personen.
- Für Weinverkostungen (6–10 Weine): 1 Flasche von jedem Wein pro 10–12 Personen.

Wie viel Wein ist in einer Flasche oder einem Karton?

Eine Weinflasche scheint ein großes Fassungsvermögen zu haben – es wird gern überschätzt, wie viel sie wirklich enthält. Standardflaschen enthalten nicht mehr als 0,75 Liter. Die gängigen Bag-in-Box-Abfüllungen gibt es in Größen zu 3,5 und gelegentlich auch zu 10 Litern.

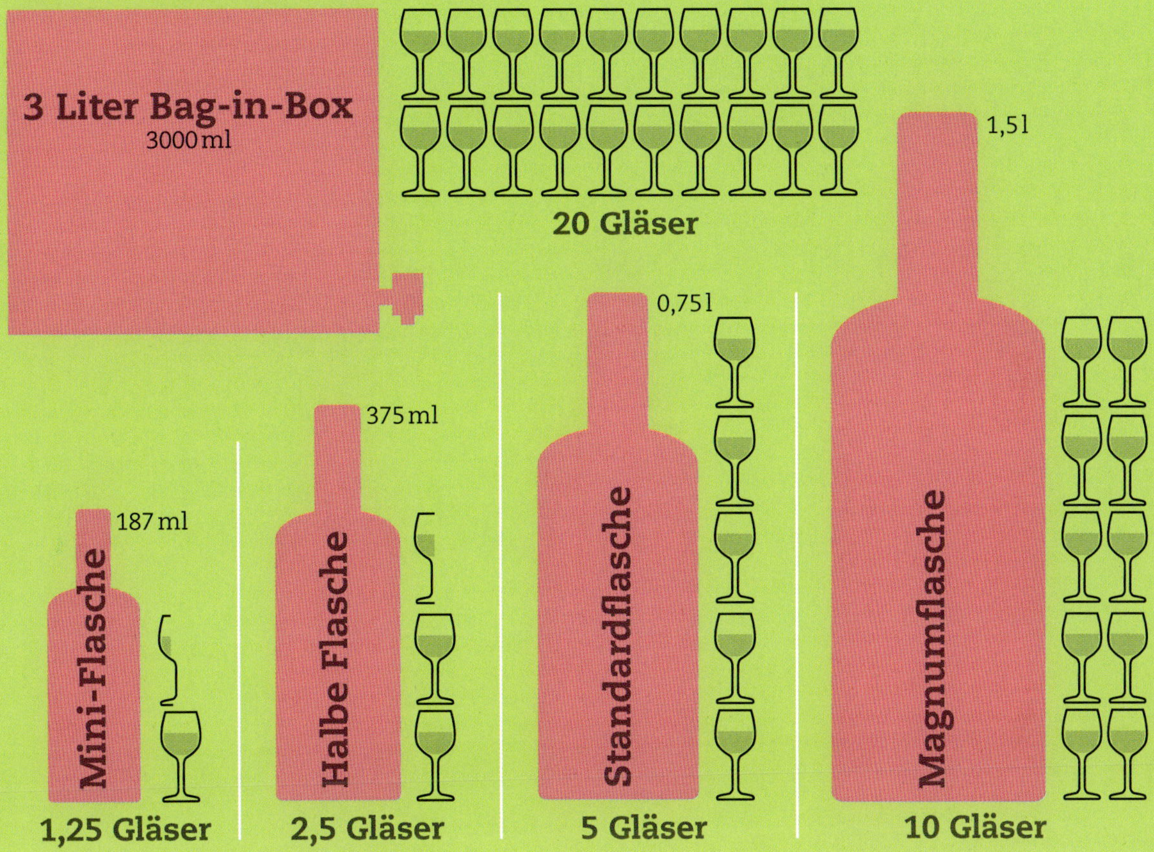

WAS WANN ANBIETEN

Sie haben eingeladen, die Gäste sind im Anmarsch – was wird von Ihnen in puncto Wein erwartet? Hier einige Hilfestellungen.

- Traditionell serviert man Schaumwein als Begrüßungsschluck: Er ist leicht und regt den Appetit an.
- Die Vorliebe für Rot- oder Weißwein liegt etwa bei halbe-halbe, darum sollte beides vorhanden sein. Mittelschwere Weine kommen meist am besten an.
- Bei größeren Einladungen sollte auch eine etwas süßere Alternative bereitstehen, vor allem, wenn es Gäste aller Altersstufen gibt. Viele bevorzugen einen lieblicheren Stil.
- Für Veranstaltungen tagsüber eignen sich jüngere, leichtere Weine mit weniger Alkohol besser; es wird auch weniger getrunken als am Abend.
- Bei mehrgängigen Menüs mit mehreren Weinen:

1. Schaumwein als Aperitif und/oder zum ersten Gang anbieten.
2. Weißwein vor Rotwein servieren, und wenn es mehrere gibt, dann erst den leichteren.
3. Dessert- oder gespritete Weine zum Schluss.

Kleine Gläserkunde

Wein schmeckt aus jedem Gefäß gut, sogar direkt aus der Flasche, doch normalerweise serviert man ihn in speziellen Gläsern. So wie man im Kino Filme besser genießen kann, wenn es dunkel ist und man sich ganz auf das Geschehen auf der Leinwand konzentrieren kann, fesseln uns die Weinaromen viel mehr, wenn wir aus einem Stielglas mit großem Kelch trinken.

Anatomie eines Weinglases

Wassergläser oder Kaffeetassen sollen als Trinkgefäße effizient und praktisch sein, deshalb füllt man sie fast bis an den Rand. Weingläser dagegen sollen der Nase schmeicheln. Ihre Gestaltung ist ausgelegt auf Schwenken, Schnuppern und den Wein temperiert zu halten – dem Aroma zuliebe. Es gibt viele verschiedene Formen, manche speziell für bestimmte Weinstile. Doch mehr als ein gutes Weinglas brauchen Sie nicht wirklich: Aus ihm können Sie alles trinken – von Prosecco bis Port.

Freier Raum
Der obere Teil des Kelchs bleibt aus zwei Gründen frei: um den Wein gut schwenken zu können, was die Oberfläche vergrößert und die Verdunstungsrate erhöht, und um die dabei frei werdenden Aromen zu sammeln und zu konzentrieren.

Wein
Weingläser werden mit etwa 150 ml Wein gefüllt. Sie sollten aber nie mehr als halb voll gegossen werden – oder bis zu der Höhe, an der der Kelch am breitesten ist –, um die Aromen zur Geltung kommen zu lassen. Deshalb sind Gläser mit einem tatsächlichen Fassungsvermögen von 300–350 ml ideal.

Stiel
Das Weinglas wird am Stiel gehalten, nicht am Kelch. So wird eine Erwärmung des Weins durch die Hand vermieden, denn selbst bei geringen Temperaturveränderungen kann sich der Geschmack deutlich ändern. Der Stiel sollte lang genug sein, dass Sie das Glas bequem halten können.

Fuß
Man möchte das Glas ja auch mal abstellen. Oder nicht?

Rand
Um die Bruchgefahr zu verringern und die Lippen zu schonen, sind die Ränder von einfachen Gläsern oft etwas verdickt. Luxusgläser haben einen dünneren Rand, was die Feinheit betont, aber Vorsicht beim Trinken erfordert.

Kelch
Ein weiter Kelch mit nach oben verengter Öffnung sammelt die Weinaromen und leitet sie konzentriert zur Nase. Am vielseitigsten sind 300–350-ml-Gläser, deren Kelch im unteren Teil am weitesten ist.

Die Summe seiner Teile
Weingläser sind eher ungewöhnliche Trinkgefäße, da ihre Gestaltung mehr das Riechen als das Trinken unterstützt.

Die richtige Größe wählen

Weißwein wird oft in kleineren Gläsern serviert als Rotwein, da sein weniger intensiver Duft sich in einem zu großen Glas verlieren könnte. Umgekehrt kann Rotwein mit seinem stärkeren Aroma in einem zu kleinen Glas zu mächtig wirken. Wenn Sie ein Einheitsglas verwenden, können Sie den Unterschied ausgleichen, indem Sie es bei Weißen mehr und bei Roten weniger voll füllen.

In einfachen Bars und Bistros wird Wein oft in kleinen, fast vollen Gläsern serviert, was die Duftentwicklung eines Weins nicht gerade fördert. Noble Restaurants dagegen servieren teure Weine oft in riesigen Kristallgläsern, die eine ganze 0,75-l-Flasche fassen könnten. Spezialgläser für bestimmte Rebsorten sind zwar schön anzusehen, für den Weingenuss aber nicht wichtig.

Weißweinglas **Rotweinglas** **Bistroglas** **Luxuskelch**

Sonderformen

Zwei Weinstile aber gibt es, die von anderen Glasformen profitieren: Schaumweine und sehr konzentrierte Weine. Schaumweine verlieren ihre Bläschen umso schneller, je größer die Oberfläche ist, darum serviert man sie in hohen, schmalen »Champagnerflöten«. Süße und gespritete Weine wiederum trinkt man aus kleineren Gläsern (70–90 ml). Ihr Aroma ist stark genug, um auch in einem Standardglas zu bestehen, aber sie sehen in den kleinen Gläsern hübscher aus.

Sherryglas und Champagnerflöte

WARUM DEKANTIEREN?

Viele hochklassige, alterungswürdige Weine profitieren davon, dass man sie vor dem Servieren umfüllt. Für dieses sogenannte Dekantieren gibt es zwei Gründe:

- **Um ältere Rote vom Bodensatz zu trennen**
Nach langen Jahren der Flaschenreifung setzt sich bei Rotweinen ein Sediment ab. Um den Wein davon zu trennen, gießt man ihn vorsichtig in ein Dekantiergefäß um.
- **Um junge Weine zu belüften**
Premium-Weine, die ihren Höhepunkt noch nicht erreicht haben, zeigen sich aufgeschlossener, wenn sie ein wenig Luft bekommen. Man simuliert damit eine Aromaentwicklung, die sonst durch längere Reife erreicht wird.

Wein und Temperatur

Das Aroma von Wein beruht auf flüchtigen Verbindungen, die sich je nach Temperatur anders verhalten. Deshalb servieren wir Wein mit möglichst idealer Temperatur, gießen nur kleine Mengen ein, stellen Flaschen kühl und halten das Glas am Stiel. Zimmer- und Kühlschranktemperatur sind leicht zu erreichen, doch meist möchte man etwas dazwischen: etwas kühler als das Zimmer für Rotwein und etwas wärmer als der Kühlschrank für alle anderen.

Ihr Wein, Ihre Regeln!

Wie überall können persönliche Vorlieben auch bei der Weintemperatur sehr unterschiedlich sein. Trinken Sie deshalb Ihren Wein so, wie Sie ihn am liebsten mögen, auch wenn das eiskalten Rotwein oder angewärmten Weißwein bedeutet. Ignorieren Sie die Besserwisserei der Weinsnobs!

Wenn Ihnen Ihr Wein aber ein bisschen langweilig vorkommt, tut ihm vielleicht doch ein wenig Wärme gut, und wenn es an Frische fehlt, muss man ihn womöglich nur etwas kühlen.

WARUM KÜHLT MAN ROTWEINE NICHT?

Die einzigen Weine, die man normalerweise nicht gekühlt serviert, sind Rote, da die Tannine und Farbstoffe aus den Traubenschalen bei niedrigen Temperaturen bitterer und adstringierender wirken.

Ein Versuch

Öffnen Sie eine Flasche gekühlten Weißwein und einen Roten mit Zimmertemperatur.

- Gießen Sie von jedem Wein zwei Gläser ein; jeweils eins kommt in den Kühlschrank.
- Vergleichen Sie nach fünf Minuten die Weine jeweils miteinander und achten Sie auf Geschmacksunterschiede.

Beide Weine aus dem Kühlschrank werden weniger aromatisch wirken als ihre wärmeren Gegenstücke – aber auch erfrischender und weniger alkoholisch. Die Tannine des kalten Rotweins dürften zudem rauer und härter wirken. Das wärmere Paar wird aromatischer, aber auch weniger erfrischend sein, mit weicheren Tanninen beim Roten. Die meisten Menschen finden den kalten Rotwein unattraktiv und den Weißen am besten, wenn er nicht ganz kühlschrankkalt ist.

WEIN EINFRIEREN

Natürlich wäre es eine Schnapsidee, eine ungeöffnete Weinflasche einzufrieren: Sie würde platzen. Doch Wein in angebrochenen Flaschen kann man durch Einfrieren wunderbar konservieren, besser als mit Vakuumpumpen, die die Aromen schwächen, oder mit Schutzgassystemen, die zu schnell verfliegen. Zwei Dinge schaden dem Wein nach dem Ziehen des Korkens: Die Aromen verflüchtigen sich, und Oxidation setzt ein. Beide Prozesse werden durch das Einfrieren gestoppt, nur auf Kosten eines leichten Aromaverlusts sowie der Bildung eines Sediments bei Roten, das die Farbe blasser macht. Für Schaumweine, sehr alte und sehr feine Weine kommt Einfrieren nicht infrage, doch allen anderen schadet es nicht. Der gefrorene Wein sollte nur nicht den Korken berühren; das könnte einen bitteren Ton verursachen.

Optimale Temperaturen

Bei welcher Temperatur Sie Ihren Wein trinken, bleibt völlig Ihnen überlassen, auch wenn der Rotwein eiskalt ist. Vielleicht möchten Sie aber auch den Standards folgen, etwa wenn Gäste kommen.

Serviervorschlag für Rotweine

- Rotweine schmecken zwischen 15 und 21 °C am besten.
- Servieren Sie leichte Rotweine kühler und schwerere wärmer.
- Am besten bringen Sie den Rotwein auf Zimmertemperatur und stellen ihn kurz vor dem Servieren 5–15 Minuten in den Kühlschrank. Einem leichteren französischen Beaujolais tun beispielsweise 15 Minuten gut, einem gewichtigen argentinischen Malbec nur 5 Minuten.
- Portweine stellen eine Ausnahme dar: Sie sind zwar rot und stark, schmecken aber doch am ausgewogensten, wenn sie wie Weißwein gekühlt werden.

Serviervorschlag für andere Weine

- Weiß-, Rosé-, Schaum-, gespritete und Dessertweine schmecken zwischen 4 und 10 °C am besten.
- Auch hier gilt: leichte Weine kühler, schwere wärmer servieren.
- Holen Sie Weine erst kurz vor dem Servieren aus dem Kühlschrank: 5–15 Minuten bei Zimmertemperatur reichen zum Aufwärmen. Einem gewichtigen australischen Chardonnay sollte man 15 Minuten gönnen, einem leichteren italienischen Pinot Grigio nur 5 Minuten. Ganz leichte Weine wie spanischer Cava kommen am besten direkt aus dem Kühlschrank.
- Eine Ausnahme sind süße Dessertweine: Unabhängig von ihrem Alkoholgehalt sollten sie ziemlich kalt serviert werden.

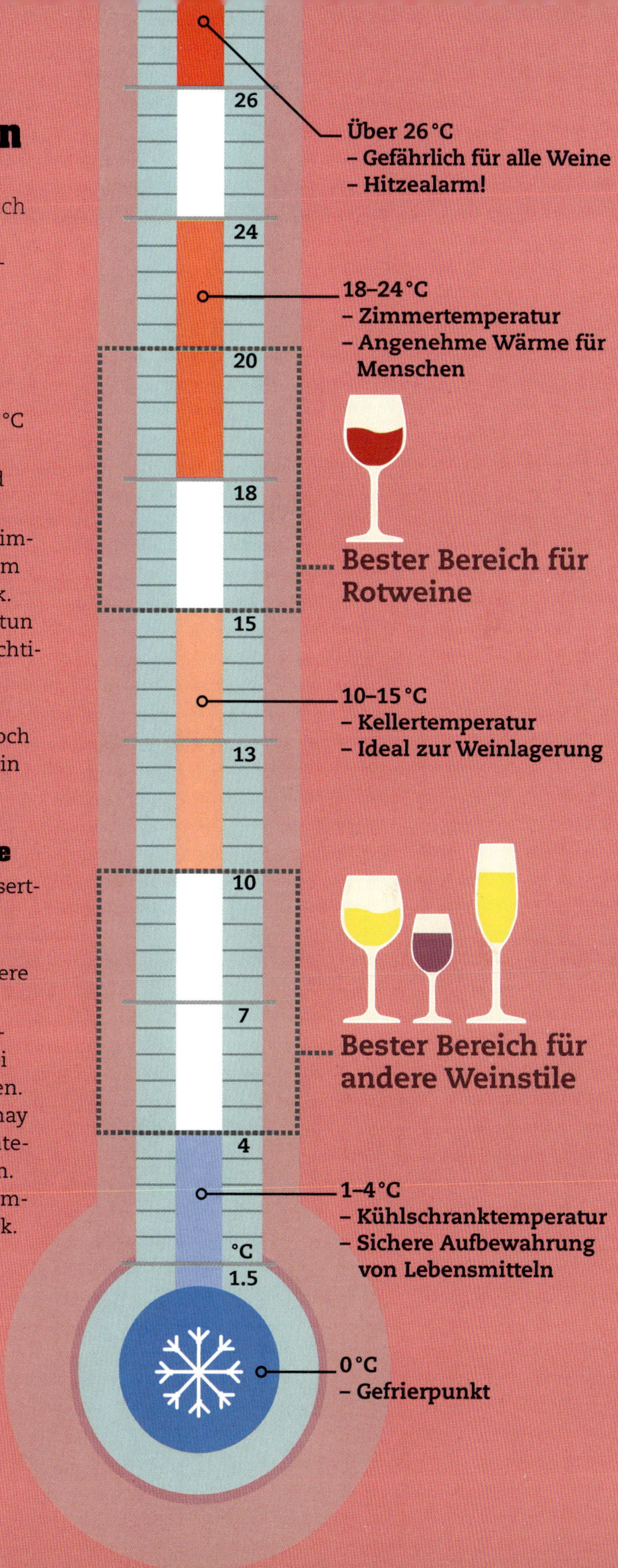

Schwere mögen's wärmer

In allen Kategorien schmecken die schwereren Weine eher besser, wenn sie etwas wärmer sind, während die leichtesten gut gekühlt brillieren.

Wein und Alterungsfähigkeit

Weine, die innerhalb weniger Monate nach dem Kauf getrunken werden, können problemlos im Kühlschrank oder bei Zimmertemperatur aufbewahrt werden, doch längere Lagerung erfordert spezifische Bedingungen – insbesondere kühle Temperatur und Schutz vor Licht. Wein verändert sich im Lauf der Zeit. Er verdirbt natürlich nicht so schnell wie frische Trauben, doch irgendwann kommt der Zeitpunkt, an dem er oxidiert, braun wird und stirbt.

Nicht alle Weine altern gut

Anders als viele glauben, werden die meisten Weine im Alter nicht besser. Viele halten sich zwar eine ganze Zeit, aber ihre frische Frucht schwindet, und nur sehr wenige Weine sind konzentriert genug, um den Frischeverlust durch neue Aromen auszugleichen.

Der charakteristische komplexe Geruch reifer Weine entsteht durch chemische Reaktionen zwischen einzelnen Bestandteilen wie Phenolen und Estern. Weine, die nicht von vornherein mit solchen Verbindungen reichlich ausgestattet sind, verlieren einfach nur an Intensität, statt interessanter zu werden. Und wenn sie nicht genug konservierende Bestandteile wie Tannine oder viel Säure enthalten, um der Oxidation zu entgehen, haben sie sowieso keine Chance. Nur außerordentlich konzentrierte Weine lohnen ein längeres Einkellern – und das sind meist teure Exemplare.

HALTBARKEIT IM VERHÄLTNIS

Über 90% aller Weine sind für sofortigen Genuss ausgelegt.

DIE FAKTEN:

- Dies gilt insbesondere für Weiß-, Rosé- und Schaumweine.
- Eine evtl. notwendige Reifung hat schon in der Kellerei stattgefunden.
- Gute Weine werden nicht gleich schlechter, aber auch nur selten besser. Billige Weine halten am kürzesten.
- Rosés und Rote im *nouveau*-Stil binnen sechs Monaten trinken.

Weniger als 10% der Weine sind für 5 Jahre Reifung ausgelegt.

DIE FAKTEN:

- Sie müssen genug Konzentration haben, um neue Aromen zu entwickeln.
- Die meisten Weine dieser Gruppe sind Rot- oder Dessertweine, da ein hoher Tannin- bzw. Zuckergehalt konservierend wirken kann.
- Typischerweise handelt es sich hier um hochklassige oder Spitzenweine, meist in einem traditionellen Stil bereitet.

Weniger als 1% der Weine sind für 10 Jahre Reifung ausgelegt.

DIE FAKTEN:

- Sehr feine Rotweine mit hohem Tanningehalt schmecken jung oft nicht besonders gut, da sie einige Jahre brauchen, um Tannin abzubauen und milder zu werden.
- Dabei handelt es sich in der Regel um außergewöhnliche Sammlerweine, die sowohl selten als auch teuer sind.

REIFEPRÜFUNG

Vor einigen Jahrzehnten war es viel einfacher vorherzusagen, welcher Wein noch lagern sollte – es kamen dafür nur ein paar Rebsorten und Stile infrage. Heute fordert der Markt sofort trinkreife Weine, die die Erzeuger nach Kräften liefern. Ein Wein, der früher auf dem Höhepunkt ist, lässt aber auch früher nach. Um herauszufinden, ob ein Wein von weiterer Reifung profitiert, öffnen Sie eine Flasche davon, probieren ihn und lassen den Rest einen Tag lang stehen. Wenn er dann besser schmeckt, wird er auch noch reifen können – und je länger er noch gut schmeckt, umso mehr wird er durch ein paar Jahre im Keller gewinnen. Wenn der Wein aber schnell fade wird oder nicht mehr schmeckt, sollte man alle Flaschen innerhalb der nächsten Monate austrinken.

WEIN LAGERN

Ideal zur Lagerung von Wein ist ein richtiger Keller: dunkel, feucht, ruhig und kühl mit Temperaturen von 10–15 °C. Da aber nicht jeder einen Keller hat oder sich einen Weinklimaschrank leisten kann, muss man Kompromisse machen. Kammern und Schränke, die nicht zu warm und trocken werden, können durchaus passable Bedingungen bieten. Am besten lässt man die Flaschen dann in der Kiste und legt sie waagerecht auf den Boden. Naturkorken schrumpfen, wenn sie austrocknen, und können dann undicht werden. Darum legt man die Flaschen seitlich hin, damit der Korken vom Wein feucht gehalten wird.

Kapitel-Checkliste

Eine Zusammenfassung der wichtigsten Punkte dieses Kapitels.

✓ Ein **durchschnittliches Weinglas** enthält 150 ml, eine Standardflasche entspricht also **fünf Gläsern**.

✓ Standardflaschen enthalten **0,75 Liter**, Bag-in-Box-Kartons meist **3 oder 5 Liter**.

✓ Wein schmeckt aus allen Gefäßen gut, am besten aber aus speziellen **Weingläsern**.

✓ Weingläser sollen vor allem die Nase erfreuen. Sie sind so gestaltet, dass man den Wein gut **schwenken, an ihm schnuppern und ihn temperiert halten kann** – alles, um seinen Duft möglichst gut wahrzunehmen.

✓ **Dekantiert** wird, um **Sediment** aus älteren Rotweinen zu entfernen und um junge Weine zu **belüften** und milder zu machen.

✓ Die **flüchtigen Verbindungen**, die das Aroma des Weins ausmachen, verändern sich bei Temperaturunterschieden. Deshalb versucht man, Wein mit **Idealtemperatur** zu servieren und diese auch beim Trinken zu erhalten.

✓ **Individuelle Vorlieben** bei der Trinktemperatur können sehr unterschiedlich sein. Trinken Sie ihren Wein so, wie er Ihnen am besten gefällt!

✓ Nur Rotweine werden meist ungekühlt serviert, da Tannine und andere Verbindungen aus den Traubenschalen bei niedriger Temperatur oft **adstringierender und bitterer** wirken.

✓ **Rotweine** schmecken bei 15–21 °C am besten, alle anderen – **Weiß-, Rosé-, Schaum-, gespritete oder Dessertweine** – bei 4–10 °C.

✓ Viele Weine halten sich eine ganze Zeit lang, bevor sie **verderben**, doch nur sehr wenige sind **konzentriert** genug, um neue Noten zu entwickeln, die die im Lauf der Zeit verloren gegangenen Aromen ersetzen.

WEIN UND SEINE STILE

Die ungeheure Vielfalt an Weinen und die rätselhaften Angaben auf den Etiketten können ganz schön verwirrend sein. Instinktiv möchte man sich der Reihe nach mit allem befassen, doch kommt man als Anfänger damit meist nicht weit – es gibt einfach zu viele Weine. Anstatt sich in Einzelheiten zu verlieren, was den einen Wein vom anderen unterscheidet, ist es besser, einen Schritt zurückzutreten und sich einen Überblick darüber zu verschaffen, was alle Weine verbindet.

Schon mit einer Handvoll zentraler Weinkenntnisse kann sich auch ein Neuling ein Bild davon machen, wie Weine in sensorischer Hinsicht zueinander in Beziehung stehen: wie sie aussehen, schmecken, riechen und sich im Mund anfühlen. So ist das Ausreifen von Trauben stets von bestimmten Entwicklungsstufen geprägt – aber nicht alle Weine werden von gleich reifen Trauben erzeugt. Der Grad der Traubenreife wiederum zeigt sich in vielen Eigenschaften des Weins – vom Alkoholgehalt, also dem Gewicht, bis zur Eichennote und dem Säuregehalt. Einblicke dieser Art geben einem nicht nur eine Idee, wie ein Wein wohl schmeckt, sondern auch, zu welchem Essen er passen dürfte.

Weinetiketten mögen verwirren, den Geschmack versteht man sofort

120
Santa Rita
Rose

WEINSTILE VERANSCHAULICHEN

Der Faktor Traubenreife

Ein Vorteil, den Profis vor normalen Weintrinkern haben, ist ihre Fähigkeit, darzustellen, wie Weine geschmacklich zueinander in Beziehung stehen, nicht nur in Bezug auf Rebsorte oder regionale Herkunft. Die Biologie der Weintraube und der Hefe setzt der Menge der möglichen Ausdrucksformen, die ein Wein haben kann, natürliche Grenzen. Es gibt immer wiederkehrende Muster, die zu erkennen man lernen kann. Mit ein wenig Grundwissen darüber, wie Trauben reifen, können auch Anfänger noch vor dem Öffnen der Flasche eine recht gute Vorstellung entwickeln, ob ein Wein leicht oder schwer, mild oder kräftig, süß oder trocken ist.

Das Spektrum der Weinstile

Profis wissen, dass es klare und beständige Muster gibt, die über den Weinstil bestimmen. Auf Grundlage dieses Wissens können sie begründete Vermutungen abgeben, wie ein Wein schmeckt, bevor sie die Flasche öffnen. Diese Verallgemeinerungen können auch Sie beim Weineinkauf nutzen, ohne sich Dutzende von Trauben oder Regionen merken zu müssen.

Eine Karte der Weinstile

Wer sich in der Weinwelt zurechtfinden will, muss ihre Ausdehnung und ihre Grenzen kennen. Eine erste Einteilung bieten die beiden wichtigsten Faktoren: Gewicht und Geschmacksintensität. Ein Koordinatensystem, das auf diesen beiden Gradmessern basiert, zeigt, wie Weinstile in Bezug auf ihre sensorischen Qualitäten zueinander in Beziehung stehen.

Gewicht und Geschmack sind zentrale sensorische Charakteristika. Sie bestimmen persönliche Vorlieben und sind zudem sehr leicht zu identifizieren. Beide stehen in enger Beziehung zueinander, aber auch zu anderen wichtigen Faktoren wie Säure, Eichennote und Tannin sowie – ganz wichtig – zu Eigenschaften, die schon vor dem Öffnen der Flasche erkennbar sind, etwa Farbe und Alkoholgehalt.

Den Weincode knacken

Im Koordinatensystem von Gewicht und Geschmack zeigen sich einige feste Bezüge. Blassere Weine sind oft leichter und milder als dunkle. Weißweinstile differieren mehr als die von Roten. Rosés liegen in einem Bereich, der sich sowohl mit Weiß- als auch mit leichten Rotweinen überschneidet. Schaumweine sind in der Regel nicht sehr alkoholstark.

Das sind zwar alles Binsenweisheiten, doch wenn man sich eingehender damit befasst, erkennt man, in welcher Beziehung die Weinstile in sensorischer Hinsicht zueinander stehen. Man sieht, welche Faktoren sich am stärksten auf die maßgeblichen Eigenschaften auswirken. Auf dieser Grundlage orientieren sich Profis in der Weinwelt – und auch Sie können damit bessere Entscheidungen fällen.

WICHTIGE KOORDINATEN

Weine in einem Spektrum einzuordnen, das vom Gewicht und der Geschmacksintensität definiert wird, kann Neulingen eine große Hilfe sein, sie zu vergleichen und sich auch später noch an ihren Geschmack zu erinnern.

GEWICHT

Schwerere Weine haben:
Mehr Alkohol • eine reichhaltigere Textur
Sie sind außerdem oft, aber nicht immer
üppiger im Geschmack • mit Eichennote • vor der Abfüllung gereift • säureärmer • aus wärmeren Gebieten • evtl. mit Weingeist gespritet

Leichtere Weine haben:
Weniger Alkohol • eine dünnere Textur
Sie sind außerdem oft, aber nicht immer
milder im Geschmack • in der Regel ohne Eichennote • jung abgefüllt und verkauft • säurereich • aus kühleren Gebieten • evtl. mit Kohlensäure – perlend oder schäumend

GESCHMACK

Mildere Weine haben:
Subtilere Aromen, oft mit kräuterigen oder erdigen Anklängen • nur selten eine Eichennote
Sie sind außerdem oft, aber nicht immer
alkoholärmer • farblich blasser • jung abgefüllt und verkauft • säurereich • aus kühlen Gebieten

Üppigere Weine haben:
Intensivere Aromen, oft mit gebackenen oder würzigen Anklängen • oft eine Eichennote
Sie sind außerdem oft, aber nicht immer
alkoholreicher • farblich dunkler • vor der Abfüllung gereift • säureärmer • aus warmen Gebieten

Die Muster zu erkennen, wie Weine geschmacklich zueinander in Beziehung stehen, erlaubt uns fundierte Entscheidungen, ohne allzu sehr in die Details zu gehen.

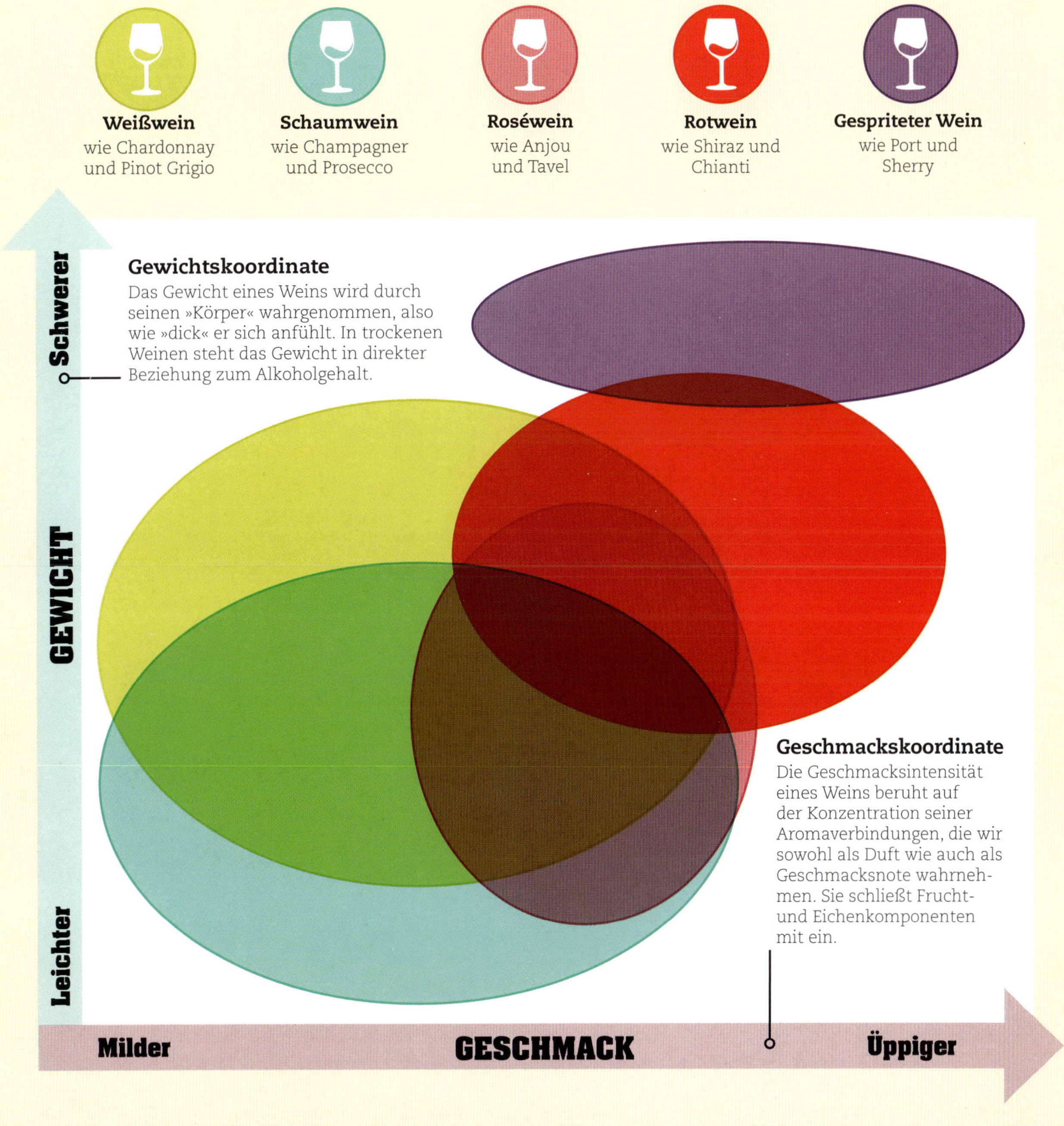

Die drei Geschmacksfaktoren

Wein wird oft nach der Rebsorte etikettiert, doch das allein sagt nicht genug über seinen Geschmack aus. Zwei weitere Faktoren können eine ebenso wichtige Rolle bei der Ausformung von Aroma und Stil eines Weins spielen.

Gleiche Traube, anderer Geschmack

Für jeden Wein ist die Rebsorte nur der Ausgangspunkt für den endgültigen Geschmack, den dann zwei weitere, noch mächtigere Kräfte formen: die natürlichen Umgebungsbedingungen des Weinbergs und die Eingriffe des Erzeugers. Deshalb können Weine von derselben Sorte ganz unterschiedlich schmecken, wenn sie aus verschiedenen Regionen stammen und/oder auf unterschiedliche Weise erzeugt wurden. Die drei Variablen, die den Geschmack jedes Weins bestimmen, sind:

Die gleiche Rebsorte kann völlig unterschiedliche Weine hervorbringen, je nachdem wo sie angebaut und wie der Wein bereitet wurde.

Unerwartete Ähnlichkeiten

Wir richten uns beim Weineinkauf gern nach der Rebsorte, weil sie groß auf dem Etikett steht, aber auch, weil sie eindeutige Hinweise auf den Inhalt zu geben scheint. Doch sich nur an der Sorte zu orientieren, lässt die beiden anderen Faktoren außer Acht. Beispielsweise liefern Pinot Noir und Syrah sehr unterschiedliche Weine. Und doch werden ein französischer Pinot Noir aus Burgund und ein französischer Syrah von der Rhône sich ähnlicher sein als ihre Neue-Welt-Pendants aus Kalifornien bzw. Australien. Die Gemeinsamkeiten von Kultur und Klima wirken sich hier stärker aus als die Familienähnlichkeit, die aus der Rebsorte erwächst.

Aus ähnlichen Gründen ist das Geschmacksprofil eines reichhaltigen Chardonnay aus Kalifornien einem Elsässer Pinot Gris ähnlicher als einem leichteren Chardonnay aus dem französischen Chablis – einfach, weil das Elsass und Kalifornien beide sonnig und warm sind. Die Weine des kühlen Chablis erinnern mehr an andere Weiße aus kühlem Klima – etwa Pinot Grigio aus Norditalien.

Die Lage macht's

Weine von verschiedenen Trauben, die in nahegelegenen Regionen oder vergleichbaren Klimata wachsen, ähneln sich im Geschmack oft mehr als Weine derselben Sorte aus ganz verschiedenen Regionen oder Klimata.

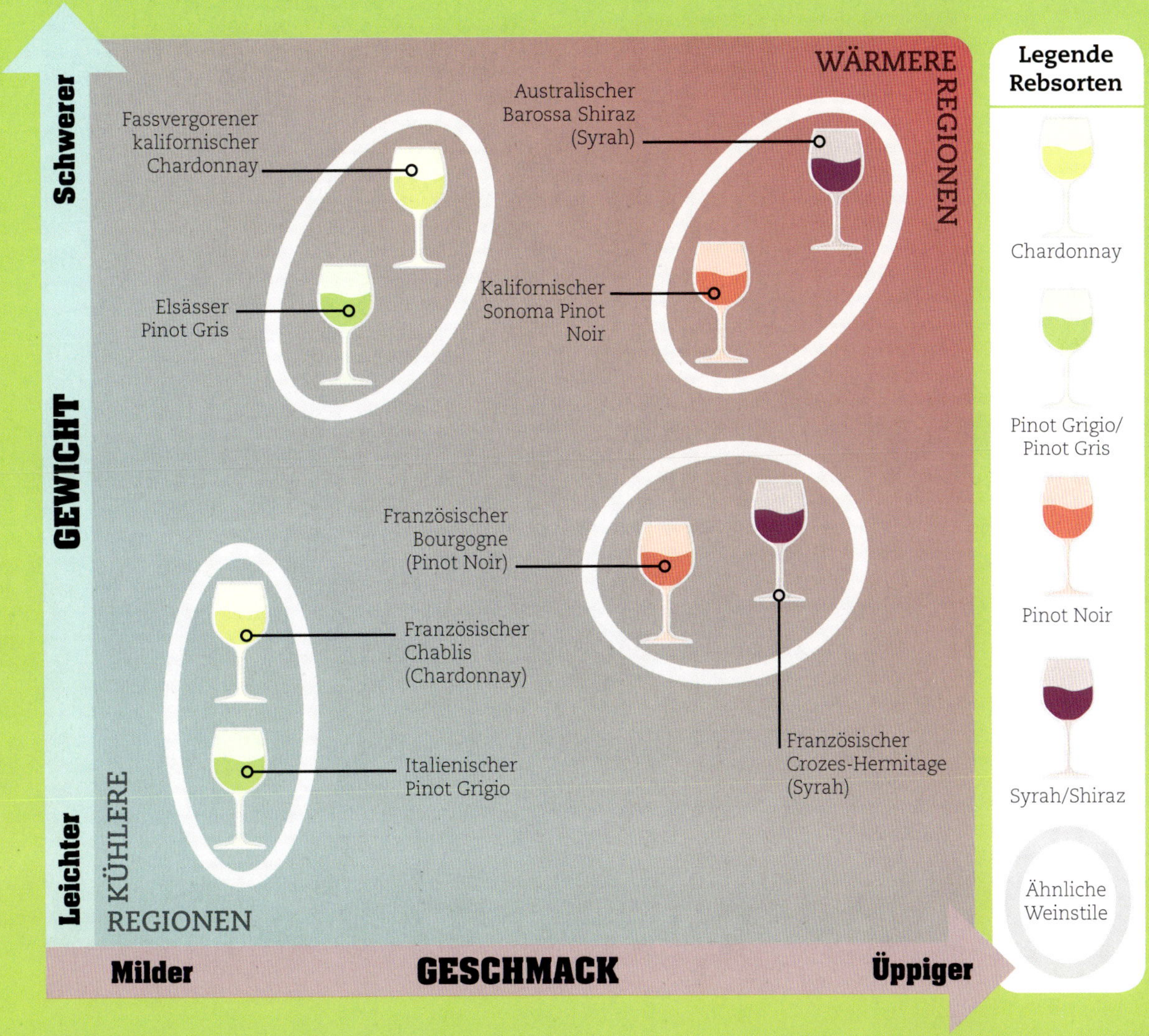

DIE VERKOSTUNG

Das Spektrum der Stile

Vergleichen Sie acht Weine zu Hause

Probieren Sie diese vier Weißwein- und vier Rotweinstile nacheinander und achten Sie darauf, wie sie jeweils in Bezug auf Körper und allgemeine Geschmacksintensität zu vergleichen sind.

1 – SEHR LEICHT, SEHR ÜPPIGER GESCHMACK

Zum Beispiel ...

Italienischer Moscato, oder Moscato aus Australien oder Kalifornien im italienischen Stil

Über diesen Wein

Ein Ausreißer aus dem Schema. Die äußerst aromatische Moscato-Traube ergibt selbst bei niedrigem Alkoholgehalt sehr üppig schmeckende Weine.

2 – LEICHT, MILDER GESCHMACK

Zum Beispiel ...

Schäumende italienische Weine aus Nordostitalien, etwa Venetien

Über diesen Wein

Ein delikater Stil aus nicht sehr reifen Trauben mit subtilem Geschmack – ideal als Erfrischung im Sommer oder für einen Schluck tagsüber.

3 – MITTELSCHWER, MITTLERER GESCHMACK

Zum Beispiel ...

Weine aus dem neuseeländischen Marlborough

Über diesen Wein

Deutlich vollere Textur und intensivere Aromen, dank reiferer Trauben und einer aromatischen Rebsorte.

4 – SCHWER, MITTLERER GESCHMACK

Zum Beispiel ...

Kalifornische Premium-Stile aus Gebieten wie Sonoma, Russian River Valley, Santa Barbara oder Carneros

Über diesen Wein

Dank der kalifornischen Sonne opulent reichhaltiges Mundgefühl, und durch die Röstnote der neuen Eichenfässer ein voller Geschmack.

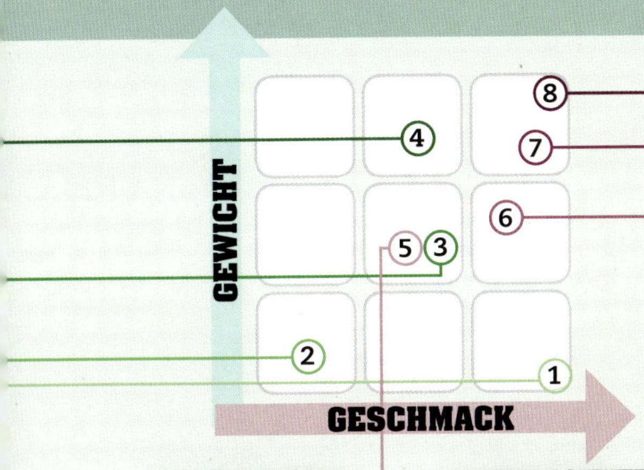

Schatzkarte für Weinfreunde

Hier sind einige populäre Weine in unserem Koordinatensystem aus Gewicht und Geschmack platziert. Wo liegen Ihre Favoriten? Rechts oben, also schwer und üppig, oder links unten bei den erfrischend leichten Milden? Wenn Sie sich auf diese Weise bildlich veranschaulichen, wie die Weine in sensorischer Hinsicht zueinander stehen, können Sie leichter erkennen, welche Weine Sie, jenseits von Rebsorten und Regionen, am liebsten mögen.

MITTELSCHWER, MITTLERER GESCHMACK

5 – FRANZÖSISCHER PINOT NOIR

Zum Beispiel …

Bourgogne (Burgunder) oder ähnliche Weine wie Mercurey oder Santenay

Über diesen Wein

Klassischer Stil, für einen Rotwein leicht mit recht geringer Traubenreife, insgesamt aber doch mittelschwer mit verhaltenen, aber verführerischen Aromen.

MITTELSCHWER, ÜPPIGER GESCHMACK

6 – SPANISCHER RIOJA

Zum Beispiel …

Rioja Crianza oder ein ähnlicher, aber kräftigerer Rioja Reserva

Über diesen Wein

Der Wein ist reifer und kräftiger, aber nicht viel schwerer im Mund. Die Geschmacksintensität wird durch die sehr deutliche Eichennote noch verstärkt.

SCHWER, ÜPPIGER GESCHMACK

7 – PREMIUM-SHIRAZ

Zum Beispiel …

Erstklassiger australischer Shiraz aus den Gebieten Barossa Valley oder McLaren Vale

Über diesen Wein

Extrem dichte Aromen und sehr mächtiger Körper für einen nicht gespriteten Wein, dank der außerordentlichen Traubenreife im sonnig-heißen Australien.

SEHR SCHWER, SEHR ÜPPIGER GESCHMACK

8 – GESPRITETER PORTWEIN

Zum Beispiel …

Portugiesischer Late-Bottled Vintage Port oder kalifornischer gespriteter Zinfandel

Über diesen Wein

Wieder ein Sonderfall. Der zusätzliche Alkohol dieser mit Weingeist verstärkten (»gespriteten«) Weine sorgt für massive Weine mit extrem konzentrierten Aromen.

Regionen sind wichtiger als Trauben

Eigenschaften wie Farbe, Geschmack und Alkoholgehalt spiegeln fast immer die Farbe, die Aromen und den Zuckergehalt der Trauben wider, aus denen die Weine bereitet wurden. Die Entwicklung dieser Eigenschaften wird bei der Reifung der Trauben im Weinberg von Geografie und Klima beeinflusst.

Ansteigende Reife

Im Allgemeinen nehmen die meisten Weineigenschaften gemeinsam zu, unabhängig von der Rebsorte. Andere verringern sich parallel dazu im gleichen Verhältnis. Dieses Muster ist direkt abhängig von der Sonneneinstrahlung im Weinberg und deren Einfluss auf die Traubenreifung.

Die Sonne beeinflusst die Traubenreife und daher letztlich auch den Weinstil um ein Vielfaches mehr als die Rebsorte oder die Weinbereitung.

Rotweine und schwerere Weine brauchen sehr reife Trauben

Da die Trauben für rote und körperreiche Weine viel Sonne und Wärme benötigen, stammen sie meist aus sehr sonnigen, warmen und trockenen Lagen.

Damit sie möglichst reif und aromatisch werden, lassen die Winzer sie in der Regel so lange wie möglich am Stock hängen.

Für Weißweine und leichtere Weine sind nicht ganz so reife Trauben besser

Da zu viel Sonne und Wärme ihren Trauben nicht unbedingt guttun, stammen Weiße und leichtere Weine eher aus Gebieten, die kühler, wolkiger und feuchter sind.

Die Frucht wird meist früher geerntet, um Überreife zu verhindern und Frische zu bewahren.

Schlüsselbegriff: Traubenreife

Nichts kann besser erklären, wie die Weinwelt tickt und wie Weine voraussichtlich schmecken, als das Konzept der Traubenreife.

Vom »grünen« zum grandiosen Geschmack

Am Ende der Entwicklung einer Frucht steht die Reife: Sie kann geerntet werden und besitzt die richtige Balance der Aromen, die sie frisch und köstlich schmecken lassen. Der Weg von der sauren, unreifen Phase in den süßen, saftigen Zustand wird von einer Farbveränderung begleitet – von Grün bis zur endgültigen Farbe der Frucht. Deshalb steht »grün« auch beim Geschmack für unreife, saure, bittere Noten, die an grüne Blätter und Gemüse erinnern – selbst wenn etwa Granny-Smith-Äpfel und Weißweintrauben auch im reifen Zustand noch grün sind. Da Pflanzen ihre Energie durch Fotosynthese aus dem Sonnenlicht beziehen, ist der Reifegrad, den eine beliebige Frucht erreichen kann, stets vom Sonnenschein während der letzten Wochen vor der Ernte abhängig.

VIELE STADIEN DER REIFE

Für Winzer ist die Lese zum genau richtigen Zeitpunkt entscheidend, da damit das Geschmacksprofil im Rohstoff des Weins festgelegt wird. Das Hauptaugenmerk bei der Entscheidung, wann gelesen wird, gilt dem Zuckergehalt, da er den potenziellen Alkoholgehalt bestimmt, doch auch andere Kriterien spielen eine Rolle – etwa Säuregehalt, Aromaverbindungen und Tannine.

Technisch gesehen gibt es keine allgemeingültige Definition von »perfekter Reife«, da die Kom-

Bewegliche Ziele
Viele Dinge ändern sich, wenn Trauben reifen. Die Beeren werden größer, weicher und saftiger, die Süße nimmt zu und die Säure ab. Die Aromen wechseln von mild und vegetabil zu intensiv und fruchtig, und bei Rotweintrauben wird die Farbe dunkler.

Am Ende der Wachstumsphase steht die Reife – die Frucht wird süß und essbar.

ponenten der jeweiligen Traube etwas verschieden auf Änderungen der Geografie, des Wetters und der Weinbaumethoden reagieren. Für Rieslingtrauben von der kühlen Mosel gilt ein Zuckergehalt von nur 18 Prozent bereits als vollreif, während für kalifornischen Cabernet Sauvignon alles unter 24 Prozent Zucker als unreif angesehen wird. Je nach beabsichtigtem Stil ernten Winzer auch früher oder später im Jahr – früher für Weiß- oder Schaumweine, um die frische Säure in den Trauben zu bewahren, später für die meisten Rotweine, damit sich in den Traubenschalen noch möglichst viele Farb- und Aromastoffe entwickeln.

Als Verbraucher muss man sich glücklicherweise nicht um die feinen Unterschiede kümmern, die Winzer bei der Traubenreife machen. Für eine Orientierung bei den Weinstilen genügt es, ein allgemeines Bild zu haben: Trauben für leichtere, kühlklimatische Weinstile wie Riesling oder Prosecco sind weniger reif, die für gewichtigere Stile aus warmem Klima wie Cabernet Sauvignon oder Port sind reifer.

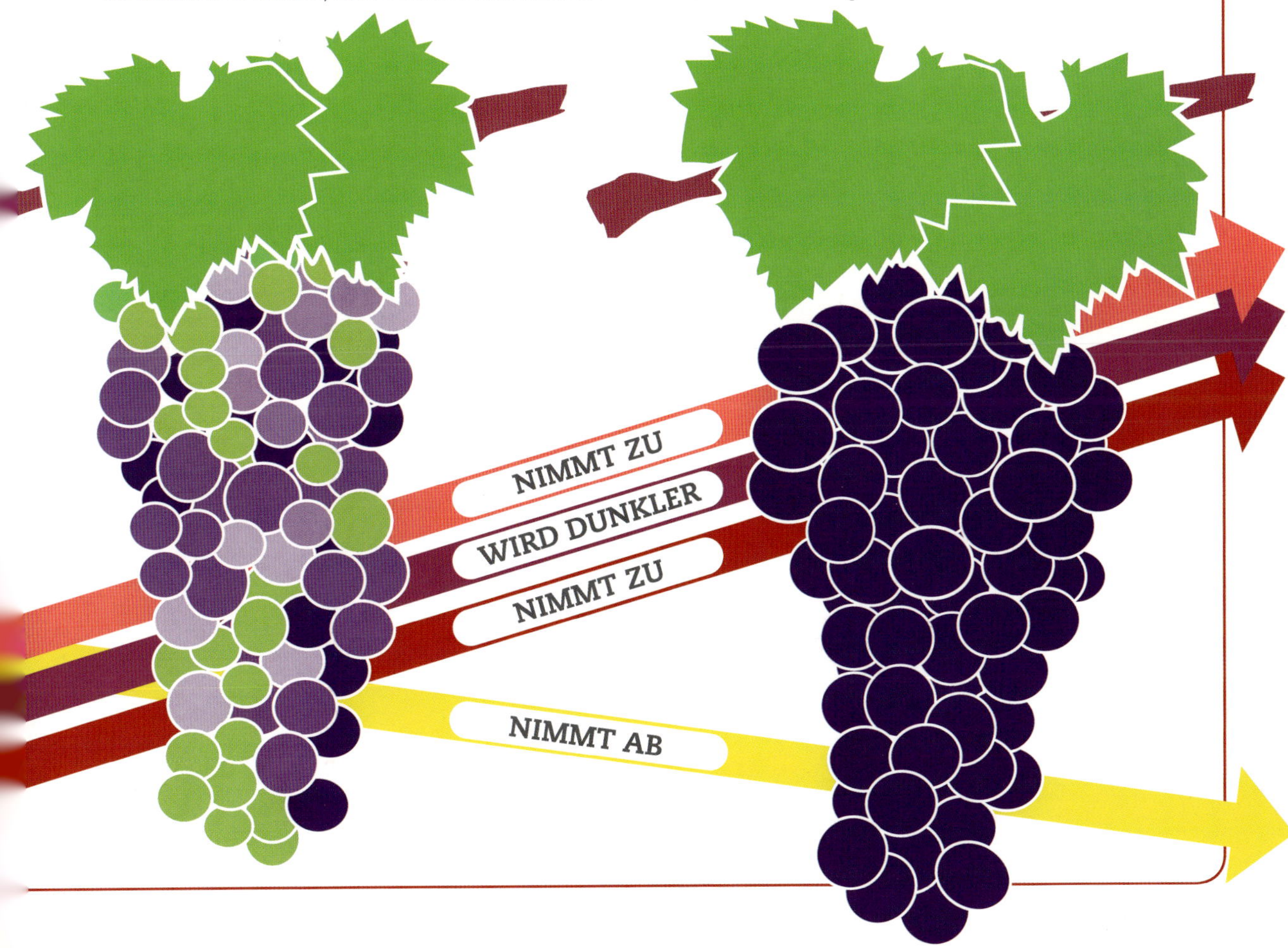

Reife vorhersagen

Oft genug kann man am Etikett ablesen, wie reif die Trauben eines Weins waren, etwa am Alkoholgehalt – ein wichtiger Schritt, diesen verwirrenden Code zu knacken.

AUSNAHMEN VON DER REGEL

Der Alkoholgehalt steht dann nicht in direkter Beziehung zu anderen, von der Traubenreife abhängenden Eigenschaften, wenn er bei der Erzeugung manipuliert wurde, etwa bei gespriteten Weinen und bei Süßweinen.

Turbo für den Geschmack

Trauben, die mehr Sonne abbekommen, werden reifer, was den Wein in vielerlei Hinsicht intensiver macht. Süßere Trauben ergeben in vollständig vergorenen, also trockenen Weinen einen höheren Alkoholgehalt. Sie sind schwerer und voller im Geschmack. Weine von reiferen Trauben schmecken kräftiger, weil sie mehr Aromaverbindungen wie aromatische Ester enthalten, aber auch, weil Alkohol sehr leicht flüchtig ist. Selbst bei kühlen Temperaturen wirkt ein Schuss mehr Alkohol im Wein wie ein Turbolader, der die Aromen direkt in die Nase befördert – wie bei Parfüms. Mehr Reife sorgt bei Rotwein auch für eine dunklere Farbe.

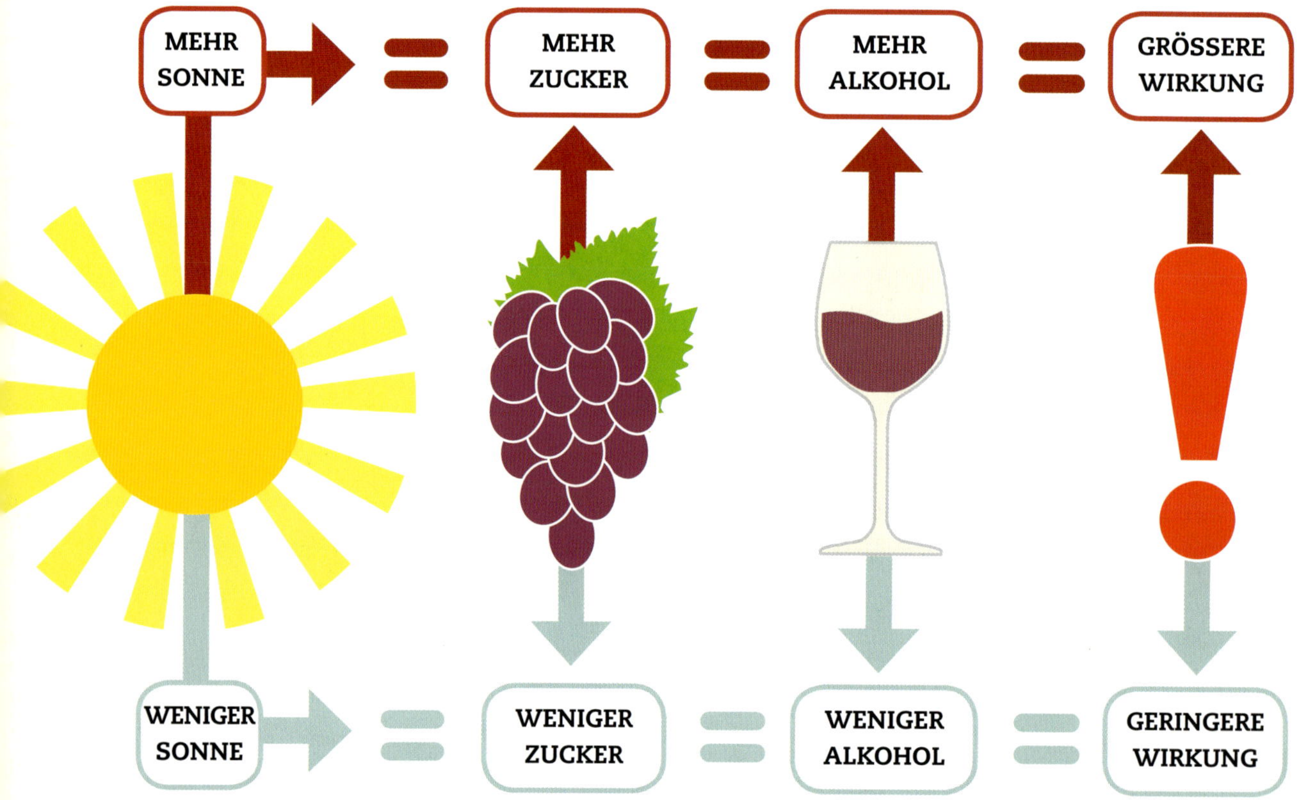

Geheimtipp

Eine der nützlichsten Informationen auf einem Weinetikett findet sich im Kleingedruckten: der Alkoholgehalt. Er steht mit so vielen Eigenschaften eines Weins in engem Zusammenhang, dass er als ungefährer Stilwegweiser dienen kann.

UNTER 13 %

WEINE ZEIGEN TYPISCHERWEISE EIGENSCHAFTEN GERINGER REIFE

Immer feinere Textur
Meist höherer Säuregehalt
Oft mild im Geschmack
Oft blasser in der Farbe
Selten mit Eichennote
Evtl. mit Kohlensäure

BEISPIELE:

Französischer Champagner
Spanischer Albariño
Italienischer Chianti

ZWISCHEN 13 UND 14 %

WEINE ZEIGEN TYPISCHERWEISE EIGENSCHAFTEN MITTLERER REIFE

Mittelschwere Textur
Mäßiger Säuregehalt
Mittlere Geschmacksintensität
Mittlere Farbe
Eichennote möglich
Selten mit Kohlensäure

BEISPIELE:

Australischer Chardonnay
Französischer roter Bordeaux
Amerikan. Oregon Pinot Noir

ÜBER 14 %

WEINE ZEIGEN TYPISCHERWEISE EIGENSCHAFTEN HOHER REIFE

Immer gewichtigere Textur
Meist geringerer Säuregehalt
Oft üppiger Geschmack
Oft dunklere Farbe
Häufig Eichennote
Selten mit Kohlensäure

BEISPIELE:

Kalifornischer Zinfandel
Argentinischer Malbec
Frz. Châteauneuf-du-Pape

Was der Alkohol verrät

In trockenen Weinen, die keinen Zucker mehr enthalten, ist der Alkoholgehalt praktisch direkt proportional zur Traubenreife – und der Alkoholgehalt muss auf Etiketten prinzipiell angegeben werden. Wer weiß, dass 13 % der Mittelwert ist, kann schon einiges vorhersagen. Dass alkoholstärkere Weine schwerer im Mund sind, liegt in der Natur der Sache; man kann aber auch vermuten, dass sie aufgrund der höheren Traubenreife weniger herb sind und intensivere Fruchtnoten zeigen. Für trockene Weine mit weniger Alkohol gilt das Gegenteil: Sie sind meist leichter, milder im Geschmack und haben eher eine Kräuternote.

Doch es geht noch weiter. Einige Weinkomponenten, die ganz in menschlicher Hand liegen, etwa Eichennote oder Kohlensäure, sind aus Gründen der Ausgewogenheit ebenfalls dem Grad der Reife, mithin des Alkoholgehalts zugeordnet. Je mehr Alkohol ein Wein enthält, umso größer ist zum Beispiel die Chance, dass er eine Eichennote hat, während mit sinkendem Alkoholgehalt Kohlensäure wahrscheinlicher wird. Natürlich gibt es Ausnahmen von dieser Faustregel, und am schwierigsten sind die Qualitäten im breiten Mittelfeld zwischen 13 und 14 % Alkohol vorherzusehen. Doch für eine allgemeine Orientierung beim Weineinkauf ist das Muster auf jeden Fall gut genug, und je weiter der Alkoholgehalt vom Mittelwert abweicht, umso zuverlässiger wird die Vorhersage sein.

Und die Bedeutung der Rebsorte?

Selbstverständlich ist die Traubensorte ein bedeutender Faktor für den Weinstil. Jede Sorte hat typische Eigenschaften und ein einzigartiges Aroma. Manche Sorten sind unverwechselbar, andere auf Anhieb weniger leicht zu erkennen. Schon die frischen Trauben verschiedener Sorten unterscheiden sich im Aussehen und Geschmack. Der auf den vorangegangenen Seiten besprochene Faktor Reife darf dabei aber keinesfalls unterschätzt werden.

Rebsorteneinteilung

So wie die Persönlichkeit von Kindern sich mit zunehmendem Alter immer deutlicher herausbildet, so ähneln sich Rebsorten in sehr unreifem Zustand zunächst, um sich mit wachsender Reife mehr voneinander zu unterscheiden.

Traditionell teilt man Rebsorten nach ihrer Herkunft ein – Cabernet Sauvignon und Sauvignon Blanc etwa stammen beide aus Bordeaux und sind genetisch miteinander verwandt, während Chardonnay und Pinot Noir aus Burgund kommen. Um sich auf Weinkarten und in Geschäften zurechtzufinden, ist dieses Wissen nützlich, doch aus Sicht des Weintrinkers ist eine Einteilung nach sensorischen Eigenschaften sinnvoller, insbesondere eine Ordnung nach Aromafamilien.

Weißweinsorten

Trauben mit ausgeprägtem Aroma sind **FETT** hervorgehoben.

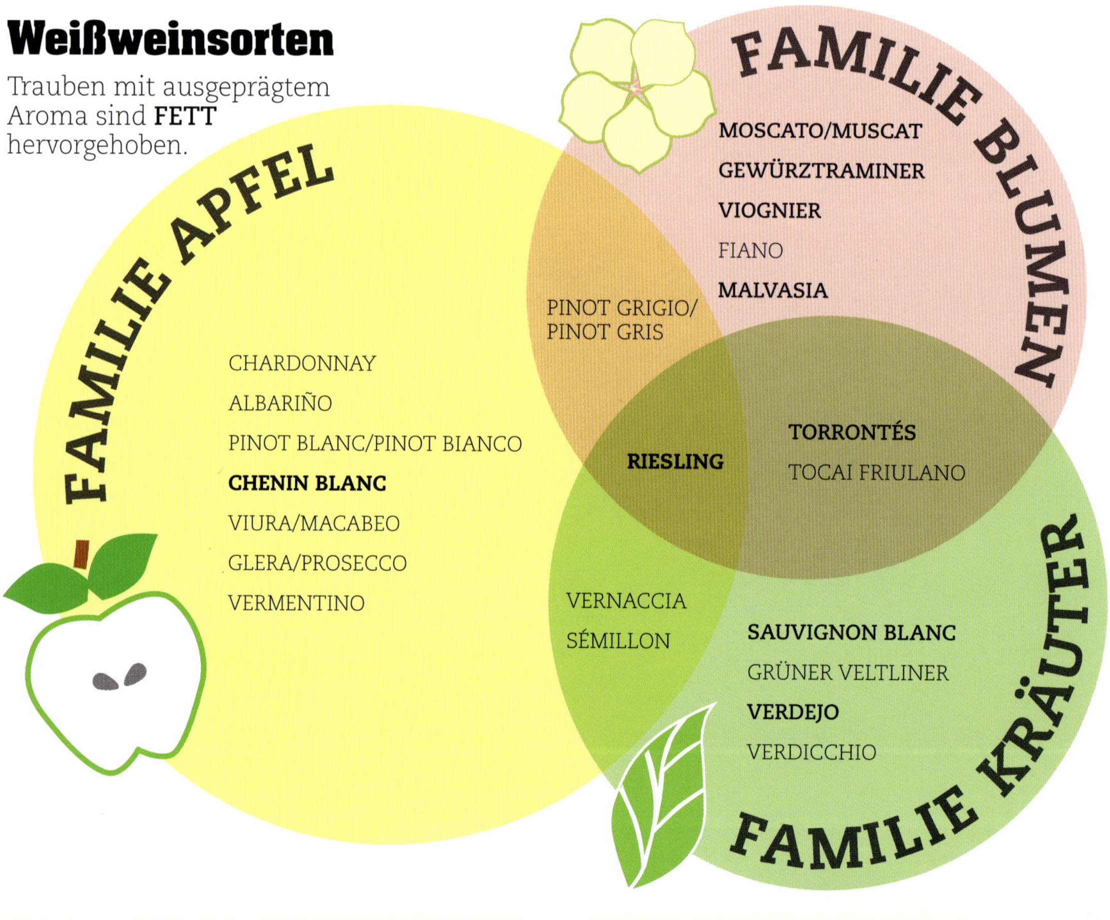

Aromaverwandtschaften bei Weißen

Viele der bekannten Weißweinsorten haben an Äpfel oder Birnen erinnernde Noten – am offensichtlichsten Chardonnay und Pinot Grigio. Ein paar aber ragen mit ungewöhnlich intensiven Aromen heraus, etwa Sauvignon Blanc mit seinen Noten von grünen Blättern, oder Moscato mit seinem Blumenduft. Manche Trauben vereinigen Elemente mehrerer Aromafamilien, etwa Riesling, dessen charmanter Apfelduft auch einen Anflug von Blumen und Kräutern aufweist – wie Jasmintee. Im Allgemeinen ist es umso unwahrscheinlicher, dass ein Weißwein in Eiche vergoren wurde, je stärker sein Traubenaroma ist. Kellermeister setzen neue Eiche für Weißweine ein wie Köche ihre Gewürze: um einem feinen, neutralen Aroma mehr Persönlichkeit zu verleihen.

Die meisten Weißweintrauben zeigen apfelähnliche Aromen, doch es gibt auch intensivere Düfte wie Blumen oder grüne Kräuter.

Aromaverwandtschaften bei Roten

Trotz ihrer in der Regel stärkeren Geschmacksintensität sind Rotweintrauben nicht so leicht in Geschmackskategorien einzuteilen wie weiße. Die Aromen von Rotweinen sind komplexer als die von Weißweinen, zudem kommt oft noch eine gewisse Eichennote hinzu. Doch auch hier kann man einige Aromafamilien ausmachen.

Die meisten Rotweine duften nach Früchten mit dunkler Farbe, etwa Beeren oder Kirschen. Viele der populärsten Rebsorten zeigen Noten von schwarzen Beeren – wie Brombeeren oder Heidelbeeren –, darunter Cabernet Sauvignon und Malbec. Eine kleinere Zahl, etwa Pinot Noir und Sangiovese, duften eher nach helleren roten Beeren und Früchten wie Erdbeeren oder Sauerkirschen. In diesen Bereich der roten oder schwarzen Früchte fallen die meisten Rotweine, doch es gibt auch einige, die mit ungewöhnlich deutlich an Gewürze erinnernden Aromen wie schwarzem Pfeffer und Sternanis auftreten. Folgerichtig heißt diese Aromafamilie, zu der Trauben wie Syrah und Grenache gehören, »würzige Früchte«.

GESCHMACK AUS DER MAISCHE

Die meisten Aromen bekommen Rotweine aus den Traubenschalen, deshalb wird der Most bei der Weinbereitung eine Zeit lang zusammen mit den Schalen eingemaischt. Der Wein nimmt dadurch neben Farbe auch stärkere Geschmacksnoten an.

Rotweinsorten

Trauben mit ausgeprägtem Aroma sind **FETT** hervorgehoben.

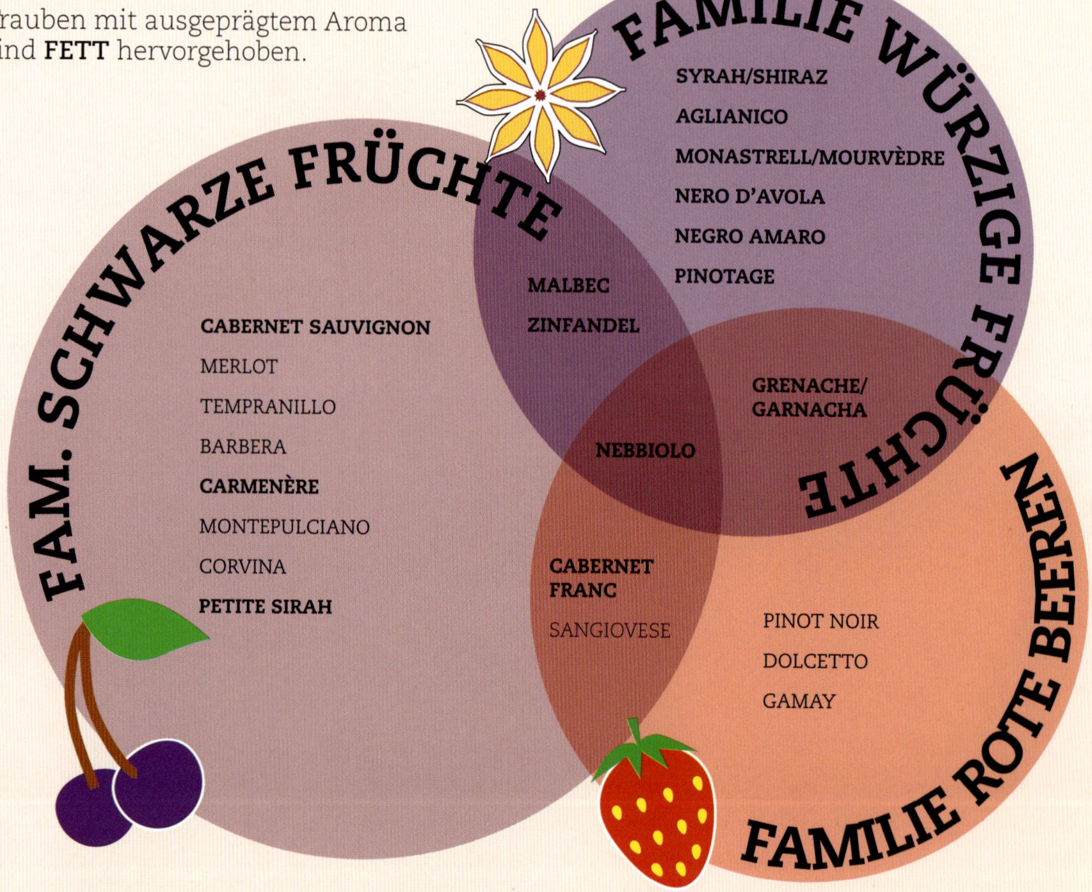

Viele der bekanntesten Rotweintrauben haben Noten von schwarzen Früchten, doch im Aromaprofil von Rotweinen können auch rote Beeren oder Gewürze im Vordergrund stehen.

Kapitel-Checkliste

Eine Zusammenfassung der wichtigsten Punkte dieses Kapitels.

✓ Den **Weinstil** bestimmen klare, feste Muster, anhand derer man eine begründete Vermutung abgeben kann, wie ein Wein **schmeckt**.

✓ **Drei Hauptfaktoren** beeinflussen den Weingeschmack: die Rebsorte, die Bedingungen im Weinberg und die Arbeit des Kellermeisters.

✓ Weine verschiedener Rebsorten, aber aus **ähnlichen Regionen oder Klimata**, ähneln sich oft mehr als Weine der gleichen Sorte aus sehr **unterschiedlichen Regionen oder Klimata**.

✓ Die meisten Weineigenschaften **nehmen** gemeinsam **zu**, andere **verringern sich** – abhängig von der **Sonneneinstrahlung** und ihrer Wirkung auf die **Traubenreife**.

✓ Für rote und **schwerere Weine** müssen die Trauben sehr reif sein, für weiße und **leichtere Weine** dürfen sie nicht zu reif sein.

✓ Am Ende der Fruchtentwicklung steht die **Reife**. Die Frucht kann nun geerntet werden und hat ausgewogene Aromen, die sie **frisch und köstlich** schmecken lassen.

✓ Bei der Reifung wird die zunächst harte und saure Frucht **süß und saftig**. Die Sonneneinstrahlung in der Zeit vor der Ernte bewirkt auch Farb- und Geschmacksveränderungen.

✓ Jeder Winzer hat eigene Vorstellungen von **»perfekter Reife«**, da sich die einzelnen Komponenten der Traube je nach Geografie, Wetter und Weinbaumethoden anders entwickeln.

✓ Weine von reiferen Trauben schmecken meist intensiver, da sie mehr **Aromaverbindungen** wie aromatische Ester enthalten, aber auch, weil **Alkohol sehr leicht flüchtig** ist.

✓ Wer weiß, dass **13 % Alkohol der Mittelwert** ist, kann über einen Wein einiges vorhersagen.

DAS WEISSWEIN-SPEKTRUM

Die helle Seite erforschen

Bei Weißweinen herrscht unendliche Vielfalt. Die Stile reichen vom äußerst subtilen Muscadet bis zum extrem intensiven Moscato, vom leichtesten, hellsten Riesling bis zum überaus schweren, dunklen Sherry. Wenn man Weißweine, wie es in Weinkarten häufig geschieht, nur nach Sorten und Regionen einteilt, geben sie leicht ein zusammenhangloses, in sich widersprüchliches Bild ab. Doch wenn man das Augenmerk mehr auf ihren Geschmack legt, darauf, wie sie in ihrer Sensorik zueinander in Beziehung stehen, kristallisieren sich klare Muster heraus. Das macht es leichter, neue Weine zu entdecken und zu genießen.

Eine Karte der Weißweinstile

Sichtbar zu machen, wie Weinstile zueinander in Beziehung stehen, macht die Muster im Geschmacksprofil beliebiger Gruppen von Weinen erkennbar. Zusammengenommen vermitteln uns Faktoren wie Rebsorte und Region, Klima und Art der Weinbereitung eine Vorstellung davon, welche Weine sich in Bezug auf sensorische Eigenschaften und Aromaprofil am meisten ähneln.

Darstellung nach Gewicht und Geschmack

Das Koordinatensystem nach Gewicht und Geschmack zeigt die ungefähre Position einer Reihe populärer Weißweine. Weiter links und unten stehen Weine aus kühlen Regionen, schwerere Weine mit intensiveren Aromen aus wärmeren Gegenden stehen weiter oben und rechts.

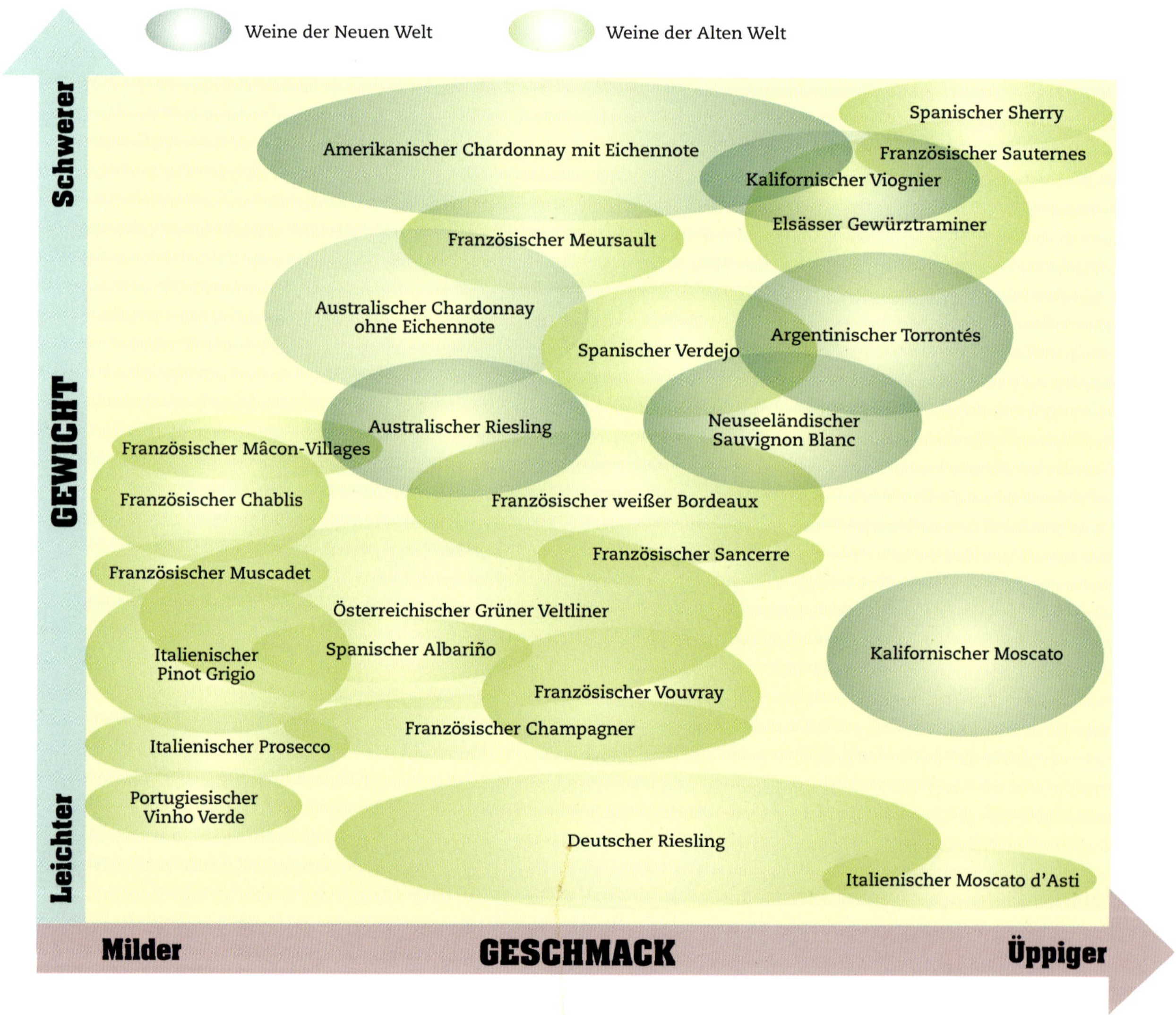

Aromaentwicklung

Einige Rebsorten schmecken von Natur aus intensiver und charakteristischer als andere, doch Sonne und Wärme lassen die Aromen in allen Trauben reifen. Insgesamt geht ein niedriger Alkoholgehalt meist auch mit milden, neutralen Aromen einher. Das gilt – ausgenommen einige extrem aromatische Sorten – v. a. für Weißweine, die auch schon bei geringer Traubenreife recht angenehm schmecken können.

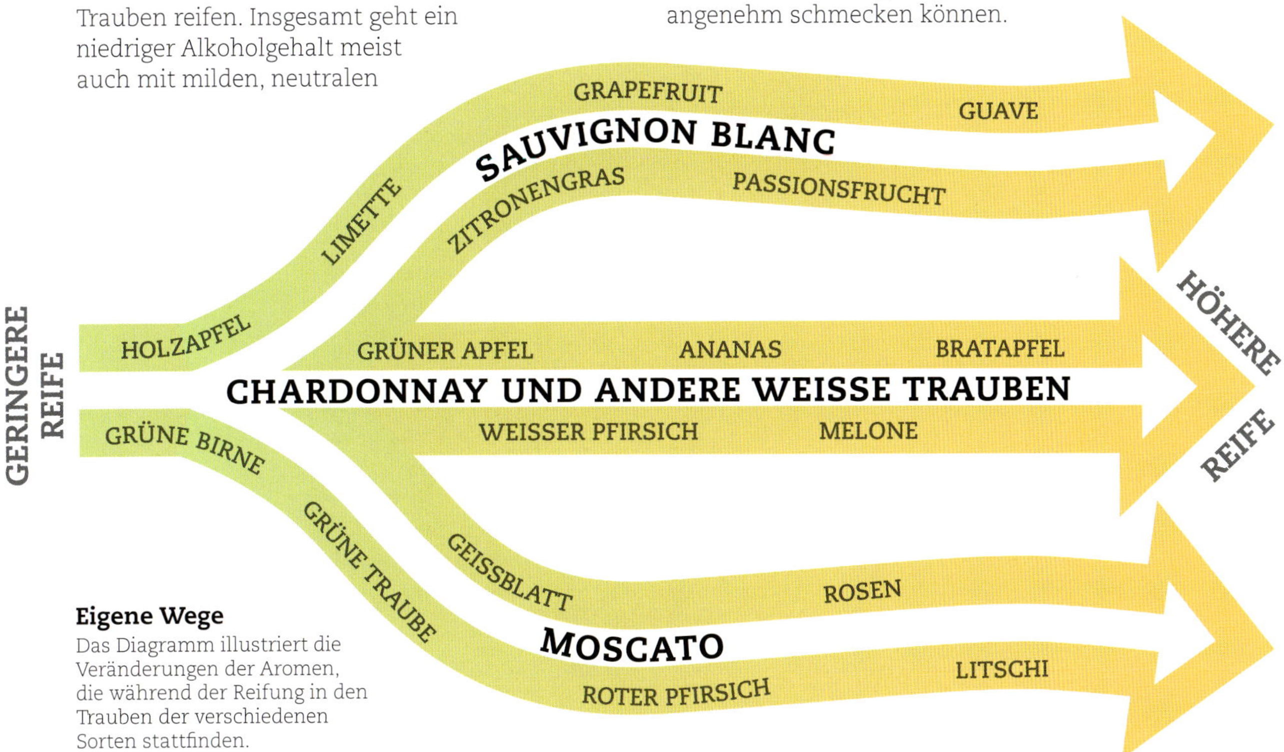

Eigene Wege
Das Diagramm illustriert die Veränderungen der Aromen, die während der Reifung in den Trauben der verschiedenen Sorten stattfinden.

Unreife Trauben haben ähnliche Aromen. Erst mit der Reife entwickeln sich die charakteristischen Eigenschaften der einzelnen Sorten.

Persönlichkeiten entstehen

In kühlen Regionen oder bei früher Lese zeigen Weine der meisten Weißweinsorten ein ähnliches »unreifes« Geschmacksprofil mit milden Noten von Äpfeln und Birnen und anderen Eigenschaften geringer Traubenreife: alkoholarm, säurereich, ungeeignet für Eichenholzeinfluss. Deshalb finden sich diese Qualitäten fast immer im linken unteren Eck des Koordinatensystems gegenüber. Bei reiferen Trauben – durch wärmeres Klima oder spätere Lese – wird die individuelle Aromapersönlichkeit jeder Sorte deutlicher. Die meisten weißen Trauben bekommen mehr Pfirsich- und tropische Noten und rücken im Raster weiter nach rechts oben. Bei manchen geht das so weit, dass sie sogar Noten von gekochten oder getrockneten Früchten annehmen. Trauben mit sehr ausgeprägtem Sortencharakter, wie der blumige Moscato oder der kräuterwürzige Sauvignon Blanc, gewinnen mit der Reife ebenfalls an Intensität, schlagen jedoch ihre eigene Richtung ein.

Die Stile von Chardonnay

Chardonnay, die beliebteste Traube der Welt, ist auch ein hervorragendes Beispiel dafür, wie Weine der gleichen Sorte im Koordinatensystem der Stile verschiedene Plätze einnehmen können. Wichtigstes Kriterium ist die Traubenreife, deshalb spielen Geografie und Klima eine entscheidende Rolle. Auch Weinbereitungstechniken können zusätzliche Aromen einbringen.

Stärken und Schwächen

Chardonnay ist keine besonders aromatische Traube – die Intensität ihrer üblichen Apfelnoten hängt von der Reife ab. Anders als andere Sorten aber kann Chardonnay auch mit ganz unterschiedlichen Reifegraden Weine von verführerischer Textur und ausgewogener Säure liefern – Weltklassegewächse sowohl in sehr kühlen als auch in sehr warmen Weinbaugebieten.

Seine größte Schwäche ist sein relativ neutrales Geschmacksprofil, weshalb Kellermeister ihm oft zusätzliche Aromen verleihen, um seinen Geschmack auf die Höhe seiner taktilen Fülle zu heben. Stillweine erhalten mit Fassgärung und -reifung Eichennoten, Schaumweine lässt man eine Zeit lang auf dem Hefesatz lagern, was ihnen Noten von Gebäck, etwa Brot, verleiht.

REINE CHARDONNAY-AROMEN

CHARDONNAY PLUS ANDERE AROMEN

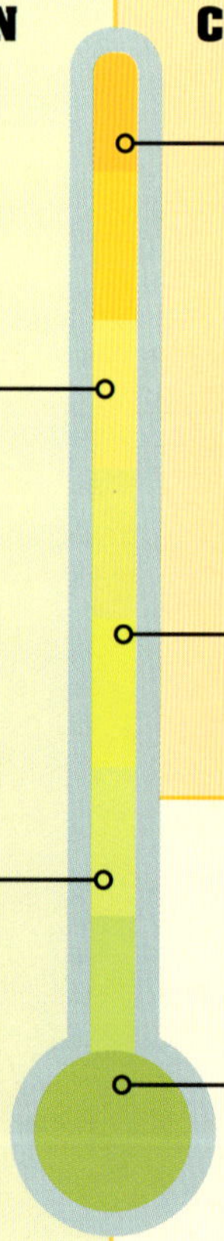

Heißes Klima
Amerikanischer Napa Valley Chardonnay
- Sehr hohe Reife (Noten von Apfelkuchen plus Röstnoten von der Eiche)
- Schwer, mäßige Säure, gebackene Fruchtnoten, Akzente von Karamell und Vanille (Eiche)

Warmes Klima
Chardonnay ohne Eichennote aus Südaustralien
- Recht hohe Reife (Noten von Ananas)
- Mittelschwer, mäßige Säure, milde Fruchtnoten mit tropischen und cremigen Akzenten

Kühles Klima
Französischer Meursault
- Sehr geringe Reife (Noten von gelben Äpfeln plus Röstnoten von der Eiche)
- Mittelgewichtig, säurebetont, milde Fruchtnoten mit Akzenten von Haselnuss und Vanille aus der Eiche

ZUSÄTZLICHE AROMEN VON NEUER EICHE

Sehr kühles Klima
Französischer Chablis
- Sehr geringe Reife (Noten von grünem Apfel)
- Leicht, sehr säurebetont, subtile Fruchtnoten, Akzente von Kräutern und Kreide

Kaltes Klima
Französischer Champagner
- Unreif (Noten von Holzapfel plus Hefeteig)
- Sehr leichtgewichtig, sehr säurebetont, subtile Fruchtnoten mit Hefe-Akzenten von Brioche und Toast

ZUSÄTZLICHE AROMEN VOM HEFESATZ

DIE VERKOSTUNG

Die Stilvielfalt von Chardonnay

Vergleichen Sie drei Chardonnays zu Hause

Probieren Sie diese Weine nacheinander, und achten Sie besonders darauf, welche Eigenschaften sich ändern, wenn es von den kühleren zu den wärmeren Weinbaugebieten geht – und damit auch von geringerer zu höherer Reife der gleichen Rebsorte.

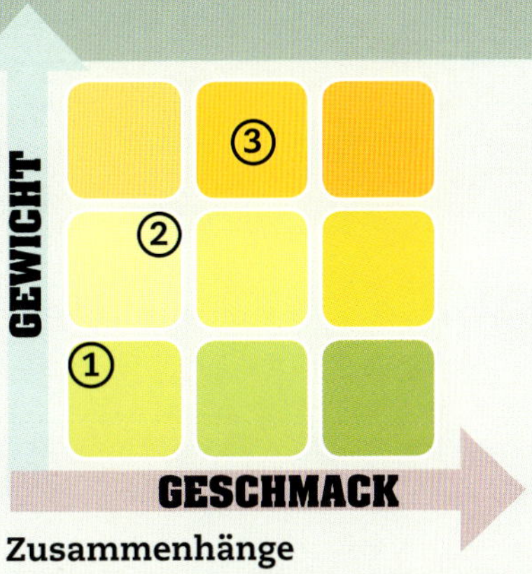

Zusammenhänge

Diese Chardonnay-Weine sind im Raster oben nach Gewicht und Geschmacksintensität eingeordnet, basierend auf Faktoren wie Traubenreife, Weinbereitungsmethoden und kulturellen Traditionen.

GERINGE REIFE, KEINE EICHENNOTE

Zum Beispiel …

Chablis oder ein anderer weißer Burgunder ohne Eichennote, etwa Mâcon-Villages, Rully oder Beaujolais Blanc

Erkennen Sie …?

Blasse Farbe; sehr wenig Süße/sehr trocken; säurebetont; geringe Fruchtintensität; keine Eichennote; geringer bis mittlerer Alkoholgehalt

MITTLERE REIFE, KEINE EICHENNOTE

Zum Beispiel …

Ein Australier, alternativ einer aus Kalifornien, Chile oder Südafrika (*unwooded* bzw. *unoaked*).

Erkennen Sie …?

Blasse Farbe;
wenig Süße/trocken;
mittlere Säure/frisch;
geringe Fruchtintensität;
keine Eichennote;
mittlerer bis hoher Alkoholgehalt

HOHE REIFE, NOTE VON NEUER EICHE

Zum Beispiel …

Napa Valley Chardonnay oder ein anderer fassvergorener Neue-Welt-Wein von über 14 % aus Sonoma, Washington, Chile, Südafrika oder Australien

Erkennen Sie …?

Goldgelbe Farbe; wenig Süße/trocken; mittlere Säure/frisch; mittlere Fruchtintensität; deutliche Eichennote; hoher Alkoholgehalt

Leichtere Weißweinstile

Wirklich leichte Weine haben nicht mehr als 12,5 % Alkohol – und das sind fast ausschließlich Weiße mit feinem, delikatem Mundgefühl. Wenn leichte Weine trocken sind, müssen sie aus Trauben von geringer Reife erzeugt sein, doch bei vielen wurde die Gärung unterbrochen, um eine gewisse Restsüße zu erhalten. Richtig süße Dessertweine dagegen sind eine Ausnahme: Aufgrund ihres hohen Zuckergehalts sind viele erheblich schwerer, als ihr Alkoholgehalt vermuten ließe.

Wenn Sie diese leichten Weißweine mögen …

LEICHT, MILDER GESCHMACK

①

LEICHT, MITTLERER GESCHMACK

②

LEICHT, KRÄFTIGER GESCHMACK

③

Über diesen Wein

Schaumweine wie der Champagner aus Nordfrankreich sind eine Spezialität kühler Regionen. Ihre perlende, säuerliche Frische und die Feinheit ihrer Aromen sind Kennzeichen von Trauben geringer Reife. Oft werden neben weißen auch rote Sorten verwendet.

Über diesen Wein

Von den großen Weinen der Welt sind Mosel-Rieslinge die leichtesten. Die meisten haben sehr wenig Alkohol und sowohl Süße als auch Säure im Geschmacksprofil. Riesling ist eine aromatische Sorte, deren Weine kräftiger werden, je reifer und süßer die Trauben sind.

Über diesen Wein

Mit ihrem schon bei mäßiger Traubenreife ungeheuer intensiven, parfümartigen Aroma sind Moscato-Trauben eine Laune der Natur. Die Asti-Weine werden nur teilweise vergoren, deshalb sind die Trauben reifer, als man allein aufgrund des Alkoholgehalts vermuten würde.

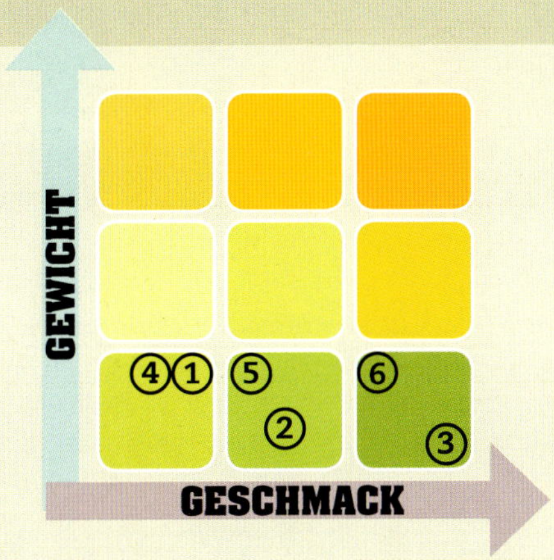

Purer Genuss

Die leichtesten Weine, zu denen praktisch alle Schaum- und Perlweine gehören, warten in der Regel mit viel erfrischender Säure auf. Die trockensten sind dabei auch geschmacklich die mildesten, da sie mit Frucht von geringer Reife bereitet wurden. Für mehr Geschmacksintensität benötigt man entweder eine aromatische Rebsorte wie Moscato oder Riesling, oder man muss mit reiferen Trauben einen halbtrockenen oder leicht lieblichen Stil produzieren, bei dem nicht der ganze Zucker in Alkohol umgewandelt wird – oder beides.

dann kosten Sie diese Weine mit ähnlichem Profil.

LEICHT, MILDER GESCHMACK

Über diesen Wein

Katalanische Schaumweine werden aus einheimischen spanischen Sorten erzeugt, aber nach den Methoden, die in Frankreich für Champagner entwickelt wurden. Ihre oft geringere Finesse wiegen sie mit einem ganz eigenen fülligen Reiz auf – und preislich sind sie ebenfalls verlockend.

LEICHT, MITTLERER GESCHMACK

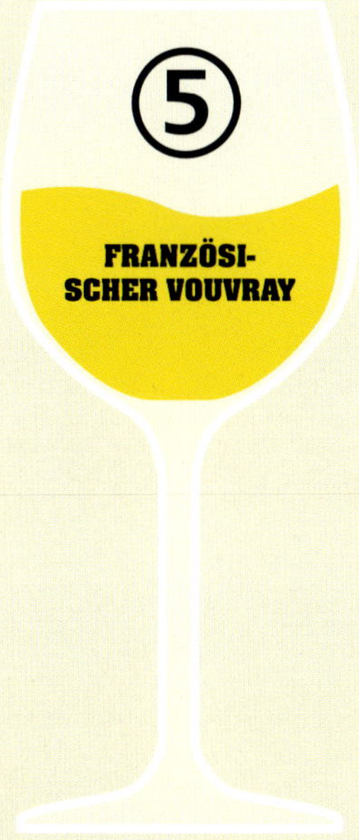

Über diesen Wein

Die Chenin-Blanc-Traube aus Vouvray teilt mit Riesling viele Vorzüge. Zwar sind die Weine aus dem kühlen Loire-Tal nicht so grazil wie die von der Mosel, ähneln ihnen aber in ihrer süß-herben Balance und der intensiv aromatischen Apfelnote.

LEICHT, MITTLERER GESCHMACK

Über diesen Wein

Das Geschmacksprofil von Moscato hat kein anderer Wein, doch seine Fans mögen oft auch diese erfrischenden perlenden Roséweine aus Nordportugal. Milder im Geschmack und nicht so süß, werden sie von roten Trauben bereitet, die noch »grün« geerntet werden.

Mittelschwere Weißweinstile

Unter den richtigen Bedingungen kann jede Weißweintraube mittelschwere Weine erbringen. Drei von vier Weißweinen fallen unter diese Kategorie von 12,5 bis höchstens 14 % Alkohol. Das spiegelt die natürliche Bandbreite trockener Weine von Trauben normaler Reife wider und schließt sehr populäre Stile ein, bei denen Frische und die Eignung als Essensbegleiter im Vordergrund stehen.

Wenn Sie diese mittelschweren Weißweine mögen …

MITTELSCHWER, MILDER GESCHMACK ①

MITTELSCHWER, MITTLERER GESCHMACK ②

MITTELSCHWER, ÜPPIGER GESCHMACK ③

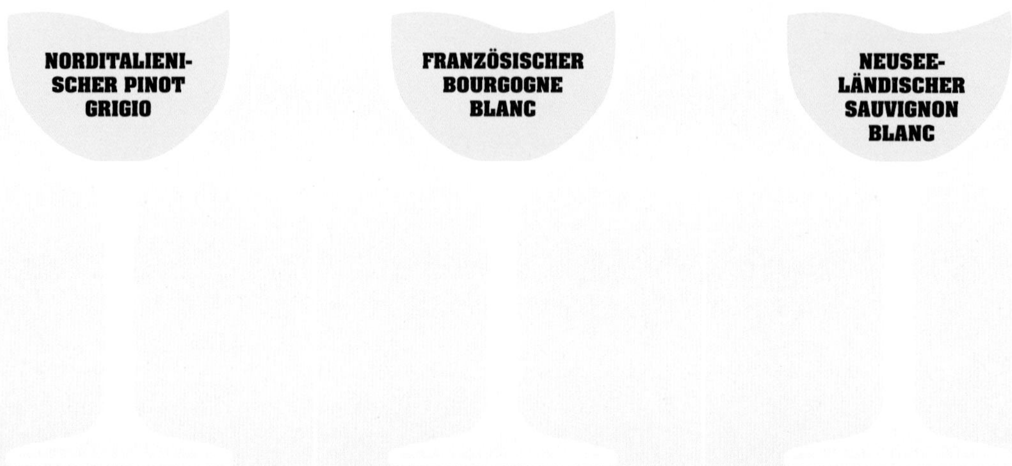

Über diesen Wein

In Italien schätzt man an Weißweinen eher Frische als Fülle, darum werden die Trauben für diesen Stil früh gelesen. Folgerichtig haben die Weine nur mäßigen Alkohol und eine knackige Säure sowie milde, zurückhaltende Aromen.

Über diesen Wein

Viele weiße Burgunder zeigen einen Hauch geröstete Eichennote, um das feine Aroma der Chardonnay-Traube zu ergänzen. Sie sind leichter und zurückhaltender als Chardonnays der Neuen Welt und bekannt für ihre Finesse.

Über diesen Wein

Sauvignon Blanc wächst überall in der Neuen Welt, der bemerkenswerteste aber kommt aus Neuseeland. Im dortigen kühlen Klima entwickeln sich die intensiven Zitrus- und tropischen Aromen dieser aromatischen Sorte aufs Schönste.

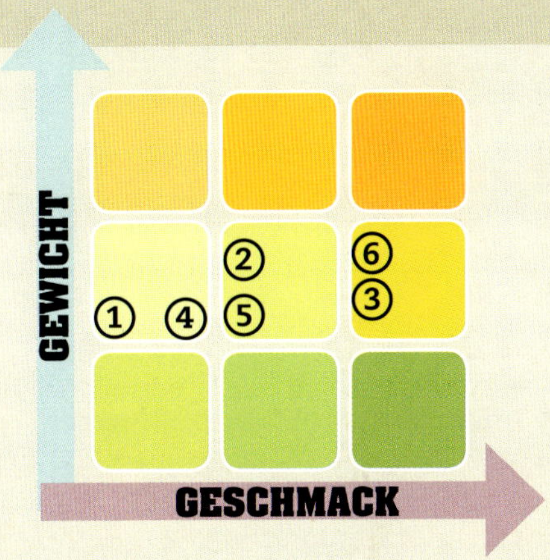

Goldene Mitte

In dieser Kategorie drängen sich die meisten Weißweine, deshalb ist sie auch die vielfältigste, in der die Traubensorte die größte Rolle spielt. Mittelschwere Weine sind fast immer trocken und haben eine mäßig frische bis betonte Säure. Die Intensität der Fruchtaromen hängt stark davon ab, was die Traube selbst zu bieten hat; einige Weine bekommen bei der Produktion einen zusätzlichen Kick von Eiche. Mittelgewichtige Chardonnays haben oft eine mäßige Eichennote durch Fassgärung, bei Weinen anderer Sorten ist das eher selten.

dann kosten Sie diese Weine mit ähnlichem Profil.

MITTELSCHWER, MILDER GESCHMACK

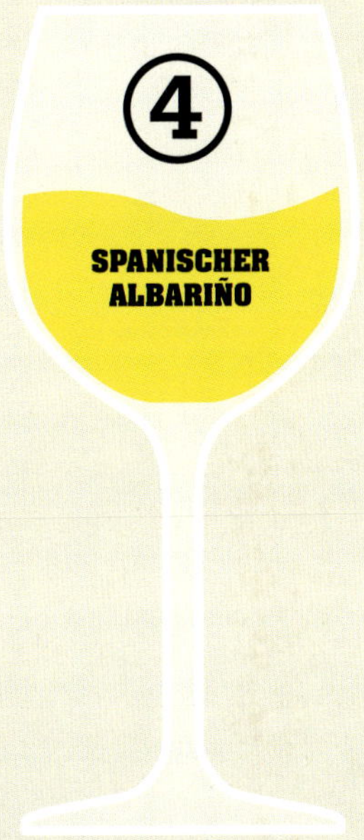

Über diesen Wein

Dieser raffinierte Weißwein aus Galicien an der spanischen Atlantikküste ist der perfekte Begleiter zur Fischküche. Körper und Feinheit erinnern an Pinot Grigio, doch hat er eine schärfere Säure und mehr duftende Aromen.

MITTELSCHWER, MITTLERER GESCHMACK

Über diesen Wein

Österreichs Vorzeigesorte ist für ihr »grünes« Aroma und die lebhafte Säure bekannt. Charakteristisch sind die Noten von Sellerie und weißem Pfeffer; die Qualitäten reichen von süffigen Zechweinen bis zu erstklassigen, gehaltvollen Gewächsen.

MITTELSCHWER, ÜPPIGER GESCHMACK

Über diesen Wein

Die außerhalb Argentiniens selten angebaute Torrontés-Traube ergibt Weine mit der Intensität und Trockenheit von Sauvignon Blanc, doch ihr Duft erinnert eher an blumigen Moscato.

Schwere Weißweinstile

Bei den Schwergewichten über 13,5 oder sogar 14 % Alkohol findet man sehr viel weniger Weiß- als Rotweine, denn dafür sind entweder außerordentlich reife Trauben nötig oder der Alkoholgehalt muss mit Weingeist verstärkt werden. Bei den körperreichen trockenen Weißen dominiert Chardonnay, doch in diese Kategorie gehören auch die meisten süßen Dessertweine und alle gespriteten Weißweine, die bis zu 20 % Alkohol enthalten können.

Wenn Sie diese schweren Weißweine mögen …

SCHWER, MITTLERER GESCHMACK

Über diesen Wein

Chardonnays aus der sonnenreichen Neuen Welt haben oft eine Eichennote – durch Fassgärung für hochklassige und durch Eichenchips für bescheidenere Weine. Der vollere Körper und die größere Reife, die z. B. in Australien fast immer erreicht werden, machen's möglich.

SCHWER, ÜPPIGER GESCHMACK

Über diesen Wein

Die aromatischsten Weine des sonnigen Elsass sind die Gewürztraminer mit ihren Pfirsich- und Litschiaromen. Hier liefert die Sorte saftige, mächtige Weine mit überbordenden blumigen Noten und ungewöhnlich niedrigem Säuregehalt.

SCHWER, ÜPPIGER GESCHMACK

Über diesen Wein

Der kräftigste Weißwein der Welt ist Sherry aus Andalusien. Er wird mit Branntwein verstärkt und gewinnt dann in einem einzigartigen Reifungsprozess durch Hefe und Oxidation zusätzliche Aromen. Manche Sherrys werden mit Traubenmostkonzentrat gesüßt, was ihren nussigen Geschmack ergänzt.

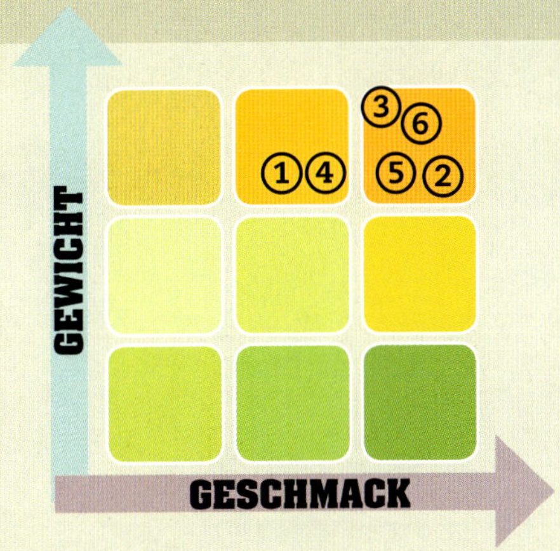

Schwere Geschütze

Die Weißweine dieser Kategorie haben immer eine dichte, volle Textur, können aber alle Süßegrade haben – von knochentrocken bis sirupsüß. Mit Ausnahme der feinsten Weine ist selten viel Säure vorhanden. Durch die enge Beziehung zwischen Alkoholgehalt und Fruchtintensität neigen die Weine naturgemäß zur üppigeren Seite des Aromaspektrums. Die Geschmacksintensität ist den Trauben in einigen Fällen eigen, öfter aber wird sie in der Kellerei oder im Weinberg gepusht – etwa durch Gärung in neuer Eiche oder durch späte Lese und damit extrem reifer Frucht.

dann kosten Sie diese Weine mit ähnlichem Profil.

SCHWER, MITTLERER GESCHMACK

Über diesen Wein

Kaum ein Wein beherrscht wie Chardonnay den Doppelschlag von Alkohol und Eiche, ohne dabei Säure und Balance einzubüßen. Chenin Blanc schafft das sehr elegant in warmen, trockenen Gebieten wie der südafrikanischen Küstenregion. Manche Weine sind leicht süß.

SCHWER, ÜPPIGER GESCHMACK

Über diesen Wein

Viognier ist eine französische Sorte von der Rhône, die aber inzwischen in der Neuen Welt, etwa in Kalifornien, häufiger angebaut wird. Sie ergibt herrlich üppige Weine mit überschwänglichen blumigen Aromen – wie eine Mischung aus Chardonnay und Gewürztraminer.

SCHWER, ÜPPIGER GESCHMACK

Über diesen Wein

Auf der Atlantikinsel Madeira entsteht ein einzigartiger gespriteter Weißwein, dessen an Sherry erinnernde Aromen durch Erhitzen bei der Reifung noch intensiviert werden. Diese ungewöhnliche Technik verleiht dem Wein einen scharfen nussigen Geschmack.

DAS ROTWEIN-SPEKTRUM

Streifzüge auf der dunklen Seite

Rotwein kennt nicht weniger charakteristische und köstliche Stile als Weißwein. Doch die Techniken, die man braucht, um die rote Farbe in den Wein zu bekommen, machen diese Weine einander auch ähnlicher bezüglich Alkoholgehalt und Geschmacksintensität. Für Rote werden viel häufiger mehrere Rebsorten verschnitten als für Weiße, was die Entscheidung bei der Weinauswahl nicht leichter macht. Doch auch hier gibt es ein paar Grundbegriffe, die dem Verbraucher die Voraussage, womit er im Glas rechnen kann, leichter macht – sei es reiner, blasser Pinot Noir, dunkler Cabernet-Sauvignon-Verschnitt, säurebetonter Chianti oder sonnenverwöhnter Shiraz.

Eine Karte der Rotweinstile

Dass es im Rotweinlager jede Menge Persönlichkeiten und individuelle Charaktere gibt, daran besteht kein Zweifel. Dennoch ist die Vielfalt in Bezug auf Körper und Geschmacksintensität nicht so groß wie bei den Weißen. Es gibt eine Handvoll Weißweine, die nicht weniger üppig und schwer sind als die mächtigsten Roten, doch kein Rotwein wird je so federleicht ausfallen können wie ein ganz leichter Weißer. Rotweine finden sich deshalb hauptsächlich im rechten oberen Quadranten unseres Koordinatensystems der Stile.

Die Schalen machen den Unterschied

Rotweine beziehen nicht nur ihre Farbe aus den dunklen Traubenschalen, sondern auch die Aromen, die ihnen ihre geschmackliche Vielfalt sichern. Doch die für das Entstehen dieser Aromastoffe nötigen Wachstumsbedingungen und die Techniken, um sie aus den Schalen in den Wein zu bringen, schließen eine derart breite Vielfalt, wie sie bei Weißweinen herrscht, aus.

- **Geschmacksintensität** Die Farbstoffe aus den dunklen Traubenschalen sind gleichzeitig auch Aromastoffe. Man kann sie nicht voneinander trennen, deshalb wird ein Wein mit roter Farbe nie so mild schmecken können wie ein Weißer.
- **Gewicht** Dunkle Trauben brauchen mehr Sonne zum Reifen als grüne. Bei so geringer Reife, wie sie für wirklich leichte Weine nötig ist, enthalten dunkle Traubenschalen aber noch kaum Farbe und Fruchtaroma, dafür viele Bitterstoffe und pflanzliche Noten. Für Rotweine von weniger als 12,5 % Alkohol besteht daher kaum Nachfrage.

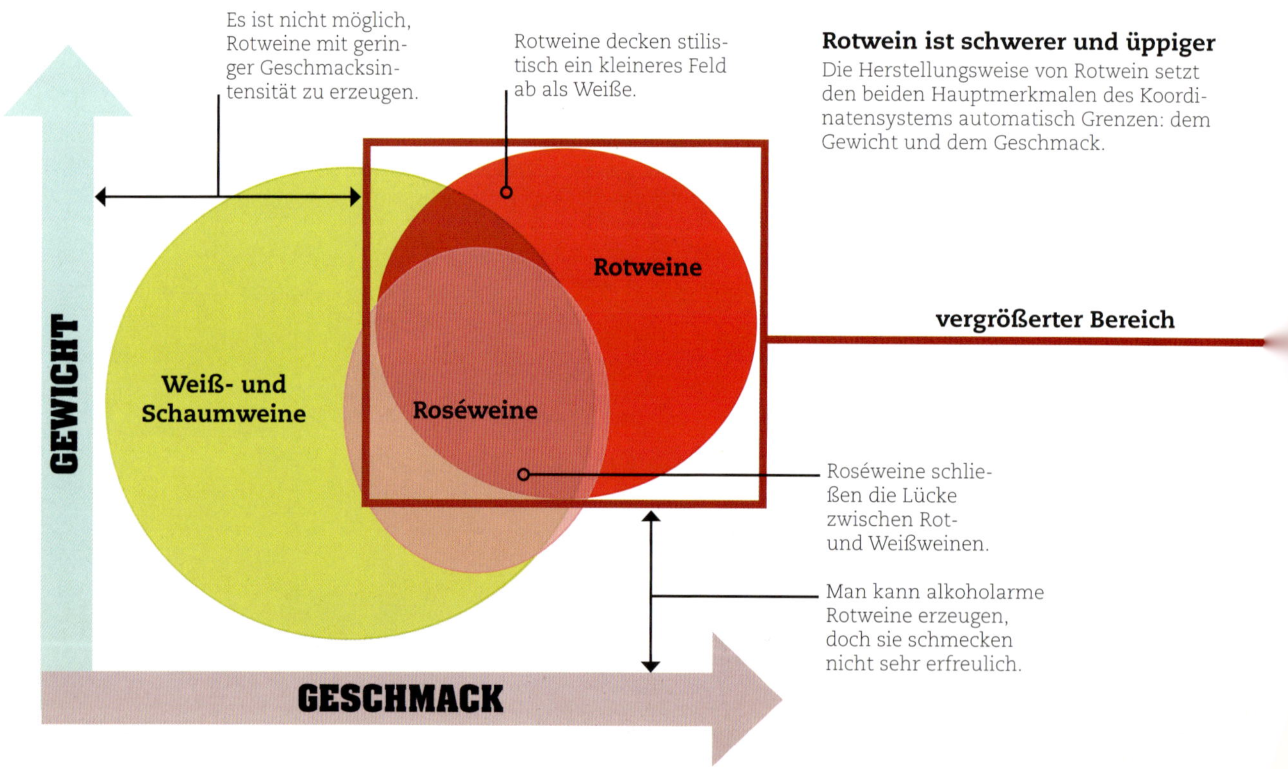

Rotwein ist schwerer und üppiger
Die Herstellungsweise von Rotwein setzt den beiden Hauptmerkmalen des Koordinatensystems automatisch Grenzen: dem Gewicht und dem Geschmack.

Darstellung nach Gewicht und Geschmack

Im Koordinatensystem unten sind Rotweinstile in ihrem Verhältnis zueinander dargestellt, die Kreise zeigen die ungefähre Bandbreite an. Ausnahmen sind natürlich immer möglich; Spitzenweine fallen oft schwerer und intensiver aus als der hier gezeigte Durchschnitt.

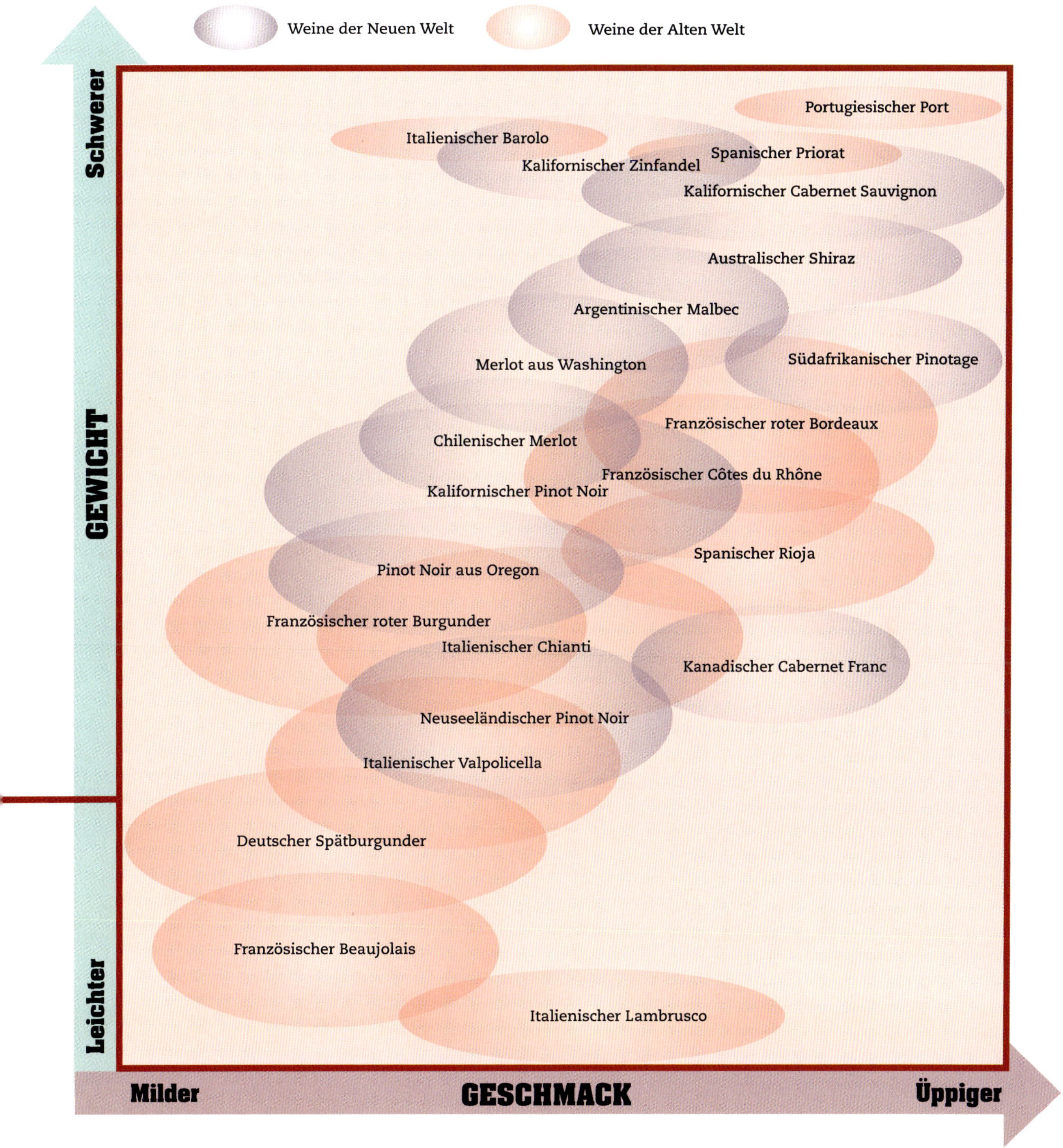

Entwicklung von Rotweinaromen

Wenn man sich Eigenschaften wie Körper und Geschmacksintensität ansieht, sind Rotweine einander ähnlicher als Weiße. Dafür besitzen sie eine größere aromatische Vielfalt, da die meisten Aromaverbindungen der Traube in den Schalen stecken und nur Rotweine mit den Schalen vergoren werden (siehe S. 142–143). Viel hängt dabei von der Rebsorte ab, doch wenn man Rotweine als Gruppe betrachtet, kommen auch die bekannten Muster der Traubenreife ins Spiel.

Mit gutem Grund vermuten

Der Alkoholgehalt ist bei Rotweinen ein noch besserer Hinweis auf die Traubenreife als bei Weißen, da Rote noch häufiger trocken bereitet werden. Das Standardmuster – geringe Traubenreife bringt Weine mit feineren Aromen von sauren Früchten und grünen Kräutern hervor, hohe Reife führt zu intensiveren Noten gekochter Früchte und süßer Gewürze – ist zudem deutlicher, da Rotweine insgesamt kräftiger schmecken und wärmer serviert werden, was die Aromatik noch verstärkt. Bedingt ist darüber hinaus auch die Farbtiefe von Rotweinen ein Indikator für Reife.

AROMAENTWICKLUNG BEI ROTWEINEN

Viele Aspekte beim Wein hängen zusammen. Das Diagramm zeigt, welche allgemeinen Aromakategorien bei Rotweinen mit welchem Grad der Reife verbunden sind und wie sie mit anderen Faktoren für den Stil zusammenhängen.

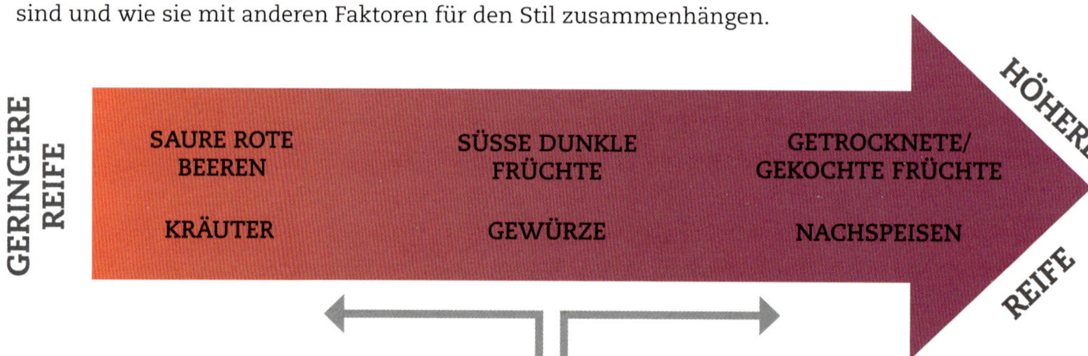

Verbunden mit:
Alkohol unter 13,5 %
Kühlere Anbaugebiete
Traditionelle europäische Weine

Gehen oft einher mit:
Hohem Säuregehalt
Ausgeprägter Trockenheit
Wenig Einfluss von neuer Eiche
Raue »grüne« Tannine (wie bitterer Schwarztee)

Verbunden mit:
Alkohol über 13,5 %
Wärmere Anbaugebiete
Moderne Weine der Neuen Welt

Gehen oft einher mit:
Geringem Säuregehalt
Mäßiger Trockenheit
Starker Einfluss von neuer Eiche
Samtige »weiche« Tannine (wie heißer Kakao)

Es bleibt in der Familie

Die offensichtlichsten Gemeinsamkeiten bei Rotweinaromen finden sich in nahe verwandten Trauben wie den drei wichtigsten Bordeaux-Sorten. Neuere genetische Forschungen haben ergeben, dass Merlot von Cabernet Franc abstammt und dass die Eltern von Cabernet Sauvignon Cabernet Franc und Sauvignon Blanc sind. Den Weinen dieser Sorten ist in kühlen Gebieten und nassen Jahrgängen ein grünes, pflanzliches Aromaprofil gemeinsam, sie lassen sich aber bei höherer Reife besser unterscheiden.

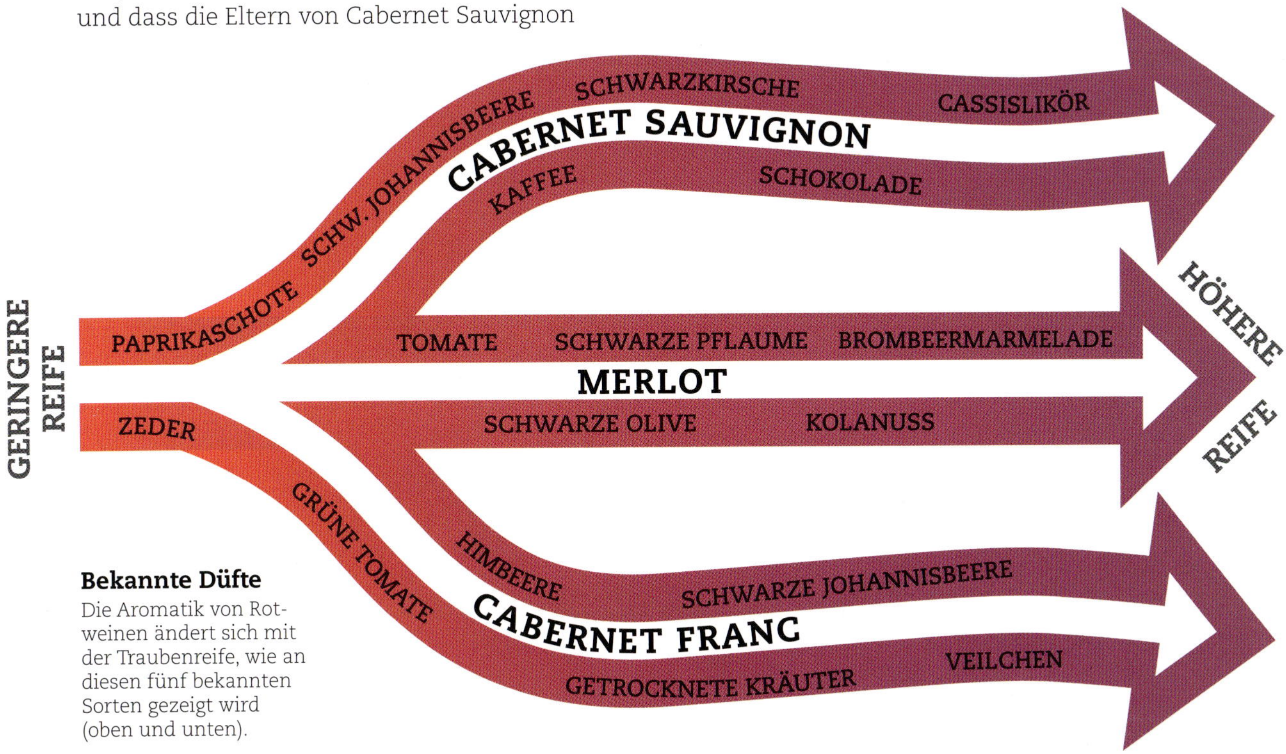

Bekannte Düfte
Die Aromatik von Rotweinen ändert sich mit der Traubenreife, wie an diesen fünf bekannten Sorten gezeigt wird (oben und unten).

Ungleichmäßige Reifung

Nicht alle Trauben reifen auf gleiche Art. Kühlklimatische Sorten wie Pinot Noir erreichen auch im reifsten Zustand nur selten eine Aromaentwicklung wie sie für Trauben aus warmem Klima, etwa Shiraz, die Regel sind.

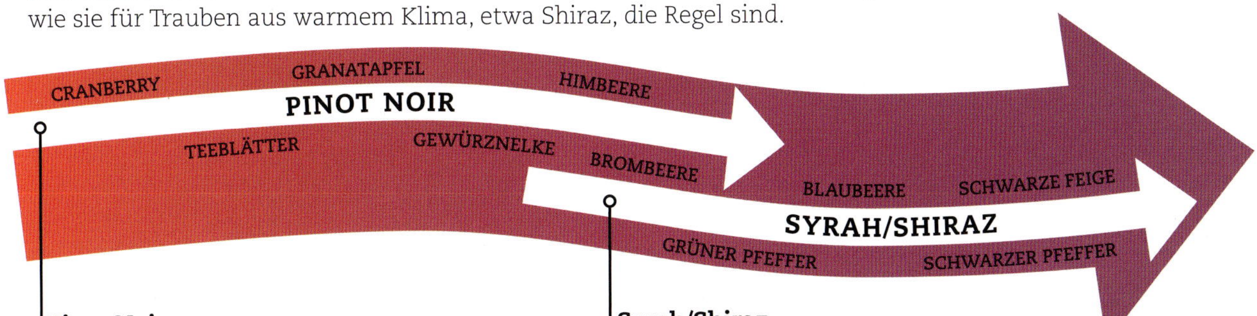

Pinot Noir
Die Noten von roten Früchten und Kräutern, die man mit geringer Reife assoziiert, findet man am häufigsten in kühlklimatischen, dünnschaligen Trauben wie Pinot Noir.

Syrah/Shiraz
Die Noten dunkler und gebackener Früchte, die man mit hoher Reife assoziiert, findet man am häufigsten in dickschaligen Trauben aus warmem Klima wie Syrah/Shiraz.

Die Stile von Cabernet Sauvignon

Weine, an denen Cabernet Sauvignon beteiligt ist, sind prächtige Beispiele dafür, wie und warum Kellermeister verschiedene Rebsorten kombinieren. Da Cabernet Sauvignon sehr dunkle, aromatische Weine liefert, wird er gern für Verschnitte verwendet. Solche Weine sind dann schwerer, intensiver und dunkler, was dem Erzeuger viele Gestaltungsmöglichkeiten eröffnet.

Bordeaux-Verschnitte

Rebsorten zu verschneiden, hat in Bordeaux Tradition. Der einheimische Cabernet Sauvignon genießt höchstes Ansehen, doch der weichere Vetter Merlot wird häufiger angebaut. Cabernet Sauvignon hat in kühleren Gebieten Mühe zu reifen; seine Weine sind dann zwar dunkel und stark, aber tanninlastig. Nur dort, wo bessere Reife möglich ist, etwa am »linken Ufer« (siehe S. 159, 212), gedeiht er und liefert noch dunklere und stärkere Weine, die aber weniger rau sind und mehr Frucht zeigen. Seit Langem peppen die Bordeaux-Winzer die leichteren und einfacheren Merlot-Weine von kühleren Lagen mit etwas Cabernet Sauvignon auf, während sie die ungestüme Kraft des Cabernet Sauvignon von wärmeren Lagen und in Spitzenweinen mit einem Schuss Merlot mildern.

CABERNET-SAUVIGNON-GEHALT IN VERSCHNITTEN

Die meisten als Cabernet Sauvignon etikettierten Weine sind nicht völlig sortenrein, da gesetzlich oft nur 75–85 Prozent der etikettierten Traube vorgeschrieben sind. Cabernet Sauvignon reift nur in den wärmsten, sonnigsten Gebieten so gut aus, dass er unverschnitten verwendet werden kann.

Bordeaux-Verschnitt – *mittlere Qualität*
Ein kleiner Anteil Cabernet Sauvignon bringt Farbe, Körper und Aroma ein, ohne zu dominieren. Oft wertet er leichtere Weine in kühleren Gebieten auf, wie in Bordeaux, aber auch in toskanischen und spanischen Roten.

Bordeaux-Verschnitt – *hohe Qualität*
Cabernet Sauvignon ist der Protagonist, doch er wird begleitet von Partnern, die seine Strenge mildern. Viele der feinsten Rotweine der Welt folgen diesem Modell; sie dürfen aber nicht als Cabernet Sauvignon etikettiert sein.

Cabernet-Sauvignon-Verschnitt der Neuen Welt
Höhere Reife, wie sie in Amerika und der Südhalbkugel häufig ist, steigert die Intensität und mildert die Rauheit. Verschnitte sind immer noch die Norm, dies wird aber nicht immer auf dem Etikett angegeben.

Reinsortiger Cabernet Sauvignon
Um für sich allein ausgewogen zu schmecken, muss Cabernet sehr reif werden, vor allem in Premium-Weinen. Die Kombination seiner natürlichen Intensität mit voller Reife ergibt einige der konzentriertesten Weine der Welt.

DIE VERKOSTUNG

Die Eigenschaften von Cabernet Sauvignon

Vergleichen Sie drei Rotwein-verschnitte zu Hause

Probieren Sie diese Weine nacheinander, und achten Sie besonders darauf, wie sich die Eigenschaften ändern. Der Anteil an Cabernet Sauvignon variiert, doch er dürfte in schwereren Weinen aus warmen Regionen, wo die Trauben besser ausreifen, höher sein.

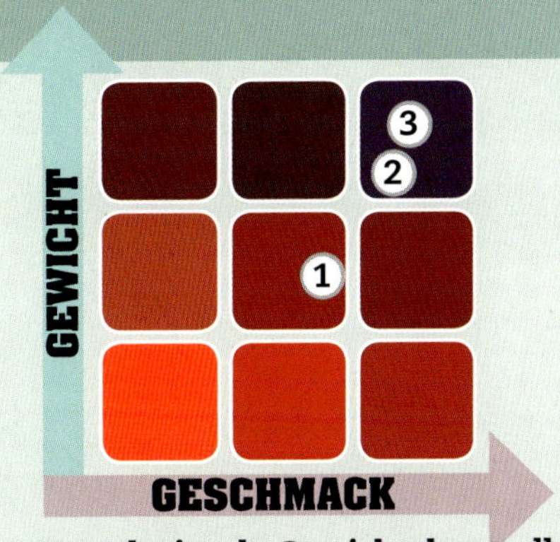

Verschnitt als Gewichtskontrolle

In kühlen Regionen wie Bordeaux dienen kleine Mengen Cabernet Sauvignon meist dazu, mittelgewichtige Weine zu verstärken. In sonnigeren Gegenden wie Chile oder Kalifornien sind die Rollen oft vertauscht.

BIS ZU 75% CABERNET SAUVIGNON

Zum Beispiel…

Château-Abfüllungen aus bescheideneren Appellationen wie Graves, Haut-Médoc, Listrac oder Moulis

Erkennen Sie…?

Mittlere Farbe; sehr wenig Süße/sehr trocken; säurebetont; mittlere Fruchtintensität; feine Eichennote; mittlerer Alkoholgehalt/mittelschwer; raues Tannin im Mundgefühl

BIS ZU 75% CABERNET SAUVIGNON

Zum Beispiel…

Verschnitte, bei denen vorn auf dem Etikett keine Rebsorte steht, auf dem Rückenetikett Cabernet Sauvignon aber erwähnt wird

Erkennen Sie…?

Dunkle Farbe; wenig Süße/trocken; mittlere Säure/frisch; hohe Fruchtintensität; feine Eichennote; hoher Alkoholgehalt/schwer; weicheres, samtiges Mundgefühl

ÜBER 75% CABERNET SAUVIGNON

Zum Beispiel…

Premium-Appellation in Sonoma, etwa Alexander oder Knights Valley, oder ein anderer Kalifornier, z. B. aus dem Napa Valley

Erkennen Sie…?

Sehr dunkle Farbe; wenig Süße/trocken; mittlere Säure/frisch; sehr hohe Fruchtintensität; kräftige Eichennote; hoher Alkoholgehalt/schwer; weicheres, samtiges Mundgefühl

Leichtere Rotweinstile

Da nur sehr wenige Rotweine wirklich einen leichten Körper haben, setzt man hier die »leichteren« Stile im Bereich von unter 13,5 % Alkohol an – etwas mehr als bei den Weißen. Mit wenigen, für Einsteiger bestimmten Ausnahmen bereiten fast alle Erzeuger trockene Rotweine. Daraus ergibt sich ein ziemlich festes Verhältnis zwischen Alkoholgehalt und Reife mit sehr wenigen süßen Ausnahmen.

Wenn Sie diese leichten Rotweine mögen …

LEICHT, MILDER GESCHMACK

Über diesen Wein

Das Beaujolais im Süden von Burgund ist für seine sehr leichten Weine von der Gamay-Traube bekannt. Gamay enthält ungewöhnlich wenig Tannin, weshalb seine Weine zu den wenigen Roten gehören, die gekühlt gut schmecken.

LEICHT, MITTLERER GESCHMACK

Über diesen Wein

Dieser beliebte italienische Wein wird hauptsächlich aus Sangiovese-Trauben erzeugt, die sehr säure- und tanninhaltig sind. Alltags-Chianti wird kaum oder gar nicht gealtert, doch die besten Qualitäten sind kräftiger, intensiver und oft auch länger gealtert.

LEICHT, ÜPPIGER GESCHMACK

Über diesen Wein

Pinot-Noir-Weine sind leichter und blasser als viele andere Rote, doch einige gehören zu den begehrtesten Tropfen der Welt. Die für verführerische Aromen und seidige Textur bekannte Edeltraube aus Burgund gedeiht auch in kühlen Gebieten wie den Küstenregionen Oregons.

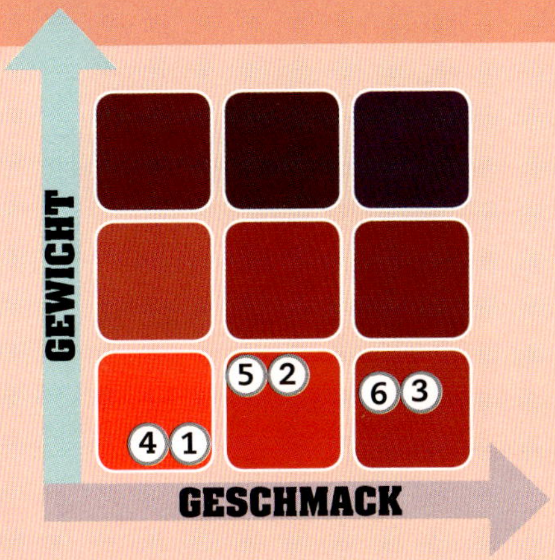

Unbeschwerte Leichtigkeit

Fast alle leichtgewichtigen Rotweine kommen aus kühlen Klimata, wo unterdurchschnittliche Traubenreife die Norm ist. Sie haben meist viel Säure und stehen im Aromenspektrum auf der leichten Seite bei roten Beeren und Kräutern. Viele sind jung, preiswert und nur kurz oder gar nicht im Fass ausgebaut, um die fruchtige Frische zu bewahren. Nur Weine der Oberklasse reifen oft wie schwerere Rote in Eiche. Erzeuger, die etwas Restsüße bewahren wollen oder auf weniger Alkohol aus sind, entscheiden sich eher für Rosé- als für Rotwein.

dann kosten Sie diese Weine mit ähnlichem Profil.

LEICHT, MILDER GESCHMACK

Über diesen Wein

Weine, die ähnlich süffig wie Beaujolais sind, findet man am ehesten unter den Rosés, etwa aus Südfrankreich. Diese Verschnitte auf Grenache-Basis sind trocken und haben ein Geschmacksprofil, das eher an Rot- als an Weißwein erinnert.

LEICHT, MITTLERER GESCHMACK

Über diesen Wein

Nur wenige Regionen erzeugen Rotweine, die es in puncto Säure und Tannin mit Italienern aufnehmen können – doch Nordportugal hat das Zeug dazu. Die trockenen Douro-Weine werden im selben Gebiet wie Port und von den gleichen einheimischen Trauben bereitet.

LEICHT, ÜPPIGER GESCHMACK

Über diesen Wein

Spaniens wichtigste rote Traube, Tempranillo, liefert oft dichtere, dunklere Weine, aber im kühlen Rioja zeigt sie sich heller, Pinot-Noir-ähnlicher. Da Fassreifung hier Tradition hat, entstehen relativ leichte Weine mit sehr prägnanter Eichennote.

Mittelschwere Rotweinstile

Das Mittelfeld ist etwas weiter oben angesiedelt als bei den Weißen, im Bereich zwischen 13,5 und 14,5 % Alkohol. Der Großteil aller Rotweine befindet sich hier. Die Nachfrage nach reichhaltigen, geschmacksintensiven Weinen ist heutzutage groß, weshalb die Erzeuger mehr in dieser Gewichtsklasse produzieren – »normal« ist sie erst in den letzten Jahrzehnten geworden. Noch vor 100 Jahren waren Rotweine im Durchschnitt viel leichter als heute.

Wenn Sie diese mittelschweren Rotweine mögen …

MITTELSCHWER, MILDER GESCHMACK

Über diesen Wein

Merlot steht oft im Schatten von Cabernet Sauvignon. In seiner weicheren und fruchtigeren Art ergibt er dennoch einige der feinsten Rotweine der Welt. Im sonnigen Klima Chiles wird er reifer als in der alten Heimat Bordeaux.

MITTELSCHWER, MITTLERER GESCHMACK

Über diesen Wein

Grenache dominiert den Verschnitt dieser aromatischen mediterranen Weine mit seinen typischen Aromen von Erdbeeren und weißem Pfeffer. Die kräftigeren Premium-Weine der Region tragen Ortsnamen, etwa Châteauneuf-du-Pape.

MITTELSCHWER, ÜPPIGER GESCHMACK

Über diesen Wein

Mit Ausnahme der allermächtigsten fallen alle roten Bordeaux-Weine in die mittlere Kategorie. Ob sie mehr Merlot oder mehr Cabernet Sauvignon enthalten, ist schwer zu sagen, aber alle sind schlank, trocken und haben aromatische Kräuternoten.

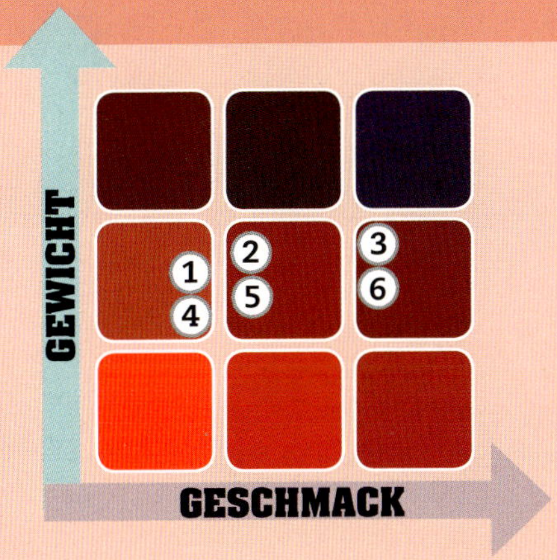

Alles ist möglich

Bei den mittelschweren Rotweinen herrscht die größte Vielfalt, da so viele Rebsorten und Appellationen ihre Weine dieser Kategorie beisteuern. Trocken sind die meisten, doch was den Aromacharakter, die Farbtiefe und die Eichennote angeht, so sind die Möglichkeiten sicher grenzenlos. Recht klare Unterschiede kann man allerdings zwischen den Stilen der Alten und der Neuen Welt ausmachen. Im Allgemeinen kommen die trockensten Weine, die auch oft streng, erdig und tanninbetont sind, aus Europa, während die anderen eher reifere, süßere Aromen und einen deutlicheren Eichenholzeinfluss zeigen (siehe S. 164ff.).

dann kosten Sie diese Weine mit ähnlichem Profil.

MITTELSCHWER, MILDER GESCHMACK

Über diesen Wein

Barbera aus dem Piemont kannte man lange als leichten, herben, zu Fisch passenden Rotwein. Es gibt diesen traditionellen Stil noch, doch mit reiferen Trauben und Fassausbau erzeugt man heute oft reichhaltigere Weine mit intensiven Brombeernoten.

MITTELSCHWER, MITTLERER GESCHMACK

Über diesen Wein

Côtes-du-Rhône-Fans werden in diesen Weinen von der italienischen Adriaküste einige bekannte Eigenschaften finden. Die meist preisgünstigen Weine haben viel Geschmack und Textur mit rustikalem Einschlag, ohne sich schwer anzufühlen.

MITTELSCHWER, ÜPPIGER GESCHMACK

Über diesen Wein

Tempranillo ist Spaniens edelste Traube. Sie reift ausgezeichnet in den trockenen Ebenen Kastiliens längs des Flusses Duero und ergibt dort einige der alterungswürdigsten spanischen Rotweine, die im französischen Stil in neuen Eichenfässern reifen.

Schwere Rotweinstile

Um als Schwergewicht zu gelten, müssen Rotweine ein bisschen mehr Alkohol auf den Rippen haben als Weiße: in der Regel 14,5 % oder mehr. Für normale Weine bedeutet das eine enorm hohe Traubenreife, entweder in sehr warmen Lagen oder durch besonders späte Ernte. Doch in diese Kategorie gehören auch die gespriteten Rotweine, deren Alkoholgehalt durch Zugabe von Branntwein erhöht wurde – etwa starker, süßer Port.

Wenn Sie diese schweren Rotweine mögen …

SCHWER, ÜPPIGER GESCHMACK

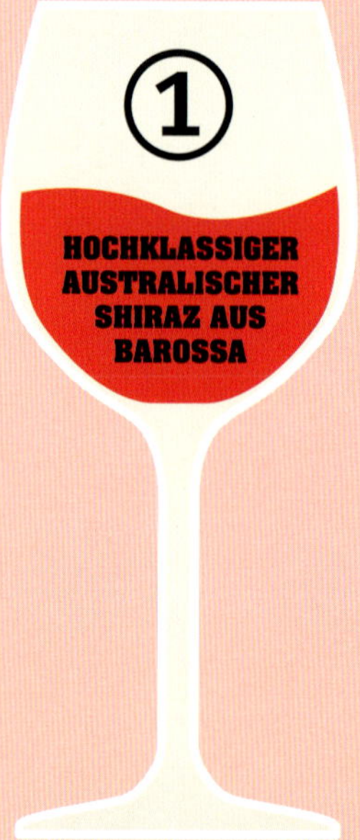

Über diesen Wein

Die dickschalige Shiraz-Traube (alias Syrah) kann in Regionen wie dem südaustralischen Barossa Valley und McLaren Vale Weine von epischer Wucht hervorbringen: tintenschwarz, mit ausladenden Aromen von Konfitüre, Speck und schwarzem Pfeffer.

SCHWER, ÜPPIGER GESCHMACK

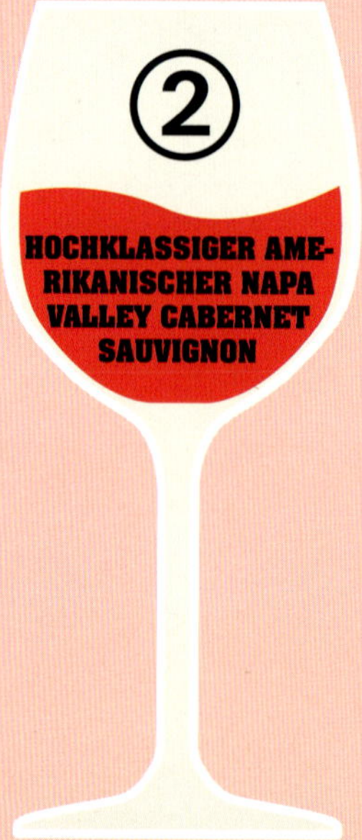

Über diesen Wein

Cabernet Sauvignon bringt einige der intensivsten und langlebigsten Rotweine der Welt hervor. Die gewichtigsten Exemplare kommen aus sonnendurchfluteten Regionen der Neuen Welt wie Kalifornien und zeigen Aromen, die an Mokka und Cassislikör erinnern.

SEHR SCHWER, SEHR ÜPPIGER GESCHMACK

Über diesen Wein

Die schwersten Rotweine der Welt sind die gespriteten Dessertweine aus dem Douro-Tal in Portugal. Sie werden während der Gärung mit Alkohol verstärkt und schmecken wie eine köstliche Mischung aus Rotwein, frischen Trauben und Grappa.

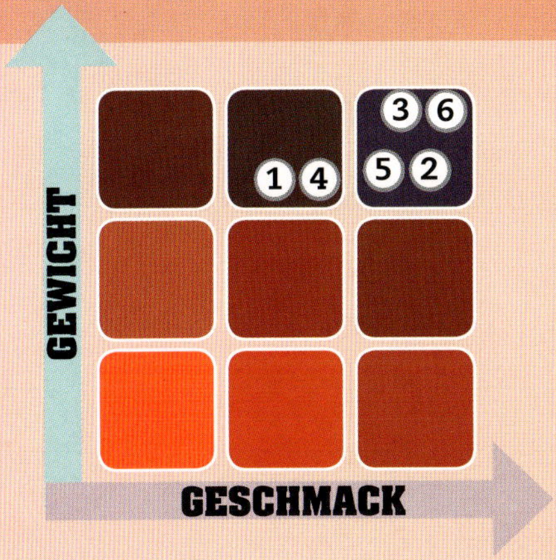

Herrschaften im reiferen Alter

Schwergewichtige Rote haben von Natur aus konzentrierte Aromen, und viele gehören qualitativ zur Oberklasse. Da alkoholstarke Rotweine meist auch viel Tannin und Aromaverbindungen enthalten, müssen sie häufig eine Zeit im Fass reifen – oft kommen sie erst Jahre nach der Ernte auf den Markt. Aromen von dunklen und gebackenen Früchten herrschen in dieser Kategorie vor, was dem Geschmack der extrem reifen Frucht entspricht. Auch Gewürzaromen sind häufig, etwa Pfeffer, Kakao und Gewürznelke, manche aus den Trauben, andere aus der Fassreifung.

dann kosten Sie diese Weine mit ähnlichem Profil.

SCHWER, ÜPPIGER GESCHMACK

Über diesen Wein

Von der trockenen Hochebene Mendozas, die an die Anden grenzt, kommen intensive Rotweine von der französischen Malbec-Traube. Premium-Abfüllungen können einen mit ihren Noten von Blaubeeren, exotischen Gewürzen und Veilchen schlicht umhauen.

SCHWER, ÜPPIGER GESCHMACK

Über diesen Wein

Die katalanische Appellation Priorat ist ein Schatzkästlein von uralten Garnacha- und Cariñena-Reben, deren Weine unglaubliche Konzentration und Kraft besitzen. Sie werden oft mit Syrah und Cabernet Sauvignon verschnitten und punkten mit Noten von Feigen und Anis.

SEHR SCHWER, SEHR ÜPPIGER GESCHMACK

Über diesen Wein

Australien kannte als britische Kolonie gespritete Ports und Sherrys und entwickelte später eine eigene Tradition für *stickies* – starke, süße Dessertweine. »Tawny« bezeichnet einen gereiften Stil von rotbrauner Farbe und nussigen Aromen mit Karamellnote.

WEIN UND ESSEN KOMBINIEREN

Die Geheimnisse der Sommeliers

Wein passt hervorragend zum Essen, und umgekehrt schmecken auch die meisten Speisen noch besser mit einem Glas Wein dazu. Für die alltägliche Mahlzeit genügt es, wenn man seinen Wein der Jahres- oder Tageszeit entsprechend wählt. Möchte man aber zwischen Wein und Essen eine besondere Harmonie herstellen, hilft es, wie ein Sommelier denken zu können. Die Profis wissen, dass die Zubereitungsart eines Gerichts und die verwendeten Gewürze oft viel wichtiger sind als die Hauptzutat. Dazu gibt es einige verblüffende Erkenntnisse der wissenschaftlichen Sensorik zu entdecken, die uns neue Ideen schenken, Wein und Essen zu kombinieren.

Was man wann trinkt

Wenn man nicht gerade eine feine Dinnerparty gibt, muss man sich um die Wahl des richtigen Weins zum Essen in der Regel keine großen Sorgen machen. Oft ist es besser, die Tages- oder Jahreszeit zu beachten, als den maßgeschneiderten Wein zu einem bestimmten Gericht zu suchen. Das Essen richtet sich häufig sowieso nach der Jahreszeit, und die meisten Mahlzeiten bestehen aus vielerlei Speisen.

WEISSWEIN AN WARMEN TAGEN

Weine, die kalt getrunken werden und erfrischen, mögen wir im Sommer aus demselben Grund, aus dem wir Shorts tragen und Salat essen: Sie sind leicht und bringen uns Kühlung.

Den Wein nach dem Wetter wählen

Derselbe Faktor, der den Weinstil so stark beeinflusst, regelt auch unseren Appetit: Sonne und Wärme bringen uns dazu, uns instinktiv für leichtere, jüngere, meist gekühlte Weine zu entscheiden. Und wenn die Sonne weg ist oder die Temperatur sinkt, finden wir kräftigere, komplexere Weine warm und gemütlich. Gereifte körperreiche Weine – insbesondere Rotweine bei Zimmertemperatur – wirken dann wie ein kuscheliger Pullover. Im Endeffekt holen wir uns aus vollen, kräftigen Weinen aus warmem Klima ein bisschen von der darin steckenden Sonne gegen die Kälte, während leichte Weine aus kühlem Klima der Hitze mit Frische begegnen sollen.

BEI SONNENSCHEIN ODER WARMEM WETTER

TRINKEN WIR GERN WEINE, DIE:

Leichter sind
Weniger Alkohol haben
Jünger und frischer schmecken
Weniger Eichennote haben
Kälter serviert werden
Farblich blasser sind

Einfach junge Schaumweine
wie italienischer Prosecco

Frische Weiße ohne Eichennote
wie neuseeländischer Sauvignon Blanc

Leichte, frische, gekühlte Rote
wie französischen Beaujolais

Blasse, lebhafte gespritete Weine
wie Manzanilla Sherry

NACH SONNENUNTERGANG ODER BEI KÜHLEM WETTER

TRINKEN WIR GERN WEINE, DIE:

Schwerer sind
Mehr Alkohol haben
Reifer und komplexer schmecken
Eine deutlichere Eichennote haben
Wärmer serviert werden
Farblich dunkler sind

Komplexe, gereifte Schaumweine
wie französischen Champagner

Volle, fassvergorene Weiße
wie kalifornischen Chardonnay

Kräftige, »wärmende« Rote
wie australischen Shiraz

Opulente gespritete Weine mit kräftiger Farbe
wie Portwein im Vintage-Stil

Kombinieren auf vielerlei Art

Die meisten Weine schmecken zu den meisten Speisen gut, allzu viel kann man gar nicht falsch machen: Die Jahres- und Tageszeit zu beachten und vielleicht noch die Frage, ob es ein formeller Anlass ist, reicht in der Regel aus, damit alles zueinander passt. Wenn es jedoch einen besonderen Anlass gibt, sollte man sich ein paar Strategien der Profis zu eigen machen.

Überlegen Sie, welche Weine in Geschmack oder Textur der Hauptzutat des Gerichts ähnlich sind. Sommeliers achten zudem darauf, wie eine Speise gewürzt und zubereitet wurde, und stellen auf dieser Grundlage Kombinationen zusammen, die beides, Speise und Wein, auf gleichsam magische Weise besser schmecken lassen, als es bei jedem allein der Fall wäre. Dafür muss man kein wandelndes Weinlexikon sein. Es genügt zu wissen, wie unsere Sinne funktionieren, wenn Wein und Essen zusammenkommen.

MIT KOMBINATIONEN SPIELEN

GUT

Alltag
Wein dem Anlass gemäß nach Jahres- und Tageszeit wählen

BESSER

Einladung zu Hause oder im Restaurant
Wein allgemein nach der Hauptzutat wählen

AM BESTEN

Sommelier-Raffinesse
Wein genau zum Rezept passend individuell wählen

Wein nach der Hauptzutat wählen

Die meisten Menschen haben einen sehr guten Instinkt, wenn sie einen Wein zu einem bestimmten Essen auswählen. Erfolgreiche Kombinationen folgen den gleichen Grundsätzen, nach denen wir Limonade zum Sommersalat und Espresso zum Schokoladendessert trinken. Ähnliche sensorische Qualitäten bei Wein und Essen – Leichtes mit Leichtem, Schweres mit Schwerem – führt praktisch immer zu sich wechselseitig schmeichelnden Kombinationen.

Nach Gewicht und Textur kombinieren

Sehr leichte Speisen, etwa Muscheln, vertragen sich in der Regel am besten mit sehr leichten Weinen, etwa weißem Schaumwein. Schwerere Gerichte wie Rindfleisch brauchen dagegen kräftigere Weine, meist intensive Rote. Im Mund nimmt man das Fett der Speisen wie auch den Alkohol des Weins als Textur wahr, deshalb passt fettes Fleisch zu alkoholreichem Wein ebenso wie fettarme Fischgerichte zu alkoholarmem Wein.

Land und Meer

Winzer bereiten ihre Weine oft so, dass sie zur lokalen Küche passen. Ein feines Fischgericht wird deshalb kaum zu einem üppigen Rotwein aus dem Landesinneren passen – eher ein feiner Weißer von der Küste.

WARUM ÜBERHAUPT KOMBINIEREN?

Wenn wir zum Essen Wein trinken, konkurrieren beide, Speise und Wein, um unsere Aufmerksamkeit. Wenn sich Gewicht und Geschmacksintensität in etwa die Waage halten, spielen beide in derselben Liga. Doch wenn einer schwerer ist oder intensiver schmeckt als der andere, gerät der schwächere Partner leicht ins Hintertreffen, was dem Genuss insgesamt schadet. Ideal ist es, wenn kein Partner den anderen überwältigt, sondern beider Geschmack auf gleichem Niveau zusammenkommt und sich ergänzt.

Nach Geschmacksintensität kombinieren

Leichte Speisen mit mildem Geschmack, wie Austern oder Omelette, schmecken in der Regel am besten mit milden Weißweinen wie Muscadet oder Pinot Grigio. Kräftigeres Essen wie Räucherlachs oder Blauschimmelkäse verlangt Weine von ähnlicher Intensität wie Gewürztraminer oder Cabernet Sauvignon.

Nach Farbtiefe kombinieren

Eine dunklere Farbe bedeutet meist intensivere Aromen (wobei es natürlich Ausnahmen gibt). Vergleichen Sie dazu die unterschiedliche Geschmacksintensität von Flunder und Thunfisch, Huhn und Ente oder Kalbfleisch und Wild. Zu sehr hellen Speisen wie Ziegenkäse oder Jakobsmuscheln schmeckt heller Weiß- oder Schaumwein am besten, zu Lamm oder Schokolade passt ein ebenfalls dunkler Rotwein.

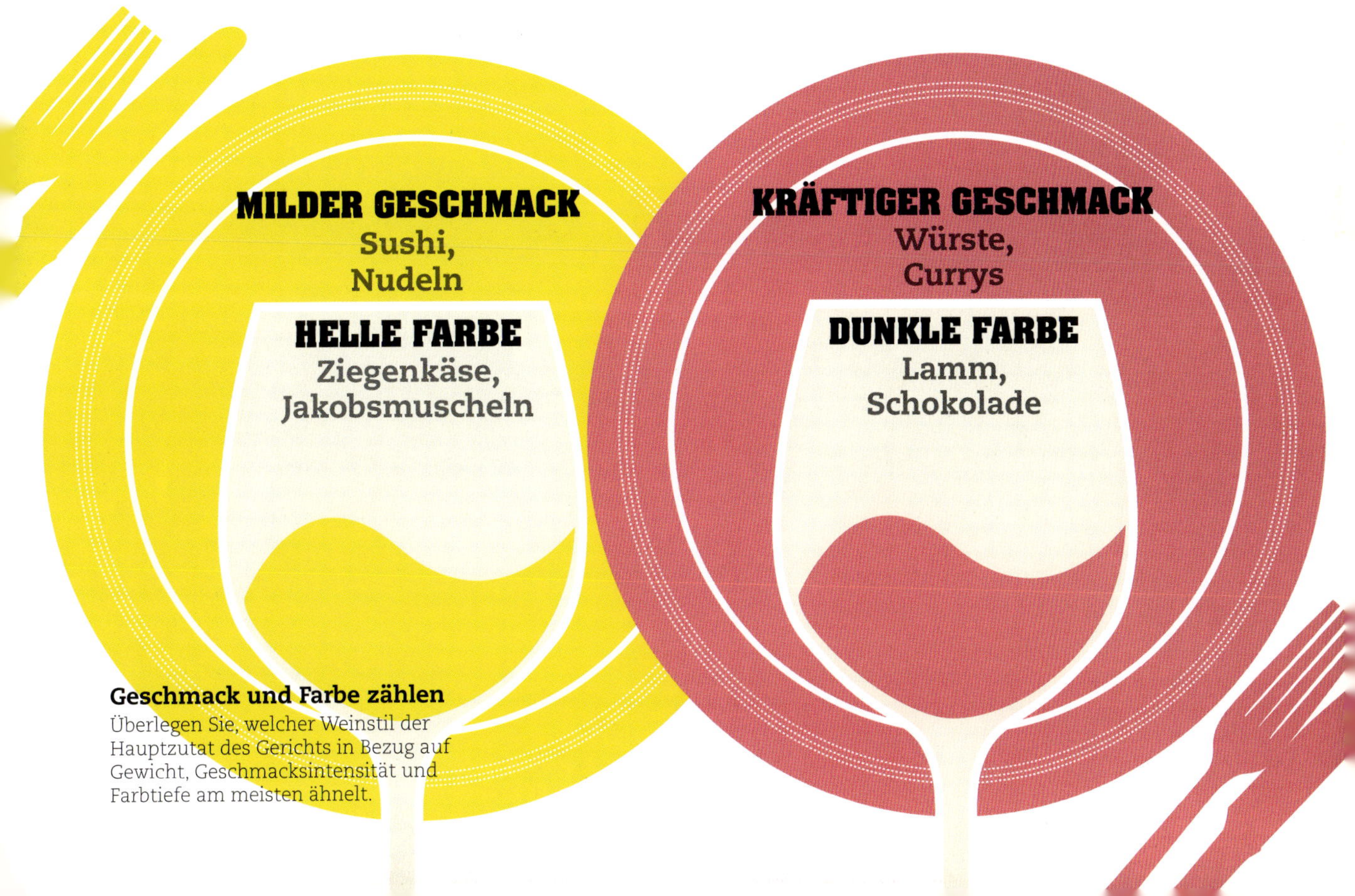

Geschmack und Farbe zählen
Überlegen Sie, welcher Weinstil der Hauptzutat des Gerichts in Bezug auf Gewicht, Geschmacksintensität und Farbtiefe am meisten ähnelt.

Die Tricks der Profis

Im Vergleich zu Wein sind Speisen um einiges komplizierter: Zahlreiche Zutaten und dazu passende Rezepte ergeben eine Vielzahl von Kombinationen. Zur Auswahl des passenden Weins ist es hilfreich zu wissen, wie Speisen in Bezug auf Gewicht und Geschmacksintensität zueinander in Beziehung stehen – in der gleichen Art, wie wir Weinstile einordnen.

Speisen einordnen

Speisen in ihrem Verhältnis zueinander einordnen zu können, hilft enorm bei der Auswahl des passenden Weins. Doch bei all den Beilagen, Saucen und Garnierungen den Überblick zu behalten, ist nicht immer leicht. Und im Restaurant bestellt dann jeder am Tisch womöglich etwas anderes. Sinnvoller ist es, auf prägnante Merkmale und Kochstile zu achten.

Leichter oder schwerer?

Beim Blick auf die Speisekarte oder in ein Rezept schätzen wir instinktiv das jeweilige »Gewicht« des Gerichts ein. Wir möchten etwas Leichtes, vielleicht einen Salat, oder etwas Gewichtigeres, etwa ein Steak. Das im Mund gefühlte Gewicht von Speisen wird hauptsächlich von deren Fettgehalt bestimmt, unabhängig von der Portionsgröße. Die mundfüllende Reichhaltigkeit von Fetten und Ölen verleiht Speisen auf die gleiche Weise Textur wie der Alkohol beim Wein.

Milder oder kräftiger?

Auf die Intensität des Geschmacks achten wir oft nicht so sehr, obwohl sie eine Hauptrolle dabei spielt, was wir mögen und was nicht. Manche Lebensmittel sind von Natur aus intensiver als andere. Tomaten etwa schmecken kräftiger als Gurken, Huhn milder als Lamm.

Speisen und Weine nach ihrem Gewicht und ihrer Geschmacksintensität zu verorten hilft, ähnliche Qualitäten bei beiden zu erkennen.

Der Einfluss des Rezepts

Garmethoden und Gewürze verstärken oft den Geschmack und machen die Textur des Essens vollmundiger. Jede im Diagramm unten aufgeführte Speise kann dadurch also weiter nach oben oder weiter rechts rücken. (Es handelt sich hier nur um einige Beispiele, keinesfalls um eine vollständige Liste.) Huhn wird gebraten schwerer und gegrillt intensiver schmecken, als wenn es pochiert wird. Die Gewürze, Saucen und Marinaden der Thai-Küche bringen immer einen süß-scharfen Geschmack ins Gericht, unabhängig davon, ob es auf Shrimps oder Rindfleisch basiert.

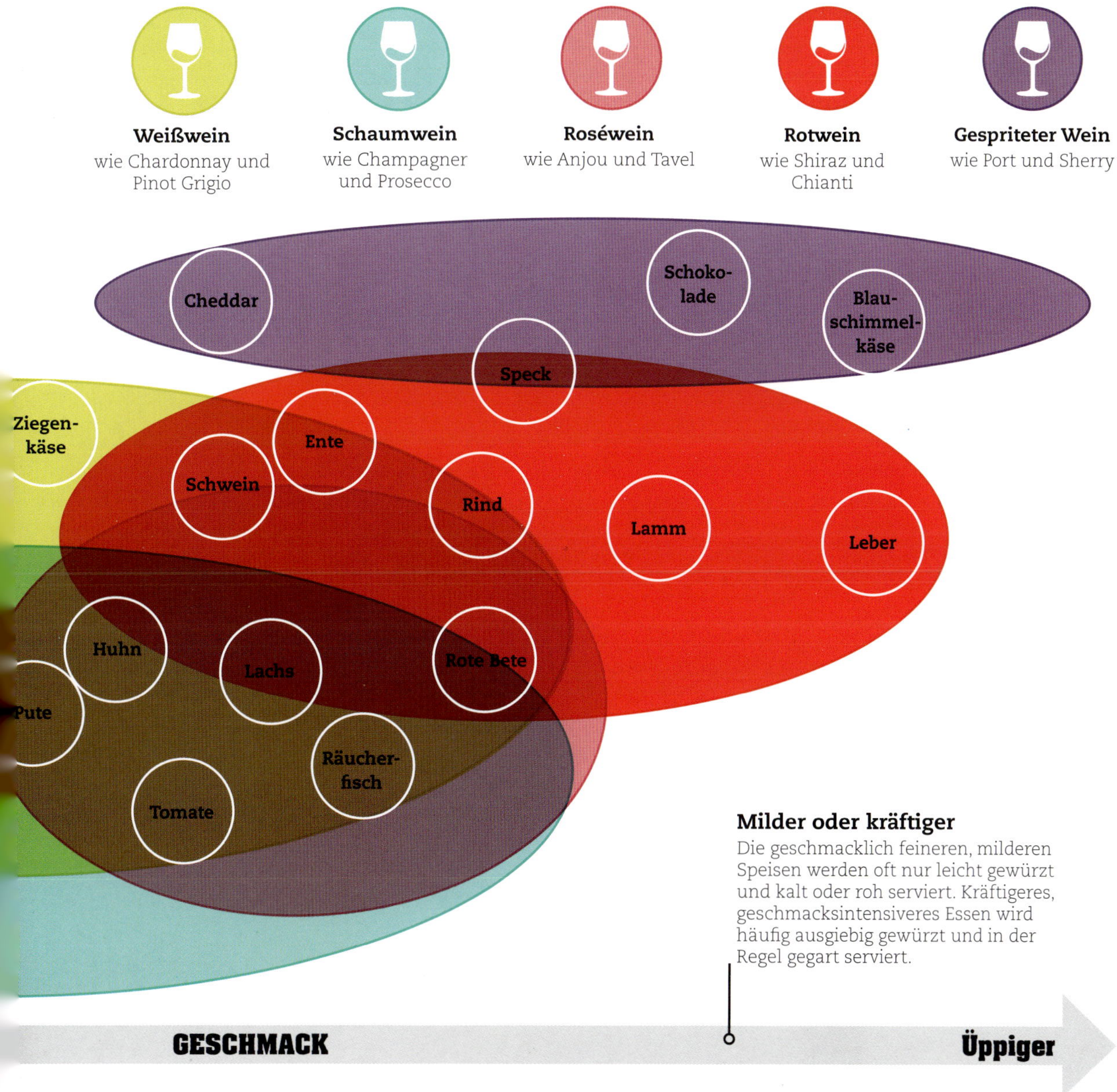

Milder oder kräftiger

Die geschmacklich feineren, milderen Speisen werden oft nur leicht gewürzt und kalt oder roh serviert. Kräftigeres, geschmacksintensiveres Essen wird häufig ausgiebig gewürzt und in der Regel gegart serviert.

Wein zu bestimmten Rezepten

Den Wein nach der Hauptzutat auszuwählen, ist schon ziemlich Erfolg versprechend, man kann aber noch eine Stufe höher gehen und sich ein paar Tricks der Profis aneignen. Sommeliers halten sich beim Kombinieren von Wein und Speisen fast immer an den Grundsatz »Gleiches zu Gleichem«, gehen aber zur Feinabstimmung noch mehr ins Detail.

Nach den stärksten Aromen gehen

Normale Weinkonsumenten orientieren sich in der Regel an der Hauptzutat, wenn sie Wein zum Essen auswählen, also etwa einen Pinot Grigio zu Jakobsmuscheln oder einen Cabernet Sauvignon zu Rindfleisch. Sommeliers dagegen beachten anhand des Rezepts den Gesamtgeschmack, also ob das Gericht insgesamt säuerlich, rauchig, süß oder nach Kräutern schmeckt – und auch, wie es aussieht, riecht und sich im Mund anfühlt. Dazu versuchen sie dann einen Wein mit ähnlichem Profil zu finden.

DER ANSATZ DER KÖNNER

Wenn Sommeliers Wein und Essen kombinieren, betrachten sie das gesamte sensorische Erlebnis eines Gerichts, einschließlich der Zubereitungsart, der Sauce und der Gewürze.

EINFACHE AUSWAHL NACH DER HAUPTZUTAT

Jakobsmuscheln sind delikat und blass.
Reichen Sie dazu leichten Weißwein, z. B. italienischen Pinot Grigio.

Rindfleisch ist kräftig und dunkel.
Reichen Sie dazu schwereren Rotwein, z. B. kalifornischen Cabernet Sauvignon.

SOMMELIER-AUSWAHL NACH DER GARMETHODE

Jakobsmuschel-Ceviche: säuerlich, Kräuter.
Säurebetonter Weißwein mit Zitrus- und Kräuternote, z. B. neuseeländischer Sauvignon Blanc.

Rinder-Carpaccio: roh, kaum gewürzt.
Junger, erfrischender Weißwein mit subtilen Aromen, z.B. spanischer Albariño.

Angebratene Jakobsmuscheln mit Trüffeln: reichhaltig, erdig, karamellisiert.
Reichhaltiger, erdiger Weißwein mit Toastnote, z. B. französischer Meursault (Chardonnay).

Pfeffersteak: dunkel, intensiv, Pfeffergeschmack.
Tiefdunkler Rotwein mit Noten von schwarzem Pfeffer, z. B. australischer Shiraz.

Eichennote zu gebräunten Speisen

Die charakteristische Eichennote von Weinen ähnelt stark dem Geschmack von Speisen, die beim Garen gebräunt wurden. Eine gebratene, frittierte oder gegrillte Hähnchenbrust ist dunkler und geschmacksintensiver als eine gedämpfte oder pochierte. Wein, der in neuer Eiche gärt oder reift, nimmt vergleichbare Aromen an, da das Holz beim Fassbau ebenfalls über offenem Feuer geröstet wird. Diese aromatische Ähnlichkeit von gebräuntem Essen und Weinen mit Eichennote stellt zwischen beiden eine natürliche Affinität her.

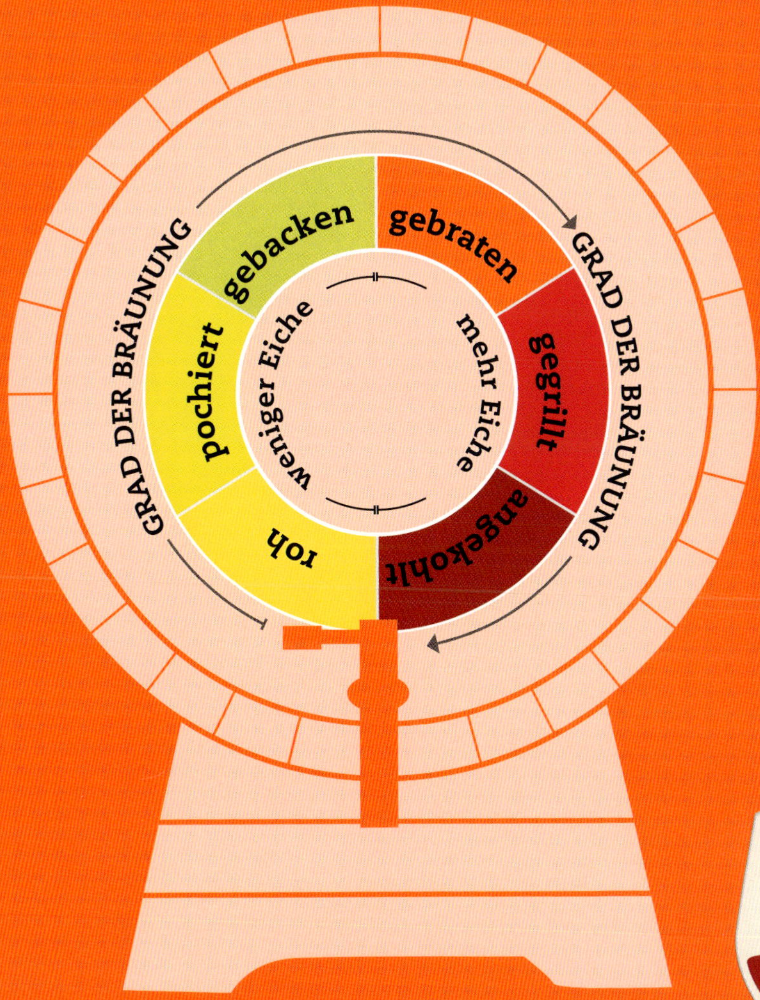

Farbanpassung

Im Allgemeinen passen zu rohen oder ohne Bräunung gegarten Speisen junge, frische Weine ohne Eichennote am besten. Für gebräunte Gerichte – gebraten, gegrillt, sautiert – eignen sich Weine mit einer gewissen Eichennote besser.

Lieber ein bisschen leichter

In Restaurants steht Wein nicht an erster Stelle, sondern er soll den Genuss unterstützen, den das Essen bietet. So wie der Hintergrundchor den Solosänger nicht übertönen soll, sollte ein Wein sich in unserer Wahrnehmung nicht vor die Kunst des Kochs drängen. Leichtere, mildere Weine sind nachsichtigere Essenspartner. Sie vertragen sich nicht nur besser mit leichteren Speisen, sondern können selbst dann einen frischen Kontrapunkt setzen, wenn sie von kräftigeren Gerichten übertönt werden. Kräftige, eindrucksvolle Weine schmecken für sich genossen vielleicht ausgezeichnet, können aber zu Speisen, die nicht ähnlich herzhaft und intensiv sind, unpassend wirken.

Leichtere, mildere Weine

Wenn Sie einen Wein brauchen, der »zu allem passt«, dann wählen Sie ihn lieber eine Nummer leichter. Die Faustregel für Sommeliers lautet: »Im Zweifelsfall Champagner.«

Lebensmittelchemie

Sommeliers wissen, dass Gewürze in Speisen den Geschmack von Wein verändern können. Insbesondere Salz und Zucker im Essen haben großen Einfluss darauf, wie Säure und Süße im dazu genossenen Wein wahrgenommen werden.

Salz: Freund für Trockene

Salz steckt fast in jedem Essen, denn es verstärkt den Geschmackseindruck insgesamt. Salz mildert außerdem die Wahrnehmung von Säure im Wein, während Wein umgekehrt die empfundene Salzigkeit des Essens abschwächt. Zum Essen passt ein Wein meist dann am besten, wenn er für sich allein etwas zu säurebetont wirkt. Das ist auch der Grund, warum viele Weine so herb sind: Sie sollen zu salzigen Speisen genossen werden. Weine, die in diesem Zusammenhang am besten schmecken – wie italienischer Chianti oder französischer Sancerre – werden oft »gute Essensbegleiter« genannt.

Zucker: Feind für Trockene

Auch Zucker ist ein Geschmacksverstärker, doch er verträgt sich mit trockenen Weinen nicht so gut. Zu süßen Speisen getrunken, erscheinen Weine saurer als für sich allein, d.h. trockene Weine schmecken unangenehm sauer – als würde man nach dem Zähneputzen Orangensaft trinken.

Der Wein sollte mindestens so süß sein wie das Gericht. Speisen mit einem Hauch Süße vertragen sich mit modernen, fruchtigen Weinen weit besser als mit trockenen Stilen. Mehr Süße, wie in fruchtigen Saucen, kombiniert man mit halbtrockenen bis lieblichen Weinen, z.B. Riesling. Richtig süße Desserts brauchen echte Süßweine.

DIE VERKOSTUNG

Die Wirkung von Salz und Zucker

Vergleichen Sie zwei Weine zu Hause

Schenken Sie je ein Glas der unten gezeigten Weinstile ein.

1 Probieren Sie die Weine und achten Sie dabei besonders auf die ersten Eindrücke von Süße und Säure.

2 Essen Sie eine Prise Salz und probieren Sie anschließend den Sauvignon Blanc. Beachten Sie, wie sich die Wahrnehmung von Säure klar abgeschwächt hat und der Wein weicher und fruchtiger wirkt.

3 Wiederholen Sie Schritt 2 mit dem Riesling. Beachten Sie, wie derselbe Effekt den Wein durch die verminderte Säureempfindung etwas süßer erscheinen lässt.

4 Gönnen Sie Ihren Geschmacksknospen etwas Ruhe und wiederholen Sie dann Schritt 1.

5 Essen Sie einen Klecks Honig und probieren Sie dann erneut den Sauvignon Blanc. Beachten Sie, wie der Wein plötzlich sehr sauer und eindimensional erscheint.

6 Wiederholen Sie Schritt 5 mit dem Riesling. Beachten Sie, wie auch hier die Säure verstärkt wird, der Wein aber nun auch deutlich weniger süß erscheint als allein oder nach dem Salz. Die Süße des Honigs übertrumpft die des Weins und lässt ihn viel trockener erscheinen.

Zum Beispiel …

Bordeaux Blanc, Sancerre, Pouilly-Fumé oder Touraine

Für sich allein:

Geringe Süße/sehr trocken
Viel Säure/sehr herb

Nach Salz:

Etwas weniger trocken
Erheblich weniger säurebetont

Nach Honig:

Etwas weniger süß
Erheblich stärker säurebetont

Zum Beispiel …

Weine aus Rheinhessen, dem Rheingau oder der Pfalz mit der Bezeichnung »halbtrocken« oder »feinherb«

Für sich allein:

Mittlere Süße/halbtrocken
Mittlere Säure/frisch

Nach Salz:

Etwas süßer
Erheblich weniger säurebetont

Nach Honig:

Erheblich trockener/weniger süß
Erheblich stärker säurebetont

Über Salz und Zucker hinaus

Die meisten Wahrnehmungen addieren sich nicht einfach auf, um gemeinsam stärker zu erscheinen, vielmehr ergänzen oder neutralisieren sie sich meist. Beim Sehen und Hören lassen sich isolierte Reize auch besser erkennen, wenn sie nicht von anderen überlagert werden – deshalb hören wir ein Flüstern in einem leeren Raum, während wir im überfüllten Restaurants schreien müssen, um gehört zu werden. Dieses Muster gilt im Wesentlichen auch für Geschmack, Geruch und Textur, wir erkennen es nur nicht so oft.

Für die Wahrnehmung gilt: $1 + 1 \neq 2$.

Man schaltet nicht das Licht ein, um mehr auf dem Bildschirm zu sehen – zwei konkurrierende Lichtquellen schwächen einander. Eine ähnliche Neutralisierung findet statt, wenn Wein und Essen eine gleiche dominante Eigenschaft haben.

Anpassung der Sinne

Wenn Wein und Essen ähnliche sensorische Eigenschaften haben, passen sich unsere Sinne an und nehmen beide gemeinsam als schwächer wahr als jeden für sich allein. Das führt fast immer zu harmonischen Ergebnissen. Nach dem Prinzip »Gleiches zu Gleichem« kombiniert man Geschmack, Geruch und Textur, also nicht nur Leichtes mit Leichtem und Schweres mit Schwerem, sondern auch Herbes mit Herbem, Eiche mit Rauchigkeit und Süßes mit Süßem. Am deutlichsten ist der Effekt bei den primären Geschmacksqualitäten.

Säuerliches Essen – z. B. mit Tomaten – und herbe Weine wie Chianti oder Sauvignon Blanc wirken gemeinsam *weniger* sauer, also nicht noch saurer.

Süßes Essen – z. B. Obstsalat oder Crème brûlée – und Süßweine wie Riesling oder Sauternes wirken gemeinsam *weniger* süß, also nicht noch süßer.

Ähnliches gilt auch für viele Geruchs- und taktile Wahrnehmungen, wenn auch nicht so deutlich:

Rauchiges Essen – Räucherlachs, Grillfleisch – und Weine mit Eichennote wie Chardonnay oder Rioja wirken gemeinsam *weniger* eichenholzwürzig, also nicht eichenbetonter.

Reichhaltiges Essen – Trüffelrisotto, Mousse au Chocolat – und alkoholstarke, körperreiche Weine wie Barolo oder Port wirken gemeinsam *leichter*, also nicht schwerer.

GUT ZU ESSEN IST KEIN EXTREMSPORT

Sommeliers empfehlen oft Weine, die eine ähnliche dominante Eigenschaft haben wie das Essen. Ziel ist, dass sich die beiden vorherrschenden Merkmale gegenseitig mildern – sich also nicht verstärken, sondern auf genussvolle Weise etwas in den Hintergrund treten. Wein und Speisen zu kombinieren, ist nicht wie ein Kinobesuch oder ein Rockkonzert, wo es darum geht, Reize so zu isolieren und zu verstärken, dass sie einen überwältigen. Die Harmonie von Wein und Essen dagegen ist fast immer eine Frage von Behaglichkeit und Balance.

Die Ausnahme: Schärfe im Essen

Das Prinzip »Gleiches mit Gleichem« findet seine Grenzen, wenn »Hitze« ins Spiel kommt. Damit ist nicht etwa Glühwein gemeint, sondern das brennende Gefühl im Mund, das von Schärfe im Essen ausgelöst wird – aber auch von einem hohen Alkoholgehalt im Wein. Alkohol wirkt auf den Tastsinn in zweierlei Weise. Neben dem Gefühl von Gewicht bzw. Körper kann er in höherer Dosierung auch auf die Schmerzrezeptoren wirken und ein Gefühl von Hitze hervorrufen.

Sommeliers vermeiden es meist, schwere Rotweine zu scharfem Essen zu servieren und empfehlen eher halbtrockene Weiße und Rosés mit wenig Alkohol – einen italienischen Moscato beispielsweise oder einen deutschen Riesling.

Schärfe im Essen und viel Alkohol im Wein verstärken sich gegenseitig in ihrer Wirkung, anstatt sich gegenseitig aufzuwiegen. Alkohol wirkt als zusätzlicher Reiz, der die brennende Schärfe des Essens noch mehr anheizt und schmerzhafter macht, wie wenn man Salz in eine Wunde reibt. Außerdem wirken körperreiche Weine noch schwerer und alkoholischer, wenn man sie zu scharfem Essen serviert. Keinem der beiden tut das gut.

DIE HITZE BÄNDIGEN
Der hohe Alkoholgehalt schwerer Weine kann im Zusammenhang mit pikanten Speisen unangenehm wirken. Servieren Sie solche Weine lieber nicht zu scharfem Essen.

Verschärfter Einsatz
Alkoholarme Weine zähmen die »Flammen« von scharfem Essen und wirken lindernd, schwerere Weine heizen sie eher an.

DIE VERKOSTUNG

Konkurrierende Sinneseindrücke

Vergleichen Sie vier Weine und vier Speisen zu Hause

Mit diesem einfachen Versuch bekommen Sie eine gute Vorstellung davon, wie Ihre Sinne funktionieren, wenn sie mit konkurrierenden Sinneseindrücken konfrontiert werden.

1 Probieren Sie alle Weine zunächst für sich und achten Sie dabei besonders auf die ersten Eindrücke von Süße und Säure, Frucht und Eichennote, Körper und Tannin.

2 Essen Sie ein Stück frische Tomate und kosten Sie danach erneut Wein 1. Achten Sie darauf, wie die Säure der Tomate den Wein nicht mehr, sondern weniger säurebetont erscheinen lässt.

3 Kosten Sie noch einmal Wein 2, essen Sie dann ein Stück Rauchmandel und kosten Sie erneut. Beachten Sie, wie das Raucharoma der Mandel das Eichenaroma des Weins abschwächt, nicht verstärkt. Eine gebratene Speise hätte den gleichen Effekt.

4 Kosten Sie Wein 3 vor und nach dem Verzehr eines Stückchens Butter. Beachten Sie, wie die ähnlich reichhaltige, schwere Butter den Wein leichter erscheinen lässt, nicht schwerer.

5 Kosten Sie Wein 4 vor und nach dem Verzehr eines Stückchens dunkler Schokolade. Beachten Sie, wie eine ähnlich süße Speise den Wein weniger süß erscheinen lässt, nicht süßer.

6 Gönnen Sie Ihrem Geschmackssinn nach all den Reizen fünf Minuten Pause.

7 Kosten Sie die Weine und Speisen in allen Kombinationen nach diesem Vorher-Nachher-Schema. Zweierlei sollte Ihnen auffallen:
a) Die Wirkungen auf Wahrnehmungen an der Zunge wie Süße und Säure sind erheblich stärker als die auf olfaktorische und taktile Reize.
b) Die Weine harmonieren am besten mit den Speisen, die ihnen in Geschmack, Geruch und Textur am ähnlichsten sind.

Zum Beispiel …

Chianti Classico oder ein beliebiger junger, preiswerter Toskaner auf Sangiovese-Basis, der unter drei Jahre alt ist

Für sich allein getrunken zeigt er:

Geringe Süße/sehr trocken; sehr säurebetont; mittlere Fruchtintensität; feine Eichennote; mittelschwer; mittleres Tannin

Säure rausnehmen

Säure im Essen, wie von Tomaten, Zitronen oder Essig, lässt den dazu getrunkenen Wein erheblich weniger säurebetont wirken.

Zum Beispiel …

Rioja Reserva oder eine andere auf Tempranillo basierende spanische Reserva, etwa Ribera del Duero oder Toro

Für sich allein getrunken zeigt er:

Geringe Süße/trocken; säurebetont; mittlere Fruchtintensität; kräftige Eichennote; mittelschwer; mittleres Tannin

Eiche rausnehmen

Rauchmandeln oder andere Speisen mit Röstnoten lassen die Eichennote des dazu getrunkenen Weins erheblich schwächer wirken.

Zum Beispiel …

Chilenischer Cabernet Sauvignon oder ein anderer Hochkaräter aus Amerika oder von der Südhalbkugel

Für sich allein getrunken zeigt er:

Geringe Süße/trocken; mittlere Säure/frisch; hohe Fruchtintensität; kräftige Eichennote; schwer; viel Tannin

Zum Beispiel …

Portwein oder ein anderer süßer, gespriteter roter Dessertwein mit über 15 % Alkohol, etwa australischer Tawny oder französischer Banyuls

Für sich allein getrunken zeigt er:

Sehr süß; milde Säure/weich; sehr intensive Frucht; Eichennote je nach Stil verschieden; gespritet/sehr schwer; mittleres Tannin

Gewicht rausnehmen

Fetthaltige Speisen wie Milchprodukte oder Fleisch lassen den dazu getrunkenen Wein erheblich leichter wirken.

Süße rausnehmen

Süße Speisen wie Schokolade, Desserts oder Früchte lassen dazu getrunkene Weine erheblich weniger süß und säurereicher wirken.

Kapitel-Checkliste

Eine Zusammenfassung der wichtigsten Punkte dieses Kapitels.

✓ Es ist nicht nötig, **bestimmte Weine mit bestimmten Speisen** zu kombinieren. Oft wählt man besser nach Kriterien wie der Tages- oder Jahreszeit aus.

✓ **Leichtere, jüngere Weine** (meist gekühlt) mag man bei heißem Wetter, **kräftigere, komplexere Weine** passen mehr in die kühle Jahreszeit.

✓ Speisen und Weine kommen am besten zusammen, wenn sie **ähnliche sensorische Qualitäten** haben: Leichtes mit Leichtem, Üppiges mit Üppigem kombinieren.

✓ Wenn Sie Wein und Essen nach **Geschmacksintensität oder Farbtiefe** zusammenstellen, liegen Sie häufiger richtig, als Sie glauben.

✓ **Gewürze und Saucen** bestimmen ein Gericht oft mehr als die Hauptzutaten. Hier setzen Sommeliers an, indem sie den **gesamten sensorischen Eindruck** eines Gerichts, also auch seine Zubereitungsart, für die Wahl des Weins in Betracht ziehen.

✓ Im Allgemeinen passen zu rohen oder ohne Bräunung gegarten Speisen am besten **junge, frische Weine ohne Eichennote**. Für gebräunte Speisen – gebraten, gegrillt, sautiert – eignen sich **Weine mit Eichennote** besser.

✓ Im Zweifelsfall **Champagner** wählen.

✓ **Salz und Zucker** im Essen verändern die Wahrnehmung von Säure und Süße im **begleitenden Wein**. Salz reduziert die Empfindung von Säure, Zucker verstärkt sie.

✓ »Gleiches mit Gleichem« ist eine gute Strategie, nur nicht in Bezug auf »Hitze«. Die Wärme, die **mächtige, alkoholreiche Weine** im Mund erzeugen, verstärkt das **Brennen** von scharfen Speisen; alkoholarme Weine dagegen wirken **lindernd**.

WIE WEIN ENTSTEHT

Wein ist ein ungemein kompliziertes Konsumgut, selbst wenn es ein paar Leitlinien gibt, an die man sich halten kann. Weinetiketten nennen Rebsorten und Regionen, Marken und Jahrgänge, doch wie der Wein schmeckt, wird nicht klar gesagt. Es ist, als ob man erst den Code entschlüsseln müsste. Einsteiger wünschen sich oft, mehr über einen Wein zu wissen, etwa sein Verschnittrezept oder die Reifedauer im Fass – doch wirklich hilfreich ist das nicht. Stellen Sie sich vor, Sie sehen zum ersten Mal bei einer komplizierten Sportart zu: Namen und Statistiken werden Ihnen nicht helfen, das Geschehen zu verstehen. Zunächst müssen Sie die Spielregeln kennen.

Fachleute wissen, dass relativ wenige Variablen darüber bestimmen, wie ein Wein schmeckt, etwa das Klima im Weinberg und die Art der Bereitung. Daraus können sie sinnvolle Verallgemeinerungen ableiten. Zu verstehen, wie diese Faktoren zusammenwirken, ist für den Neuling viel sinnvoller, als sich in den Details einzelner Weine zu verlieren. Ausnahmen gibt es natürlich immer – aber köstliche Überraschungen machen die Weinwelt ja nur umso spannender.

Schon ein paar zentrale Ideen der Weinbereitung zu kennen, ermöglicht tiefe Einblicke.

DIE WEIN-
BEREITUNG

Süße, Farbe, Eiche

Auch wenn es vom Klima im Weinberg abhängt, wie reif die Frucht wird, und Rebsorten ihr eigenes Geschmacksprofil haben – das alles betrifft nur den Rohstoff, aus dem Wein erzeugt wird. Die Entscheidungen, die in der Kellerei getroffen werden, spielen ebenfalls eine große Rolle. Wie ein Koch, so entscheidet auch der Kellermeister, was er aus seinen frischen Zutaten machen will: süßen oder trockenen Wein, roten oder weißen, frische Weine ohne Eichennote oder fassgereifte, verfeinerte Gewächse. Auch Schaumwein oder mit zusätzlichem Alkohol gespriteter Wein kann entstehen – es ist nur eine Frage der Kellertechnik.

Aus Trauben wird Wein

Wein entsteht durch Gärung, eine Art der Fermentation, bei der lebende Hefen Zucker in Alkohol umwandeln. Schon seit Jahrtausenden macht sich der Mensch diesen Prozess zunutze – nicht nur für Wein und Bier. Auch bei der Käseherstellung oder als Treibmittel für Brotteig spielt die Fermentierung eine zentrale Rolle. Hefen sind so etwas wie der magische Feenstaub, der einfache frische Trauben in komplexen, aromatischen Wein verwandelt.

Zucker-Aufspaltung

In unserer natürlichen Umgebung leben viele Hefearten, die beim Backen, Brauen und Keltern zum Einsatz kommen, vor allem die Gattung der *Saccharomyces*. Diese Hefen ernähren sich von Zucker, den sie in Alkohol und Kohlendioxid (CO_2) aufspalten. Wilde Hefen leben bereits im Weinberg und in der Kellerei, deshalb kann die Gärung immer spontan beginnen. Viele Erzeuger impfen heute ihren Most aber lieber mit gezüchteten Kulturhefen, um vorhersehbarere Ergebnisse zu erzielen.

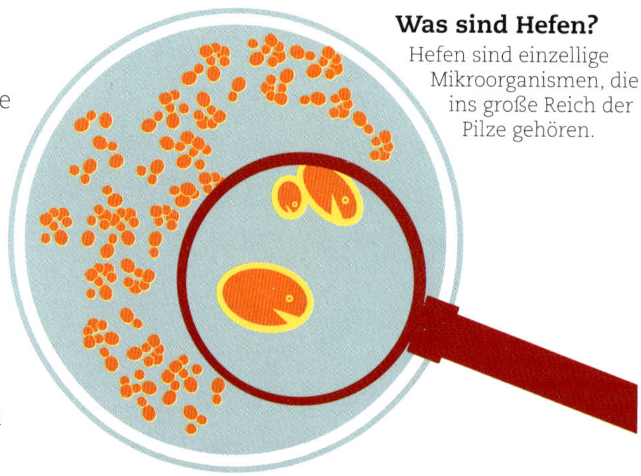

Was sind Hefen?

Hefen sind einzellige Mikroorganismen, die ins große Reich der Pilze gehören.

DIE GLEICHUNG DER ALKOHOLISCHEN GÄRUNG

Alkoholische Getränke entstehen durch Gärung, bei der lebende Hefen Zucker durch ihren Stoffwechsel in Alkohol umwandeln. Dabei entstehen auch Kohlendioxid und Wärme sowie Aromaverbindungen.

Zusätzliche Aromen aus der Gärung

Weine schmecken und riechen nach mehr als nur nach Trauben. Während der Gärung finden nämlich zahllose kleinere chemische Reaktionen statt und bringen weitere Aromastoffe hervor, die in der Frucht vorher so nicht vorhanden waren.

Es ist also die Gärung, die Weinen eine solch komplexere Aromatik verleiht, ähnlich wie die Fermentierung bei der Käseherstellung. Brie, Cheddar oder Gorgonzola bestehen aus dem gleichen Grundstoff: Kuhmilch. Ihr unterschiedlicher Geschmack entsteht bei der Fermentierung und Reifung. So ist es auch bei frischen Trauben: Die Hefe verändert die Aromen.

SCHOKOLADEN- ODER PFEFFERNOTEN?
Für Weinaromen, die nicht aus der Traube stammen, werden gern Vergleiche mit exotischen Früchten oder Gewürzen herangezogen, denen sie ähneln. Diese Dinge stecken aber nicht wirklich im Wein, es sind nur Metaphern zur Beschreibung.

Die Bedeutung der Kulturen
Wie Käsehersteller wählen Weinerzeuger ihre Hefekulturen sehr sorgfältig aus, um zu beeinflussen, wie der fertige Wein schmeckt und riecht.

Was mit dem Zucker geschieht

Trauben sind süß, die meisten Weine aber nicht – und das hat historisch einen ganz praktischen Grund: Viel Alkohol und wenig Zucker schützen vor Verderb. Süßweine und Weine mit wenig Alkohol sind erheblich anfälliger für mikrobiologischen Befall, während alkoholreichere und trockenere – sprich weniger süße – Weine viel länger halten.

Zucker-Alkohol-Balance

Wein wird meist so erzeugt, dass er am Ende trocken ist, weil das seit Jahrtausenden am einfachsten geht: Nach dem Einsetzen der Gärung ernährt sich die Hefe vom vorhandenen Zucker (und vermehrt sich dabei), bis er aufgebraucht ist. Diesen Prozess vorzeitig zu stoppen, ist nicht so einfach.

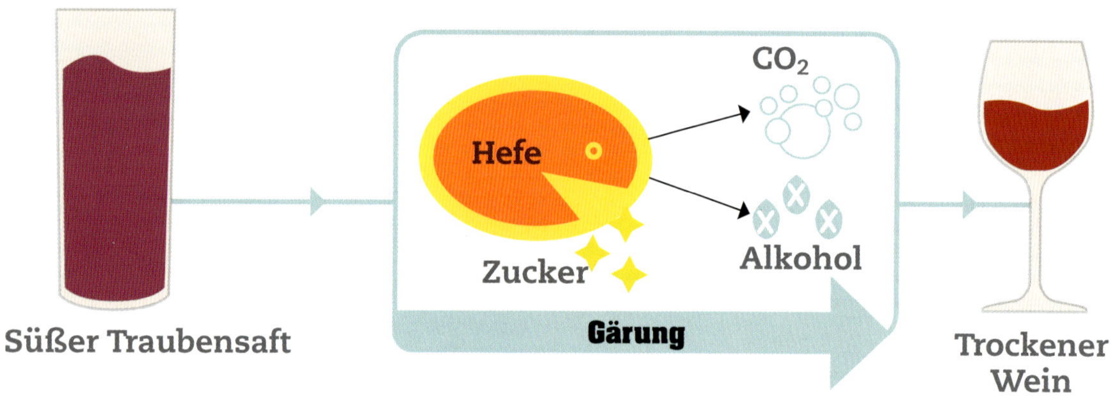

Zucker ist potenzieller Alkohol

Zucker braucht man für die Weinbereitung vor allem deshalb, damit er in Alkohol umgewandelt wird. Aus diesem Grund sind die meisten Weine trocken und nicht süß, insbesondere solche mit mehr als 13 % Alkohol.

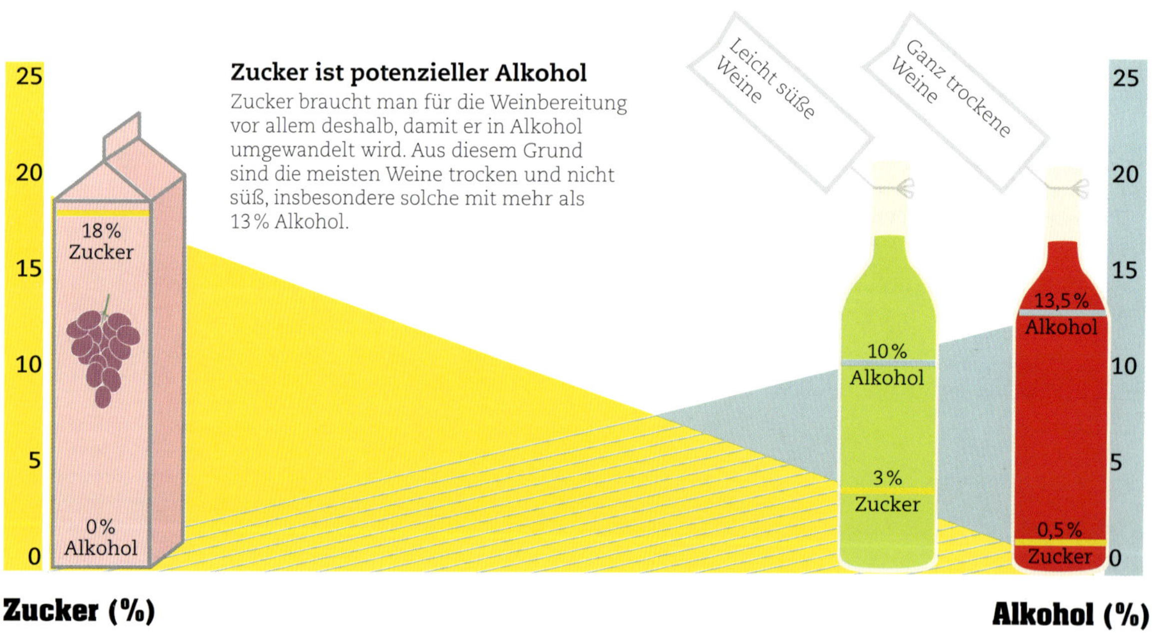

Süße Träume werden wahr

Süßweine gibt es natürlich trotzdem schon immer – dafür schmecken sie einfach zu gut. In Europa haben die meisten Weinregionen eigene Produktionsverfahren dafür entwickelt, jeweils angepasst an die herrschenden Bedingungen.

Dank der modernen Technik sind diese Weine heute stabiler denn je. Drei Methoden werden am häufigsten angewandt; alle können sowohl »halbtrockene« Weine mit nur einem Hauch Süße als auch richtig süße Dessertweine hervorbringen.

Methode 1: Gärung unterbrechen

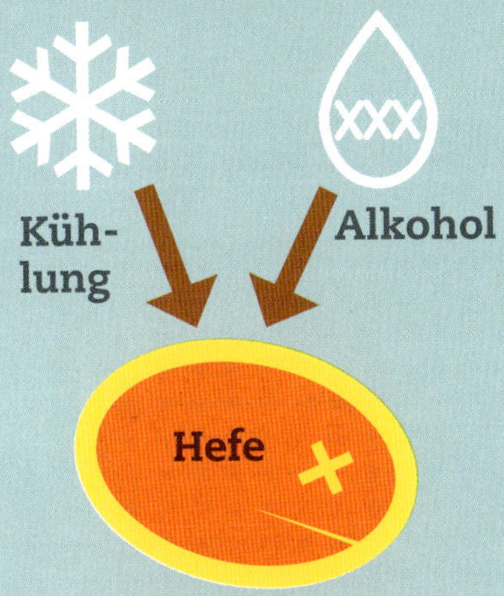

Den Lebenszyklus der Hefe zu unterbrechen, bewahrt einen Teil des Traubenzuckers. Das kann auf zweierlei Weise geschehen:

(a) Kühlen
Hefen sterben bei großer Kälte ab, produzieren dann aber keinen Alkohol mehr – die süßesten Weine haben daher den geringsten Alkoholgehalt.

Beispiele: *halbtrockene Rieslinge und Rosés; süße italienische Moscato-Weine*

(b) Weingeist hinzufügen
Mehr als 15 % Alkohol halten Hefen nicht aus, daher unterbricht das Spriten mit Branntwein ebenfalls die Gärung.

Beispiele: *süßer Portwein; französischer Vin Doux Naturel Muscat*

Methode 2: Konzentration der Trauben vor der Gärung

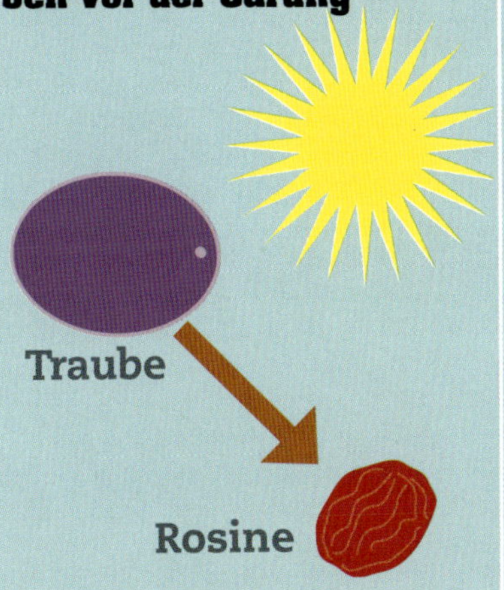

Den Wassergehalt der Trauben zu verringern, erhöht die Anteile der übrigen Komponenten wie Zucker, Säuren und Aromastoffe. In warmen Regionen trocknet man die Trauben nach der Ernte in der Sonne, in kühleren Gebieten wird meist später gelesen, sodass die Trauben am Stock verschrumpeln und reichhaltige, süße Weine ergeben. In kaltem Klima wird manchmal sogar erst im Winter gelesen, was den verbleibenden Saft zusätzlich gefrierkonzentriert.

Beispiele: *sonnengetrockneter italienischer Vin Santo und spanischer Moscatel; spät gelesener französischer Sauternes und deutsche Auslese; gefrierkonzentrierte Eisweine aus Österreich und Kanada (Icewine).*

Methode 3: Aufsüßen nach der Gärung

Vielen billigen, eigentlich trockenen Weinen wird durch die nachträgliche Zugabe von Traubensaft (oder Konzentrat) eine gewisse Süße verliehen. Auch viele Süßweine gewinnt man durch Variationen dieser Technik. Meist stammt die Süße aus unvergorenem Traubensaft (in deutschem Wein spricht man von der »Süßreserve«), manchmal, wie bei *demi-sec* Champagner, ist auch Rohrzucker im Spiel.

Beispiele: *liebliche deutsche Weine (Traubensaft); französischer Champagner (Rohrzucker); spanischer Cream Sherry (Traubenmostkonzentrat); ungarischer Tokaji Aszú (spät gelesene Trauben)*

DIE VERKOSTUNG

Die Stufen der Gärung

Vergleichen Sie Traubensaft und Wein zu Hause

Alle Weine beginnen als süßer Traubensaft wie in Beispiel 1, und viele sind am Ende trocken ohne wahrnehmbare Süße, aber mit viel Alkohol wie in Beispiel 4. Die Kellermeister können aber auch die Gärung stoppen, um einen süßeren Wein zu erzeugen. Die Weine 2 und 3 wurden durch Unterbrechung der Gärung bereitet.

1 Probieren Sie diese vier Getränke hintereinander und vergegenwärtigen Sie sich dabei, wie die Hefe durch die Gärung den Traubensaft in Wein umwandelt.

2 Achten Sie besonders darauf, wie sehr sich Süße und Körper verändern, je mehr Gewicht der Wein hat.

3 Beachten Sie, wie die An- oder Abwesenheit von Zucker im Geruch nicht erkennbar ist, im Mund aber sehr deutlich wahrgenommen wird.

> Die meisten Weine sind vollständig vergoren und trocken, manchmal aber wird die Gärung vorzeitig gestoppt, um Süße zu bewahren.

1

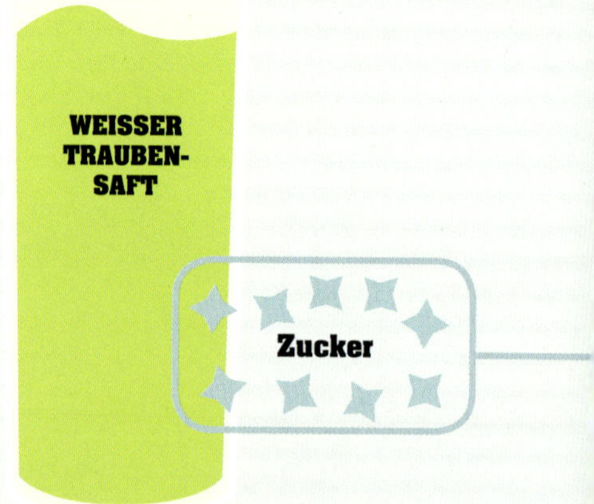

Zum Beispiel …

Handelsübliches Produkt oder selbst gepresst

Enthält

100 % Tafeltrauben
18 % Zucker (ca.)
0 % Alkohol (ca.)

Erkennen Sie …?

Sehr süß;
sehr herb;
Duft und Geschmack nach Trauben

Erklärung

Traubensaft ist der süßeste aller Fruchtsäfte, deshalb eignet er sich am besten zur Weinbereitung. Weine anderer Früchte haben weniger Alkohol und halten nicht so lange. Im Laden erhältlicher Traubensaft wird meist aus anderen Sorten erzeugt, als man sie für die Weinbereitung verwendet, vom Süßegrad her sind sie sich aber ähnlich genug, um für diesen Vergleich geeignet zu sein.

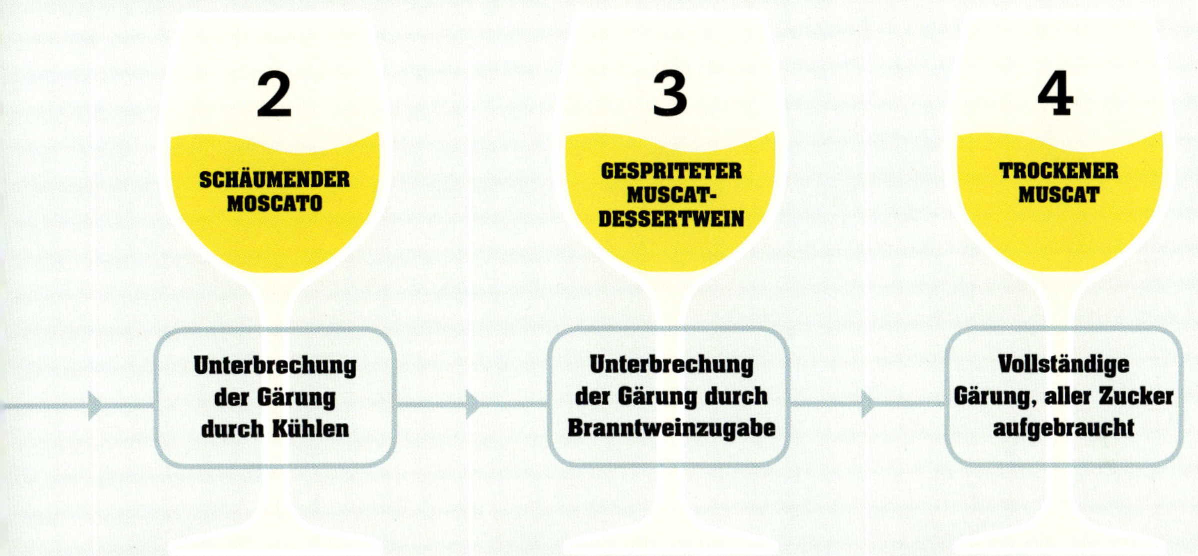

Zum Beispiel...

Italienischer Asti oder ein anderer süßer schäumender Moscato mit weniger als 10 % Alkohol.

Enthält

100 % Moscato (alias Muscat)
5 % Zucker (ca.)
7 % Alkohol (ca.)

Erkennen Sie...?

Viel Zucker/süß; säurebetont; hohe Fruchtintensität; keine Eichennote; wenig Alkohol/leicht; viel Kohlensäure

Erklärung

Süßer schäumender Moscato schmeckt so, wie er ist: halb Traubensaft, halb Wein. Solche Weine werden durch Unterbrechung der Gärung vor ihrem Ende erzeugt, wodurch viel Traubenzucker erhalten und der Alkoholgehalt niedrig bleibt. Die Bläschen sind ein natürliches Nebenprodukt der Gärung.

Zum Beispiel...

Muscat de Beaumes-de-Venise, Muscat de Minervois oder Muscat de Frontignan

Enthält

100 % Moscato (alias Muscat)
15 % Zucker (ca.)
15 % Alkohol (ca.)

Erkennen Sie...?

Viel Zucker/sehr süß; wenig Säure/nicht erfrischend; hohe Fruchtintensität; keine Eichennote; viel Alkohol/schwer; keine Kohlensäure

Erklärung

Auch bei diesem süßen Stil wurde die Gärung unterbrochen, bevor der Traubenzucker aufgebraucht war, jedoch auf andere Weise. Branntwein (Weingeist) während der Gärung zuzugeben, tötet die Hefen ab und erzeugt einen süßen, starken, likörartigen Dessertwein.

Zum Beispiel...

Elsässer Muscat oder ein beliebiger, als »dry« etikettierter Muscat aus Australien oder den USA. Als Alternative argentinischer Torrontés. (Kein französischer Muscat, der als *Vendange tardive*, *Sélection de grains nobles* oder *Vin doux naturel* etikettiert ist.)

Enthält

100 % Moscato (alias Muscat)
0,5 % Zucker (ca.)
13 % Alkohol (ca.)

Erkennen Sie...?

Wenig Zucker/trocken; säurebetont; hohe Fruchtintensität; keine Eichennote; mittlerer Alkohol/mittelgewichtig; keine Kohlensäure

Erklärung

Ein durchgegorener Wein ohne erkennbare Restsüße. Trockene Weine enthalten normalerweise mindestens 12 % Alkohol, was sie gut haltbar macht.

Farbe und Stil festlegen

In der Regel verwendet man für Weiß- und für Rotweine Trauben verschiedener Farbe, doch das ist nicht der Hauptgrund, warum sie so unterschiedlich schmecken. Sie werden einfach ganz anders hergestellt.

Zwei Weine, zwei Methoden

Ein Beispiel aus der Welt des Kochens: Man nehme Tomaten, Zwiebeln und Paprikaschoten, schäle die Tomaten und kühle die Mischung: Heraus kommt eine delikat schmeckende, gartenfrische Gazpacho ohne jede Bitterkeit aus den Schalen. Wenn man das Ganze aber mit den Tomatenschalen eine Zeit lang köcheln lässt, entsteht etwas ganz anderes: eine dickere, kräftiger schmeckende Pastasauce. Bei Trauben ist es ähnlich. Für die Weißweinbereitung entfernt man die Traubenschalen und bewahrt die Frische des Mosts durch Kühlung. Rotweine dagegen werden im Kontakt mit den Schalen und in wärmerer Umgebung bereitet, um möglichst viel Farbe und Aromen zu extrahieren.

Die Rotweinmethode

Rotweine schmecken kräftiger und »bitterer«, wie Traubenschalen.

Das liegt daran, dass Rotweine aus den ganzen Trauben erzeugt werden, einschließlich Schalen, Kernen und Fruchtfleisch. Nur dunkle Rebsorten sind dafür geeignet, da Farbe und Aromen aus den Schalen kommen.

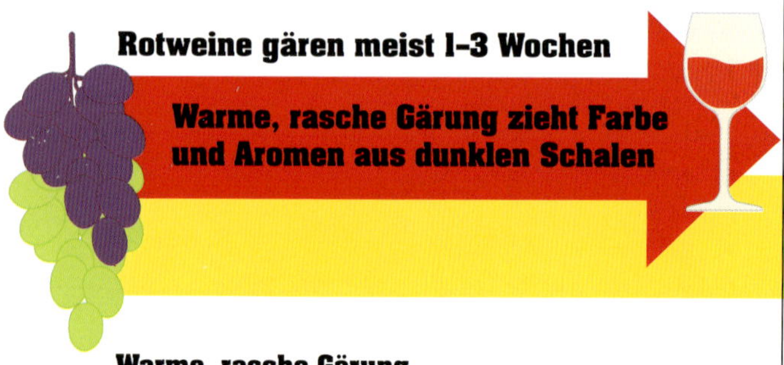

Warme, rasche Gärung

Die Erzeuger nutzen die bei der Gärung entstehende Wärme, um Farb- und Aromastoffe aus den Traubenschalen zu extrahieren, was auch die adstringierenden und oxidationshemmenden Tannine einschließt. Wärme beschleunigt den Lebenszyklus der Hefe, deshalb läuft die Gärung bei Rotweinen schneller und heftiger ab und bringt mehr neue Aromaverbindungen hervor, die noch nicht in den Trauben vorhanden waren.

Die Weißweinmethode

Weißweine schmecken milder und »saftiger«, wie Fruchtfleisch.

Das liegt daran, dass Weißweine nur aus Traubensaft erzeugt werden – der Trester mit Schalen und Kernen wird nach dem Pressen weggeworfen. Nur der klare Traubensaft wird für die Weißweinbereitung verwendet, alle Feststoffe werden vor Beginn der Gärung entfernt.

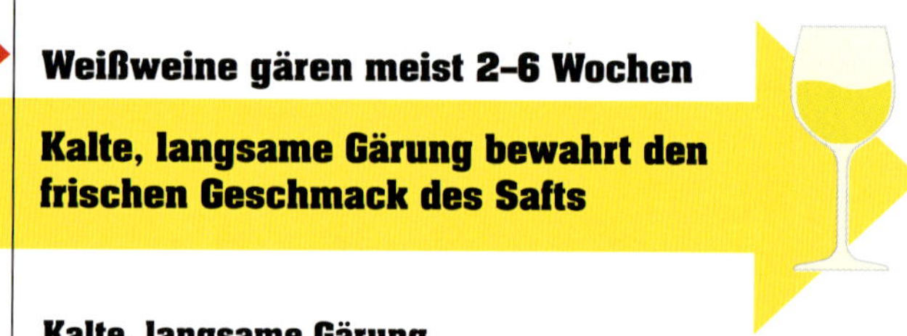

Kalte, langsame Gärung

Um die feinen Aromen des Traubensafts zu bewahren, wird er gekühlt. Da keine Oxidationshemmer aus den Schalen hineingelangen, muss der Most in luftdicht verschlossenen Tanks oder Fässern vor Oxidation geschützt werden. Die Kühlung verlangsamt den Stoffwechsel der Hefe, was die Gärung sanfter verlaufen lässt. Die Menge der chemischen Reaktionen, aus denen neue Aromen entstehen, ist deutlich kleiner.

Rote, Weiße ... und etwas von beiden

Der entscheidende Unterschied der Weinstile vollzieht sich, wenn die Trauben gepresst werden und die Flüssigkeit von den Feststoffen getrennt wird: vor der Gärung bei Weißweinen, nach der Gärung bei Roten, während der Gärung bei Rosés.

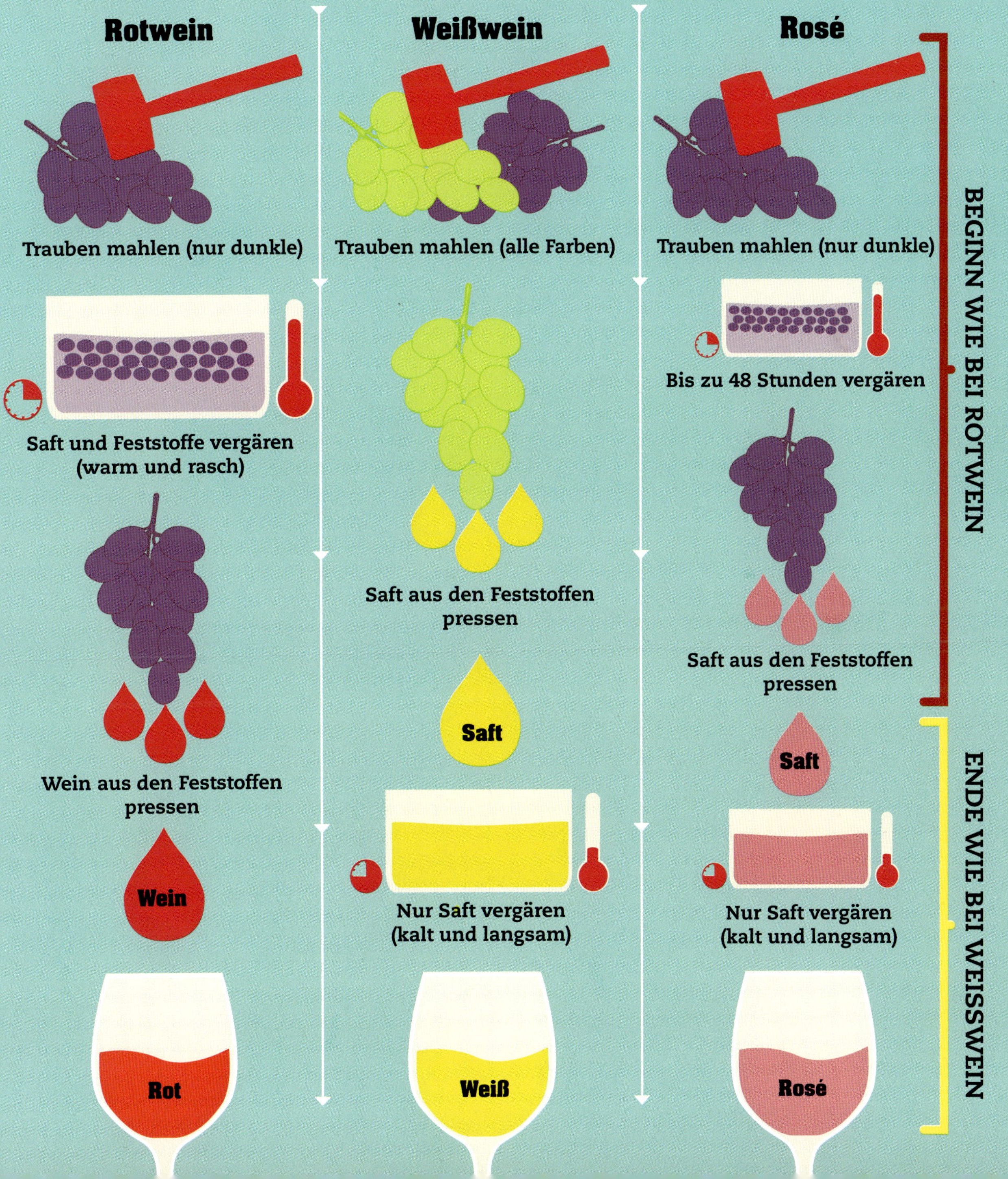

Gärung oder Reifung in Eiche

Früher wurde Wein stets in Fässern ausgebaut und verkauft, heute gärt der überwiegende Teil in Edelstahltanks und kommt in Flaschen auf den Markt. Dennoch werden die traditionellen Eichenfässer auch heute noch zur Verfeinerung vieler hochklassiger Weine gebraucht. Ähnlich wie Köche ihre Gerichte würzen, verwenden Kellermeister Eichenfässer, um Weinen zusätzlich Textur und Aroma zu verleihen.

FÄSSER ODER CHIPS?
Viele Weintrinker mögen die Eichennote, doch Fässer sind teuer. Deshalb verwenden Erzeuger für billigere Weine oft auch eine billigere Methode: Holzchips im Tank.

Einflüsse auf den Wein

Wenn Wein in Eichenfässern liegt, verändert er sich auf dreierlei Weise.

Alle Fässer machen Wein intensiver

Wasser und Alkohol verdunsten in gewissem Maß durch die Holzporen. Was übrig bleibt – Tannine, Aromastoffe und Säuren – konzentriert sich und erhöht so die Qualität und Alterungsfähigkeit des Weins.

Alle Fässer machen die Textur weicher und voller

Umgekehrt dringt durch die Holzporen auch Luft ein, was eine sehr langsame, beständige Oxidation des Weins bewirkt. Dabei finden Kleinreaktionen statt, die raue junge Weine milder und weicher werden lassen.

Nur neue Fässer bringen Eichennoten und Tannin in den Wein ein

Eiche enthält lösliche Aromaverbindungen, die mit der Zeit in den Wein übergehen. Neue Fässer verleihen eine kräftige Röstnote, wie man sie auch in Cognac oder Bourbon findet. Mit jeder Verwendung aber verliert das Fass an Aroma, bis es im vierten Jahr einen neutralen Status erreicht. Neue Eiche wirkt sehr stark, weshalb für die meisten Weine pro Jahrgang nur 20–50 Prozent neue Fässer verwendet werden.

Eichenfässer versus Stahltanks

Der Dreifacheffekt von konzentriertem Geschmacksprofil, vollem Mundgefühl und Eichenaroma wird nur durch Holzfässer erreicht. Doch nicht für alle Weine ist die kostenintensive lange Fassreifung gerechtfertigt.

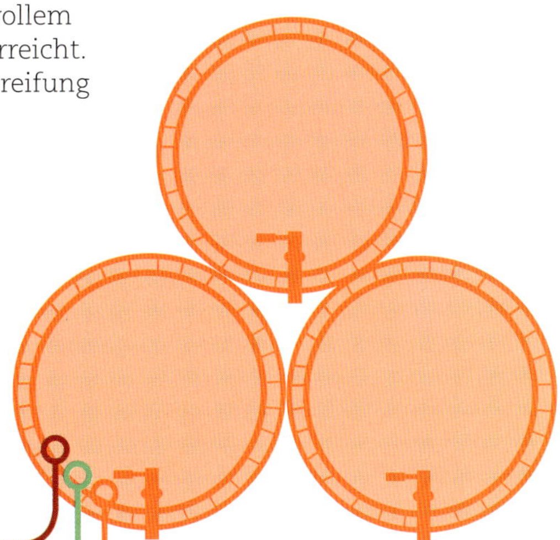

Inerte Behälter – *kein Holzeinfluss*

Weine ohne Eichennote werden in reaktionsneutralen (»inerten«) Behältern vergoren, etwa Edelstahltanks. Die meisten Weiß- und Roséweine werden auf diese Weise erzeugt, von den Roten nur die leichtesten, jüngsten und anspruchslosesten.

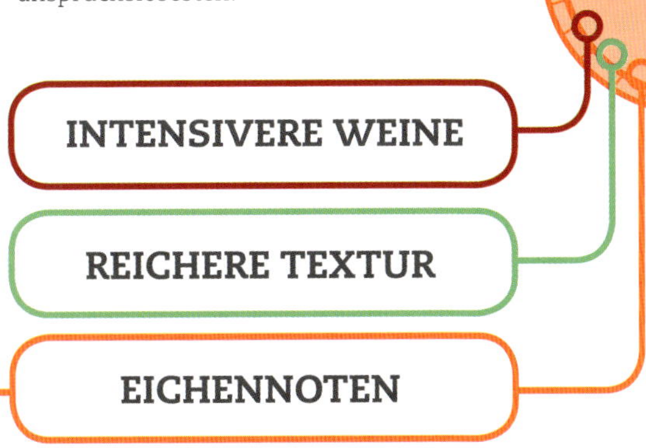

Eichenfässer – *alle Holzeinflüsse*

Rote Premium-Weine gären in Stahltanks, reifen dann aber vor der Abfüllung noch in Eichenfässern. Rotweine sind in der Jugend oft sehr rau und benötigen deshalb – je nach Stil und Anspruch – drei Monate bis drei Jahre im Fass, um milder zu werden. Bei den Weißen kommen nur die kräftigsten mit Eiche in Berührung, meist werden sie darin vergoren wie z. B. Chardonnay. Sowohl Rot- als auch Weißweine bekommen durch neuere Fässer und längere Lagerung kräftigere Eichennoten. Ältere, »neutrale« Fässer geben dagegen keine Eichennoten mehr ab.

Eiche im Wein – *nur Holznoten*

Die cognacartige Eichennote wird von vielen geschätzt, doch der traditionelle Weg dorthin ist zeitaufwendig und teuer. Billiger kommen Holzchips oder -stäbe. Diese können indes dem Wein zwar eine Eichennote verleihen, nicht aber die anderen Effekte der Fassreifung bewirken, nämlich vollere und konzentriertere Weine. Chips und Stäbe werden deshalb fast nur für Billigweine verwendet.

NEUE EICHE: VANILLE, KARAMELL, SÜSSE GEWÜRZE, KOKOS …

Neue Eiche ist besonders reich an würzig-süßen Aromastoffen, insbesondere Vanillin. Der Vorgang des Röstens, mit dem beim Fassbau das Holz zu Fassdauben gebogen wird, erzeugt nussige Lactone und karamellisiert die Holzoberfläche. Damit diese Aromen den gewünschten Effekt in den Weinen bewirken, achten die Kellermeister sehr genau auf die Holzsorte und die Art der Röstung.

Für Weinerzeuger sind französische und amerikanische Eiche so verschieden wie äthiopischer und kolumbianischer Kaffee. Wie stark das Holz angeröstet wird, spielt eine ähnlich große Rolle wie der Grad der Röstung auf Kaffeebohnen. Kleinere Fässer sorgen für kräftigere Eichennoten als große, aus dem gleichen Grund, aus dem fein gemahlener Espresso geschmacksintensiver ist: mehr Kontakt zwischen Wein und Holzoberfläche überträgt mehr Aroma.

DIE VERKOSTUNG

Traubenschalen und Eichenfässer

Vergleichen Sie vier Weine zu Hause

Alle vier verkosteten Weine stammen von roten Trauben der Pinot-Familie, haben aber unterschiedliche Farben, je nachdem, wie lange der Saft mit den Schalen in Kontakt geblieben ist. Man kann auch aus roten Trauben Weißwein machen, wenn die Schalen vor der Gärung entfernt werden. Ein kurzer Schalenkontakt wie beim Rosé extrahiert eine kleine Menge Farbe und Aromen. Nur die Rotweine sind mit Eiche in Berührung gekommen.

1 Probieren Sie Wein 1 (weiß) und Wein 2 (rosé). Beachten Sie, wie frisch sie schmecken – sie werden kühl und mit minimalem Schalenkontakt vergoren, ohne Holznote abgefüllt und jung auf den Markt gebracht.

2 Probieren Sie nun die Rotweine 3 und 4. Beachten Sie, wie es den Geschmack verändert, wenn bei höherer Temperatur und mit den Schalen vergoren wird. Beide sind – als rote Qualitätsweine – in Eichenfässern gereift, um weicher und voller zu werden, doch nur Wein 4 ist kräftig genug für die intensiven Einflüsse, die neues Eichenholz einbringt – was zu schmecken sein dürfte.

Gärung mit den Schalen extrahiert neben Farbe und Aromen auch raue und bittere Komponenten, die durch Eichenfassreifung weicher und sanfter werden.

WEISSWEIN AUS HELLROTEN TRAUBEN OHNE EICHENNOTE

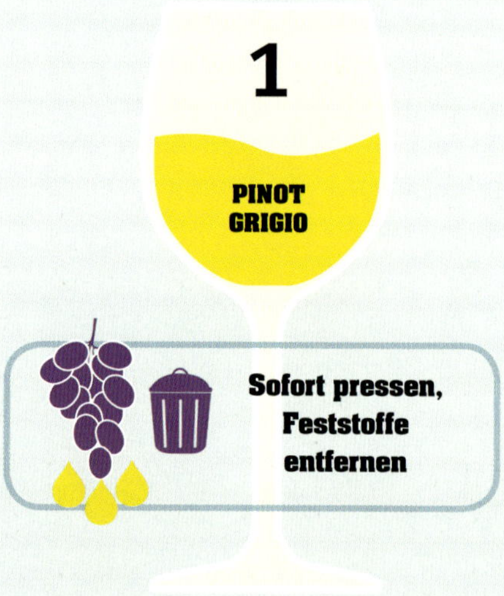

Zum Beispiel …

Italienischer Pinot Grigio, deutscher Grauburgunder, amerikanischer oder kanadischer Pinot Gris

Erkennen Sie …?

Wenig Zucker/trocken;
säurebetont;
geringe Fruchtintensität;
keine Eichennote;
wenig Alkohol/leicht;
kein Tannin

Erklärung

Pinot Grigio ist ein blasserer Verwandter des Pinot Noir – Pinot-Noir-Trauben haben eine dunkelviolette Farbe, Pinot-Grigio-Trauben sind rötlich und heller. Für Rotwein reicht die Farbe nicht aus, deshalb werden die Trauben sofort gepresst und nur der Saft kalt vergoren, was am Ende Weißwein ergibt.

ROSÉWEIN AUS DUNKLEN TRAUBEN OHNE EICHENNOTE

Zum Beispiel …

Am besten ein Australier, doch auch ein anderer rosé Pinot Noir wie rosé Burgunder oder Pinot Noir Rosé aus Neuseeland ist geeignet

Erkennen Sie …?

Nicht viel Zucker/halbtrocken;
säurebetont;
mäßige Fruchtintensität;
keine Eichennote;
wenig Alkohol/leicht;
kaum Tannin

Erklärung

Für Rosés kombiniert man die Techniken von Rot- und Weißweinbereitung. Dunkle Trauben werden gemahlen und 6–48 Stunden mit den Schalen eingemaischt. Sobald sie ein wenig Farbe und Aromen angenommen haben, wird der rosa Saft abgepresst und ohne die Feststoffe kalt vergoren.

ROTWEIN AUS DUNKLEN TRAUBEN, IN ALTEN FÄSSERN GEREIFT

Zum Beispiel …

Nehmen Sie einen nicht zu teuren Bourgogne Rouge oder einen anderen jungen Burgunder wie Mercurey oder Santenay.

Erkennen Sie …?

Sehr wenig Zucker/sehr trocken;
säurebetont;
mäßige Fruchtintensität;
milde Eichennote;
mittlerer Alkohol/mittelschwer;
mildes Tannin

Erklärung

Für Rotweine werden Farbe und Aromen aus den Traubenschalen extrahiert, aber auch raue, adstringierende Tannine. Die ganz billigen Tropfen ausgenommen, reifen Rotweine fast immer im Fass, um vor der Abfüllung noch etwas weicher zu werden. Für milde, erschwingliche europäische Rote kommen dabei oft ältere, »neutrale« Fässer zum Einsatz, die dem Wein kaum noch Eichennoten mitgeben.

ROTWEIN AUS DUNKLEN TRAUBEN, IN NEUEN FÄSSERN GEREIFT

Zum Beispiel …

Aus einer kalifornischen Appellation wie Sonoma County oder Monterey, alternativ aus Oregon, Neuseeland oder Kanada

Erkennen Sie …?

Wenig Zucker/ trocken;
mäßige Säure/frisch;
höhere Fruchtintensität;
kräftige Eichennote;
mittlerer Alkohol/mittelschwer;
mäßiges Tannin

Erklärung

Premium-Weine aus der Neuen Welt werden in der Regel aus reiferen Trauben bereitet, aus denen möglichst viel Farbe und Aroma extrahiert werden soll. Mehr Intensität bedeutet aber zunächst auch rauere Weine, die längere Fassreifung brauchen, um geschmeidig zu werden. Die kräftigeren Fruchtaromen vertragen sich dann auch gut mit der stärkeren »Fasswürze«.

Spezielle Stile: Gespritete Weine

Der Alkohol der meisten Weine resultiert aus der natürlichen Gärung, doch einige Stile werden mit Weingeist verstärkt – in der Regel ein klarer, fast hundertprozentiger Branntwein. Diese sogenannten gespriteten Weine enthalten mehr Alkohol als »normale«, meist 15–20 %. Sie duften intensiver und fühlen sich schwerer an, weshalb man sie in kleineren Mengen ausschenkt. Es gibt rote und weiße gespritete Weine; die beliebtesten von ihnen sind süß.

Ein Ausflug in die Geschichte

Gespritete Weine sind historische Relikte, die es noch gibt, weil ihr Geschmack geschätzt wird. Ursprünglich waren es die Händler und Kapitäne, die die Weine vor der Verschiffung mit Alkohol haltbarer machten. Es war eine Routinemaßnahme wie das Einsalzen von Fisch, um Lebensmittel bei langen Transporten, insbesondere in heißen Gegenden, zu konservieren. Das erklärt, warum die beliebtesten gespriteten Weine wie Port, Sherry, Madeira und Marsala Erfindungen britischer Kaufleute in warmen Hafenstädten waren, die das Empire bis in die letzten Außenposten mit Wein versorgten. In den Kellereien, die sie besaßen oder kontrollierten, wurde die Stabilisierung von Wein mittels Alkohol in die Weinbereitung integriert, um die Qualität zu heben. Die große Nachfrage in Großbritannien und den Kolonien brachte die lokalen portugiesischen, spanischen und italienischen Erzeuger rasch dazu nachzuziehen.

WEINE AUS HEISSEM KLIMA

Gespritete Weine sind Spezialitäten aus ungewöhnlich heißen Regionen, in denen dank reichlich Sonnenschein Traubenzucker und Alkohol leicht erhältlich sind.

Der Notwendigkeit folgend

Die historische Praxis
Der fertige Wein wurde mit Branntwein gespritet, um beim Transport zu fernen Märkten nicht zu verderben.

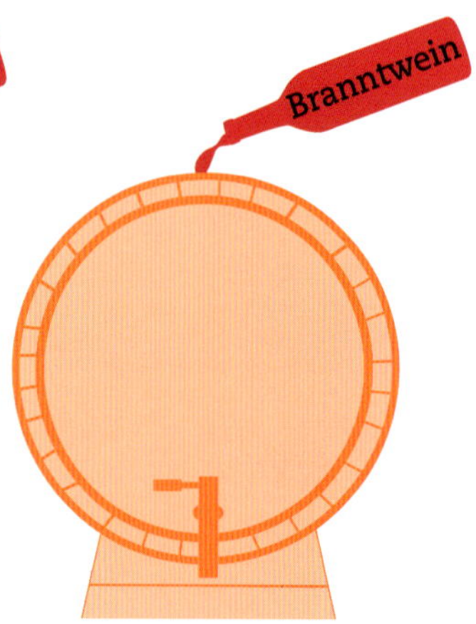

Anwendung in der Kellerei
Der Wein wird nach der Gärung, aber vor der Reifung gespritet – die traditionelle Methode für Sherry.

Verfeinerung für Süßweine
Der Wein wird während der Gärung gespritet, die Hefen sterben ab, Zucker bleibt übrig – die Methode für Portwein.

Sherry-Methode:

Spriten nach der Gärung

Nach diesem älteren Verfahren bereitete Weine sind fast immer weiß und basieren auf vollständig trockenen Grundweinen, die nach der Gärung gespritet und gereift werden. Manche werden danach auch gesüßt, wie der sehr süße Cream Sherry, andere nicht, wie der sehr trockene Fino Sherry. Um den hohen Alkoholgehalt auszugleichen, werden Weine im Sherry-Stil fast immer mit Verfahren weiterbehandelt, die den Geschmack intensivieren. Dazu gehören u. a.:

Sherry (Spanien)

Der Geschmack wird entweder durch oxidative Reifung (stärkerer brauner Sherry) oder Reifung unter speziellen Florhefen (blasserer, leichterer Fino Sherry) oder beides (Amontillado Sherry) intensiviert.

Trockener Madeira (Portugal)

Der Geschmack wird durch oxidative Reifung bei hohen Temperaturen intensiviert, bekannt als »Maderisierung« (trockene Sercial- und Verdelho-Madeiras).

Trockener Vermouth (Italien)

Wermut wird zwar selten als Wein verkauft, tatsächlich aber ist der Vermouth ein gespriteter und mit Pflanzenzusätzen wie Kräutern aromatisierter Wein.

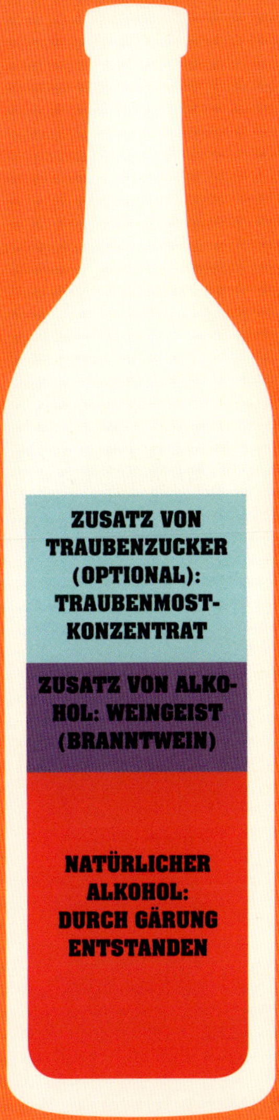

Port-Methode:

Spriten während der Gärung

Diese auch *mutage* genannte Technik ist neueren Datums und liefert nur süße Weine, die weiß oder rot sein können. Der Weingeist wird deutlich früher zugegeben, nämlich während die Gärung noch im Gang ist. Da Hefen nicht mehr als 15 % Alkohol vertragen, stoppt der Branntwein die Gärung abrupt und sorgt für einen süßen Dessertwein. Zu so bereiteten Weinen gehören u. a.:

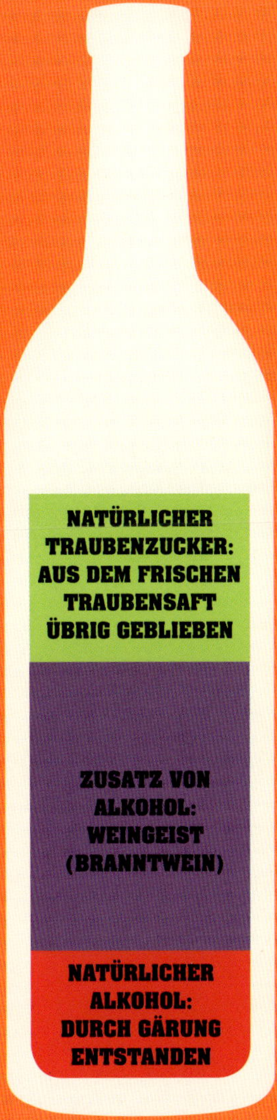

Portwein (Portugal)

Portwein ist meist rot; es gibt zwei Hauptstile. Der braunrote Tawny reift im Fass und ist nussig, während die klassischen roten Ports vor Oxidation geschützt werden und lebhafte Konfitürenoten zeigen.

Vin Doux Naturel (Frankreich)

Weiße Muscat-Weine sind süßer und werden jung genossen, rote auf Grenache-Basis wie Banyuls sind trockener und oft fassgereift.

Vino de Licor (Spanien)

Moscatel- und Pedro-Ximénez-Weine aus dem Sherry-Gebiet, bereitet aus sonnengetrockneten Trauben und dann gespritet.

Andere auf diese Weise bereitete Weine sind u. a. süßer Madeira und Moscatel aus Portugal, Marsala und süßer Vermouth aus Italien sowie Malaga und Montilla-Moriles aus Spanien.

Spezielle Stile: Schaumweine

Bei der Gärung entstehen Kohlendioxid und Alkohol, deshalb schäumen zu einem bestimmten Zeitpunkt alle Weine. Meist lässt man das Kohlendioxid entweichen, doch manche Weine schmecken besser, wenn sie sprudeln dürfen. Um die Kohlensäure dafür einzufangen, wurden besondere Methoden entwickelt, etwa den letzten Teil der Gärung in druckdichte Behälter zu verlegen.

Traditionelle Methode

Die in der Champagne entwickelte aufwendige »traditionelle Methode« wird immer noch weltweit für Schaumweine der Spitzenklasse angewendet, weil sie auf einzigartige Weise Frische mit Opulenz verbinden kann. Für einfachere Weine gibt es weniger umständliche Verfahren – einfachere Varianten der traditionellen Methode oder auch das Auslassen der Zweitgärung.

1 Bereitung des Grundweins
Ein trockener, alkoholarmer Weißwein wird erzeugt, oft aus kaum reifen roten und weißen Trauben.

2 Abfüllen und süßen
Die Flaschen mit Grundwein werden mit einer Dosis Zucker und Hefe versehen und verschlossen.

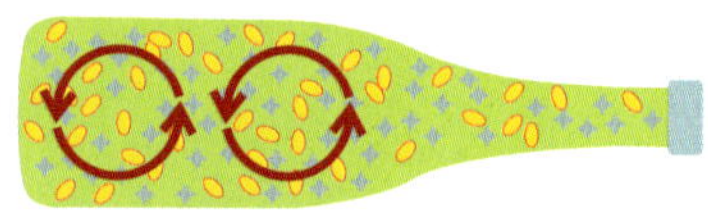

3 Zweitgärung
Die Hefe wandelt den Zucker in Alkohol und Kohlendioxid um, das sich im Wein als Kohlensäure löst.

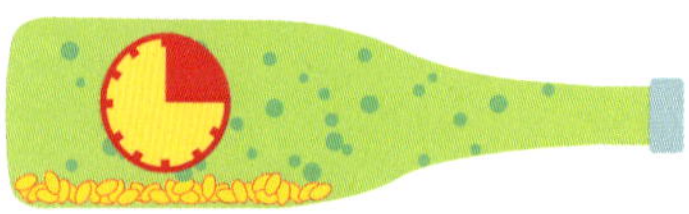

4 Reifung auf dem Hefesatz
Nach der Gärung setzt sich die Hefe als Sediment ab. Dieser Hefesatz verleiht dem Wein Brotnoten und eine vollere Textur.

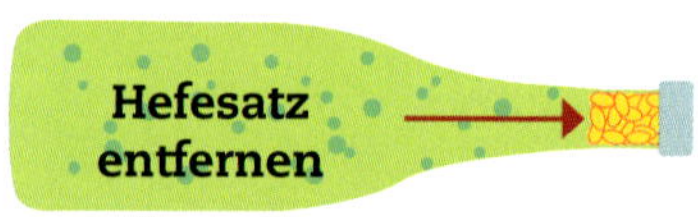

5 Klärung des Weins
Die Reifung dauert 6 Monate bis 10 Jahre, dann wird der Wein durch Kippen der Flaschen und kontrolliertes Einfrieren geklärt.

6 Auffüllen und süßen
Die Flasche wird mit Wein aufgefüllt, etwas Rohrzucker mildert den extrem trockenen Geschmack. Für Rosé-Stile wird Rotwein verwendet.

SCHAUMWEIN: PRODUKTION UND EIGENSCHAFTEN

	CHAMPAGNER-STIL	PROSECCO-STIL	ASTI-STIL
PRODUKTIONSMETHODE	Zweimal vergoren, Zweitgärung in Flaschen	Zweimal vergoren, Zweitgärung in Drucktanks	Nur einmal in Drucktanks vergoren
WICHTIGSTER FAKTOR	Geschmack und Textur werden durch lange Hefesatzlagerung voller	Jung abgefüllt, um die Frische zu bewahren	Gärung unterbrochen, um Süße zu bewahren
KOHLENSÄURE	Feine Bläschen, sehr beständige cremige Mousse	Mittlere Bläschen, beständige schäumende Mousse	Gröbere Bläschen, kurzlebige Mousse
SÜSSE	Sehr häufig trocken bis sehr trocken	Sehr häufig trocken bis leicht süß	Immer süß

Angaben zur Süße

Einer der verwirrendsten Aspekte bei Schaumweinen sind die Begriffe auf dem Etikett, die den Süßegrad anzeigen sollen. Das hat historische Gründe: Am Anfang war Champagner so stark gesüßt wie heutzutage Softdrinks. Erst mit der Zeit kam der Wunsch nach trockeneren Stilen auf – die Erzeuger gaben weniger Zucker hinein und nannten diese Weine *demi-sec* bzw. *sec*, also halbtrocken und trocken. Dann verlangten die Exportmärkte nach noch trockeneren Weinen, und so musste ein neues Wort für »trockener als trocken« gefunden werden. Man kam auf den Begriff *brut*, was so viel wie »roh« oder »ungeschliffen« bedeutet. Er bezeichnet die fast vollständige Abwesenheit von Süße.

Richtig *brut*
Brut-Weine mit kaum wahrnehmbarer Süße dominieren heute den Bereich der hochklassigen Schaumweine. Seltsamerweise sind als »extra-dry« bezeichnete Weine aber nicht trockener, wie man vermuten könnte, sondern süßer als die *brut*-Norm.

Kapitel-Checkliste

Eine Zusammenfassung der wichtigsten Punkte dieses Kapitels.

✓ Wein entsteht durch **Gärung**, ein Vorgang, bei dem lebende Hefen Traubenzucker in **Alkohol und Kohlendioxid** umwandeln.

✓ Die meisten Weine sind trocken, v. a. wenn sie über 13 % Alkohol haben, da bei der Gärung der **Traubenzucker verbraucht wird.**

✓ **Süßwein** kann durch Unterbrechen der Gärung, Konzentration der Trauben vor der Gärung oder Nachsüßen eines trockenen Weins entstehen.

✓ Weißwein kann aus **Trauben aller Farben** erzeugt werden, da die Traubenschalen vor der Gärung entfernt werden, Rote und Rosés aber nur aus **dunklen Trauben**.

✓ Weißwein schmeckt mehr nach Traubensaft und wird kalt vergoren, um den **frischen Geschmack** zu bewahren. Rotwein schmeckt mehr nach den Traubenschalen und wird warm vergoren, um Farbe, Aromen und Tannin zu extrahieren.

✓ Rosés werden zunächst wie Rote mit den **Schalen** vergoren, bald aber wieder von ihnen getrennt und wie Weißweine fertiggestellt.

✓ Weine in Eichenfässern zu vergären oder zu reifen, macht ihr **Mundgefühl** konzentrierter und voller. Wenn einige Fässer neu sind, nimmt der Wein auch **Eichennoten** an.

✓ Reifung in Eiche ist für Rotweine wichtiger als für Weiße, da sie die Rauheit der Verbindungen aus den Schalen **mildert und weicher macht.**

✓ Manche Weine werden mit Weingeist **gespritet**, der den Alkoholgehalt auf 15–20 % steigert. Viele, aber nicht alle, sind süße Dessertweine.

✓ Bei der Gärung bildet sich **Kohlendioxid**. Die meisten **Schaumweine** entstehen durch Zweitgärung eines Stillweins in einem luftdichten Gefäß, das die Bläschen im Wein hält.

DER WEINBAU

Qualität, Intensität, Terroir

Jeder Winzer wird Ihnen bestätigen, dass alles, was im Weinberg geschieht, wichtiger ist als die Vorgänge in der Kellerei. Da Wein ausschließlich aus Trauben erzeugt wird, spiegeln sich alle Faktoren, die deren Geschmack und Qualität beeinflussen, im Weinglas wider. Schon die Geografie des Landes – vom Makroklima der Region bis in die genaue Gestalt der Landschaft hinein – bestimmt zu einem großen Teil den Geschmack seiner Frucht. Doch auch die Entscheidungen, die der Winzer im Weinberg trifft, haben direkte Auswirkungen – nicht nur, zu welchem Zeitpunkt er erntet oder was er wo anpflanzt, sondern auch sein Umgang mit dem Lebenszyklus des Bodens.

Die Bedeutung der Weinberglage

Der Ort, an dem die Trauben angebaut werden, beeinflusst den Geschmack des Weins viel mehr, als es bei den meisten anderen landwirtschaftlichen Produkten der Fall ist. Alles ist von Bedeutung, vom Breitengrad bis zur Bodenstruktur, von unveränderlichen Faktoren wie der Landschaftsform bis zum stets verschiedenen Wetter zur Erntezeit.

BEKANNTE NAMEN
Die größten Weinregionen wie Kalifornien oder die Toskana erzeugen viele billige Alltagsweine, profitieren aber vom Ruf ihres Namens. Appellationen von Rang sind meist kleine, außerhalb der Weinszene unbekannte Orte wie Rutherford oder Barolo.

Das Grundkonzept

Vieles, was beim Wein verwirren kann, wird klarer, wenn man ein paar wichtige Dinge über die Bedeutung der Lage für den Weinbau weiß.

Die Appellation, die formale Herkunftsangabe eines Weins, ist das wichtigste Qualitätsmerkmal auf jedem Weinetikett.

Außergewöhnliche Weine können nur von sehr guten Weinbergen kommen. Cabernet Sauvignon beispielsweise ist zwar eine Edeltraube, doch sie braucht bestimmte Bedingungen, um ihr volles Potenzial auszuschöpfen. Deshalb heißen so viele europäische Weine nach ihrer Region, etwa Côtes du Rhône, und nicht nach der Traube, etwa Grenache.

Je kleiner eine Appellation ist, umso höher steht sie im Rang. Fast immer liefert sie auch die besseren Weine.

Die Angabe, an welchem spezifischen Ort eine Rebsorte angebaut wird, ist ein Zeichen höherer Qualität und rechtfertigt daher höhere Preise. Eine kleinere Appellation innerhalb einer größeren auszuweisen, wäre ökonomisch sinnlos, wenn sie nicht bessere, charakteristischere Weine hervorbringen könnte. In Europa gelten in den kleinsten Appellationen die strengsten Qualitätsstandards.

Kleiner und noch kleiner

Innerhalb aller größeren Weinbaugebiete – z.B. Kalifornien – werden für bessere Weinberglagen eigene kleinere Appellationen eingerichtet, um sie vom Gros abzugrenzen und aufzuwerten. Diese Unterbereiche – z.B. Napa Valley – werden mit der Zeit nach der Qualität ihrer Weine beurteilt und können, wenn sie gut genug sind, höhere Preise erzielen. Dann kann es geschehen, dass die Winzer innerhalb dieser Appellation noch kleinere Unterbereiche abgrenzen – in Napa etwa die Appellationen Rutherford oder Howell Mountain.

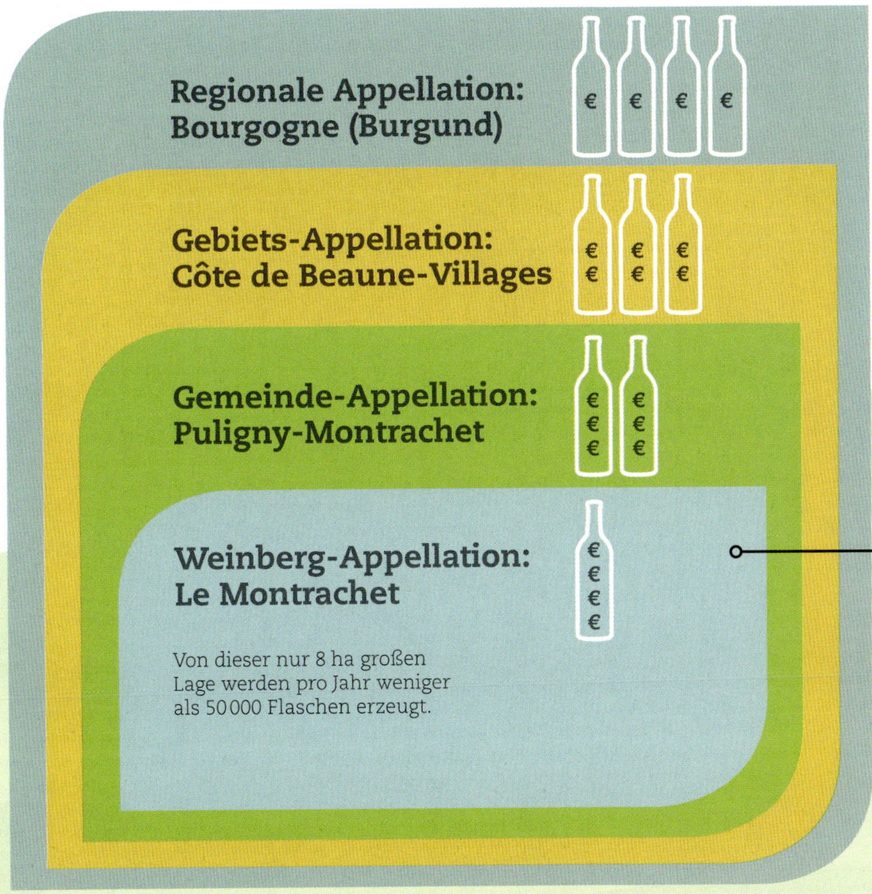

Wahre Größe im Kleinen

Die kleinsten Appellationen Burgunds, etwa Le Montrachet, genießen das größte Prestige. Sie produzieren nur winzige Mengen Wein, erzielen aber astronomische Preise – meist gerechtfertigt durch die außergewöhnliche Qualität.

APPELLATIONEN UND ORANGEN

Appellationen sind die formalen Ursprungsbezeichnungen, die den Wert der Weinberge eines Anbaugebiets anzeigen. So wie für Orangen aus Florida Höchstpreise erzielt werden, so sind auch Weine aus Bordeaux teurer als andere. Doch bei Wein-Appellationen greift das noch tiefer, wie das legendäre Dorf Margaux auf der angesehenen Médoc-Halbinsel bei Bordeaux zeigt. Historische Weinregionen haben meist die komplizierteste Appellationsstruktur. Innerhalb der regionalen Appellation Bourgogne beispielsweise gibt es über 100 weitere Appellationen verschiedener Größe. Die kleinsten sind die paar Dutzend *Grands crus* (hervorragende Einzellagen), von denen die besten Weine Burgunds stammen.

Geografie und Klima

Weinreben brauchen bestimmte Bedingungen, deshalb liegen alle Weinbaugebiete in gemäßigten Breiten mit genügend warmen Sommertagen, damit die Trauben reifen, aber auch so kalten Wintern, dass die Reben eine Ruhephase haben. Innerhalb dieser Grenzen aber gibt es jede Menge Unterschiede, die im Wein spürbar sind.

Relative Reifung

Die Geografie des Weinbergs zeigt sich im Wein in vielerlei Weise, am deutlichsten in ihrem Einfluss auf die Traubenreife (siehe S. 70ff.). In Südaustralien reifen Trauben schneller und besser als in Neuseeland, da sie näher am Äquator wachsen und nicht auf allen Seiten von kaltem Wasser umgeben sind. Die Reben an der Toskanaküste bekommen in der Wachstumsphase etwas Regen ab, während in Argentinien am Fuß der Anden fast wüstenähnliche Bedingungen herrschen.

Bodenkontrolle

In manchen Regionen muss nicht nur die Topografie stimmen, sondern auch die Geologie. Ein Beispiel: Im kühlen nordfranzösischen Chablis haben es Chardonnay-Trauben schwer, voll auszureifen, und benötigen so viel Sonne wie möglich. Selbst in Südlagen ist gutes Wetter nötig, um auch gute Weine zu bekommen. Die feinsten Chablis-Weine stammen aus den sechs besten Weinbergen, den sogenannten *Grands crus*. Alle liegen auf demselben Südhang mit besonders hellem kreidehaltigem Boden, der die Sonnenwärme von unten auf die Reben reflektiert. Diese Kombination von Gelände und Boden sorgt für erheblich bessere Traubenreife – Weine dieser Lagen schmecken anders als sonst ein Chardonnay auf dieser Welt.

Die Traube muss zur Region passen

Winzer müssen vieles bedenken, wenn sie entscheiden, welche Rebsorten wo gepflanzt werden sollen. Die in Burgund heimischen Sorten Pinot Noir und Chardonnay beispielsweise sind gut an kühle Bedingungen angepasst, während der dickschaligere Cabernet Sauvignon aus Bordeaux mehr Wärme zum Reifen braucht.

Zu hoch: zu trocken und windig

EIN PLATZ AN DER SONNE
Es ist von großer Bedeutung, wo Reben angepflanzt werden – nicht nur allgemein in Bezug auf das Land oder das Klima, sondern auch, auf welcher Seite eines Hügels sie stehen sollen.

SÜDLAGE

Pinot Noir leidet, wenn er zu heiß steht – genug Sonne zur Entwicklung der Fruchtaromen braucht aber auch er. In Burgund stammen die feinsten Weine dieser Sorte alle vom Côte d'Or (»Goldener Hang«) genannten Höhenzug, dessen Weinberge der aufgehenden Sonne zugewandt sind. Seit Jahrhunderten weiß man, dass die Lagen in der Mitte des Hangs die feinsten Weine ergeben – viele haben den Prestige-Status eines *Grand cru*. Trauben, die direkt über oder unter diesen bevorzugten Standorten wachsen, gedeihen nicht ganz so gut, weshalb diese Lagen nur in der zweitbesten Kategorie als *Premier cru* rangieren oder ganz in der größeren Gemeinde-Appellation aufgehen. Auch anderswo wird Pinot Noir nach diesem Vorbild angebaut: In kühlen Gebieten von Kanada bis Neuseeland legt man die Weinberge an sonnigen Hängen an.

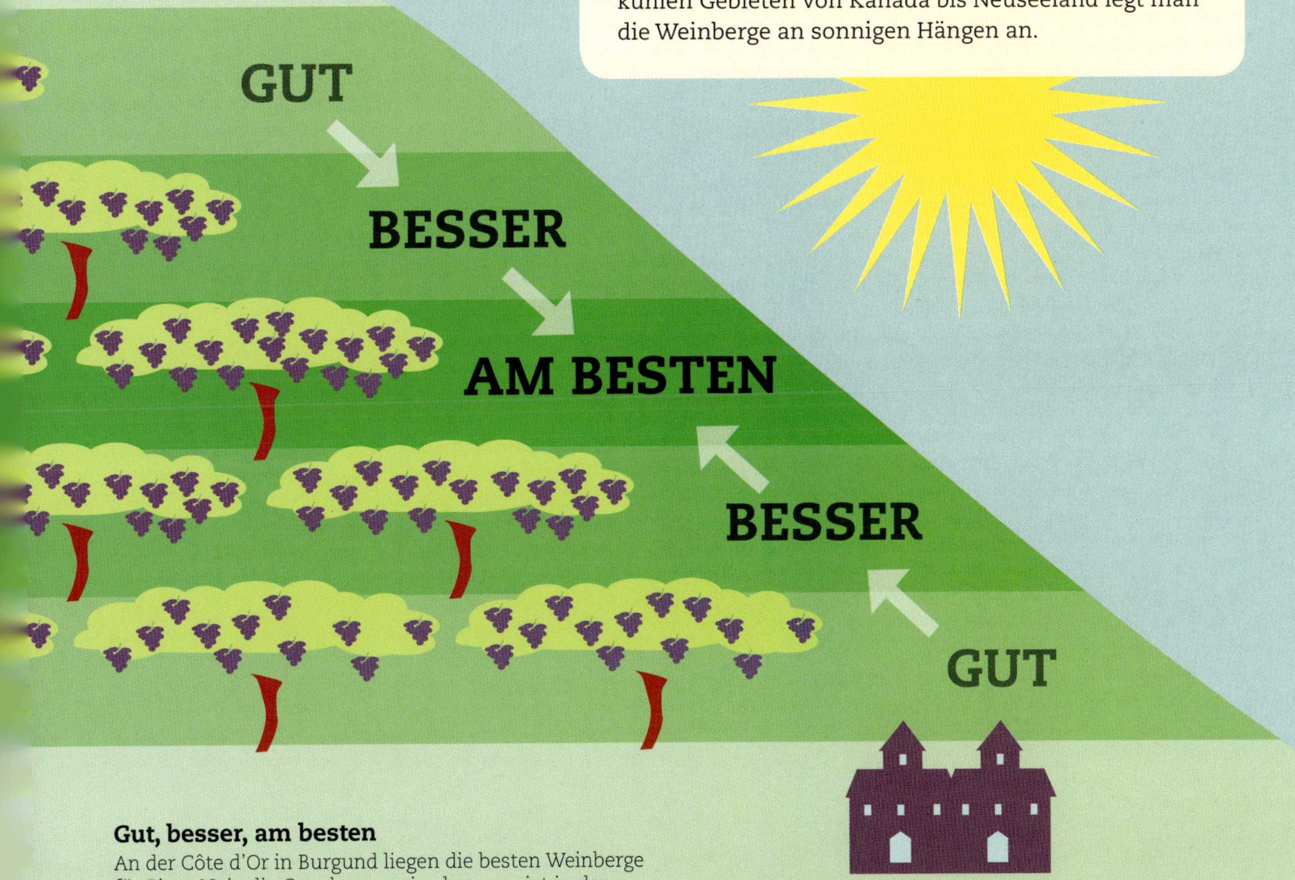

Gut, besser, am besten
An der Côte d'Or in Burgund liegen die besten Weinberge für Pinot Noir, die *Grands crus*, wie oben gezeigt in der Mitte des Hangs, eingerahmt von den »guten« Lagen der Gemeinde-Appellation und den »besseren« *Premiers crus*.

Der Einfluss des Terroir

Je nach Geografie und Klima können also Weine der gleichen Rebsorte in einer Region ganz anders schmecken als in einer anderen. Doch es geht noch tiefer: Selbst kleinere Unterschiede im Gelände und in der Bodenzusammensetzung wirken sich auf die Traubenreife und somit auf den Geschmack aus.

Was ist Terroir?

Über seine Grundbedeutung hinaus steht *terroir* (Französisch für Gegend, Boden) in der Weinwelt für alle Eigenschaften, die ein Wein aus seiner Herkunft bezieht – quasi der »Geschmack der Heimat«. Terroir wird oft mit »erdigen« oder »mineralischen« Noten in Verbindung gebracht, zeigt sich aber auch in der Art der Reife, der Textur und des Abgangs eines Weins. Dem Normalverbraucher erschließt sich das Terroir oft nicht, während manche Profis sogar den Weinberg am Geschmack erkennen können. Wäre Wein Musik, würde man das Terroir weniger in Melodien oder Arrangements finden als etwa in der speziellen Akustik eines Konzertsaals oder Tonstudios – Liebhaber könnten es auch aus Aufnahmen unterschiedlicher Künstler heraushören.

Dass der Boden eine wichtige Rolle beim Weingeschmack spielt, weiß man schon seit Jahrhunderten. Inzwischen ist auch bekannt, dass es von der Art des Anbaus abhängt, wie stark das Terroir in einem Wein zum Ausdruck kommt. Ganz sind die Zusammenhänge noch nicht klar, doch sicher spielen die Ökosysteme in der Umgebung der Rebe ein Rolle, insbesondere die mikrobiologische Aktivität im Boden. Klar ist auch, dass Chemikalien wie Herbizide das Terroir im Wein unterdrücken. Diese Zusammenhänge bringen immer mehr Spitzenerzeuger dazu, sich dem biologischen Weinbau zuzuwenden.

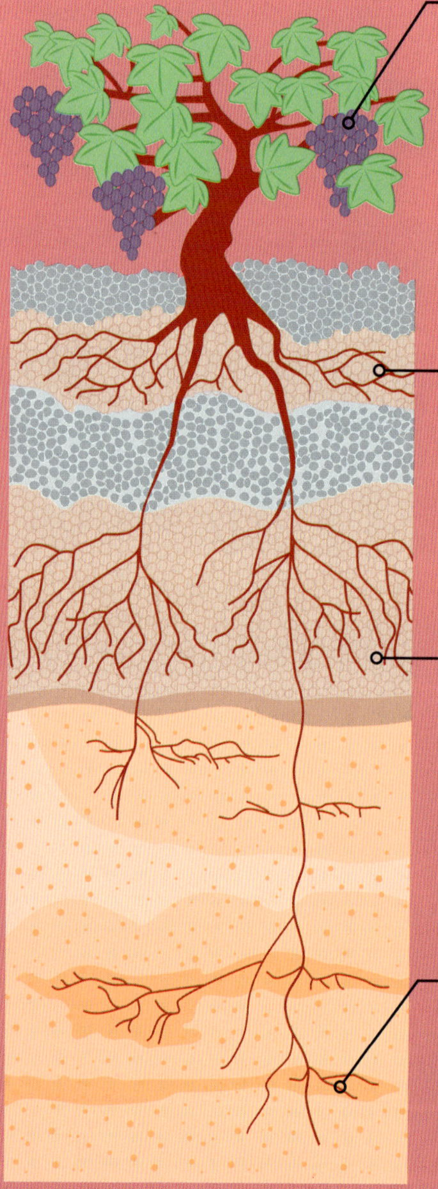

Die Umgebung schmecken
Die Böden und Ökosysteme im Weinberg sind wichtige Qualitätsfaktoren beim Weinbau, deren Wirkungen man im Glas schmecken kann.

MIKROBEN BEI DER ARBEIT

Mikrobiologische Vorgänge können großartige Aromen hervorbringen, das zeigen Rohmilchkäse wie Roquefort oder Gruyère. In der Alten Welt pflegt man diese nicht ganz geruchlosen Traditionen der Wein- und Käseherstellung, weshalb erdige Terroir-Noten in europäischen Weinen hohes Ansehen genießen. In der Neuen Welt sieht man Mikroben aller Art dagegen als Bedrohung an. Weine von dort zeigen oft eine blitzsaubere Frucht, v. a. im unteren Preissegment.

Die Bedeutung des Bodens

Der Begriff von Terroir – dass die Bedingungen des Weinbergs im Wein zu schmecken sind – lehrt uns viel darüber, wie die Weinwelt tickt. Die komplizierten Appellationssysteme und Weinbergklassifikationen sind alles Versuche, die Weine nach ihrem Terroir zu organisieren.

Ein gutes Beispiel für die Bedeutung des Bodens findet sich in Bordeaux. Cabernet Sauvignon liefert dort Spitzenweine, doch seine dickschaligen Trauben brauchen viel Sonne, um auszureifen. Deshalb gedeiht diese Sorte viel besser auf den gut drainierten Kiesböden am »linken Ufer« des Flusses als auf den Tonböden anderswo. Nicht zufällig entfielen in der 1855 vorgenommenen Klassifikation der Spitzenweingüter von Bordeaux, der sogenannten *Grand-cru*-Klassifikation, 90 Prozent auf vier nebeneinander gelegene Médoc-Gemeinden mit Kiesboden.

Auf den Tonböden liefert der früher reifende Merlot verlässlichere Weine. Sie sind allerdings weniger hoch angesehen und werden häufig als Alltagsweine unter der Regional-Appellation Bordeaux verkauft.

VIELE BEDEUTUNGEN

Im engeren Sinn steht Terroir für die Individualität eines Weinbergs, die sich im Wein ausdrückt. Im weiteren Sinn ist das Terroir einer Region die Gesamtheit all ihrer geschmacksrelevanten Faktoren – darunter Klima, Landschaft und Boden.

Linkes Ufer: Médoc
Warme, trockene Kiesböden fördern die Reife: ideal für Cabernet Sauvignon.

Rechtes Ufer: Bordeaux
Kühle, feuchte Tonböden hemmen die Reife: besser geeignet für Merlot.

Weinbau: Masse oder Klasse?

Selbst innerhalb derselben Appellation werden Trauben für einfache Alltagsweine ganz anders angebaut als solche für Super-Luxus-Weine. Handwerklich bereitete Weine schmecken anders als Weine für den Massenmarkt – aus dem gleichen Grund, aus dem Tomaten aus dem eigenen Garten anders schmecken als Supermarkttomaten.

EIN PLATZ FÜR REBEN

Flaches, fruchtbares Land ist produktiv und für Traktoren geeignet – ideal, wenn man hohe Erträge erzielen möchte. Steile, karge Lagen machen mehr Mühe und bringen weniger Ertrag, doch die Trauben erbringen bessere und meist auch alterungswürdigere Weine.

Massen- und Qualitätswein

Wer Qualitätsweinbau betreibt, bewirtschaftet seine Rebflächen nach ganz anderen Prinzipien als ein Massenweinproduzent, insbesondere in Bezug auf die Produktivität. Massenerzeuger kaufen ihre Trauben bei Weinbauern, die auf maximale Effizienz setzen, um konkurrenzfähig zu sein – mit Kunstdünger, Bewässerung und regelmäßigem Spritzen versuchen sie, bei geringem Kostenaufwand möglichst viel zu ernten. Ehrgeizige Erzeuger dagegen arbeiten mit der Hand und bauen ihre Trauben oft selbst an. Da große Ernten mit weniger intensiven Aromen einhergehen, wird der Ertrag pro Rebe absichtlich klein gehalten und der Chemikalieneinsatz auf ein Minimum beschränkt.

GUTES VOM EIGENEN GUT

Erzeuger haben mehr Kontrolle über die Qualität, wenn sie ihre Trauben selbst anbauen und ihren Wein selbst abfüllen. Eine solche Gutsabfüllung erkennt man auf Etiketten der Neuen Welt z.B. an dem Begriff *estate bottled*, in Europa ist die Angabe regional unterschiedlich: *domaine* in Burgund, *château* in Bordeaux, *tenuta* in der Toskana. Wenn bei den Angaben zum Erzeuger oder Abfüller im Kleingedruckten kein Hinweis auf eigenes Land oder Traubenanbau zu finden ist, wurde der Wein aus zugekauften Trauben erzeugt.

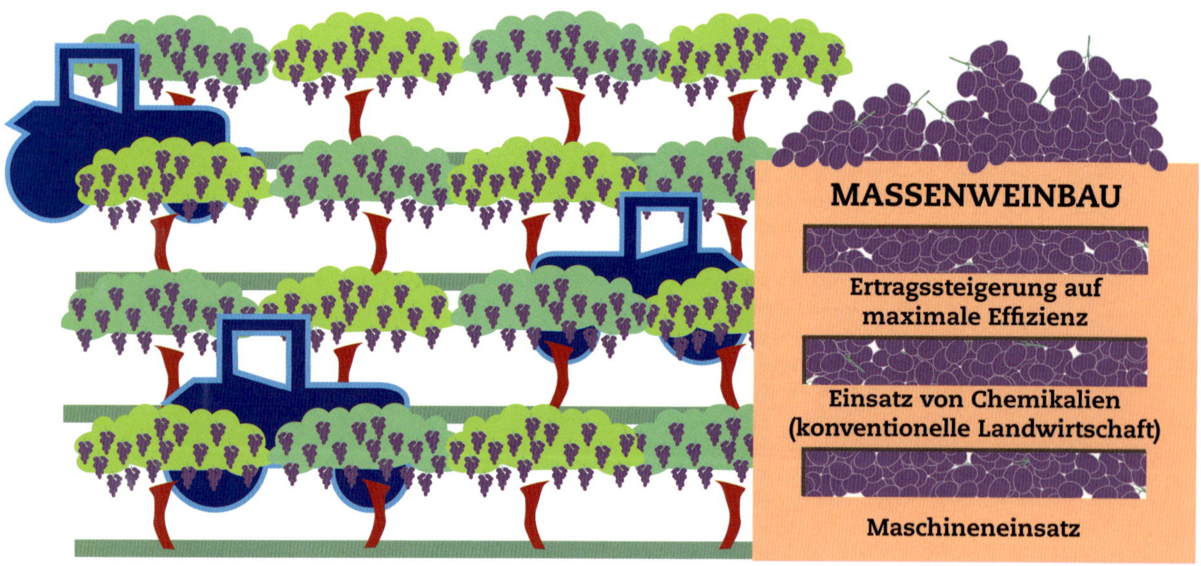

Formen der Landwirtschaft

Vor der industriellen Revolution war alle Landwirtschaft »biologisch«. Heute werden zur Steigerung der Produktivität standardmäßig Kunstdünger und Fungizide, Herbizide und Pestizide eingesetzt – im Weinbau ebenso wie in der konventionellen Landwirtschaft. Es ist aber auch schon lange bekannt, dass es die Weinqualität verbessern kann, diese Mittel zu reduzieren oder ganz wegzulassen.

Nicht alle hochklassigen Weine werden von biologisch angebauten Trauben erzeugt. Doch je feiner der Wein ist, umso wahrscheinlicher ist es auch, dass er möglichst natürlich angebaut wurde. Manche Erzeuger lassen sich als Bioweingüter zertifizieren, andere gehen sogar noch weiter und halten die erheblich strengeren Standards des biologisch-dynamischen Landbaus ein. Es gibt zwar Stimmen, die den biodynamischen Weinbau eher für Aberglauben als für wissenschaftlich begründet halten – die Ergebnisse jedoch sprechen für sich selbst. Auf diese Weise produzierte Weine zeigen durchweg mehr Individualität, mehr Terroir und einen längeren Abgang – alles Eigenschaften, die Sammler feiner Weine schätzen. Da nachhaltiger Weinbau aber sehr aufwendig ist, findet man diese Weine leider fast nur in den oberen Preisklassen.

WAS HEISST HIER BIO?

»Biowein« als gesetzlich definierten Begriff gibt es erst seit 2012 – vorher durfte, zumindest in der EU, nur die Bezeichnung »Wein aus ökologisch hergestellten Trauben« aufs Etikett gedruckt werden. Vorschriften zur ökologischen Landwirtschaft gab es zwar auch davor schon, nicht aber zur Weinbereitung, in der z.B. Schwefel als Mittel zur Stabilisierung traditionell eine wichtige Rolle spielt. In der neuen Bioweinverordnung sind nun auch hierfür niedrige Grenzwerte festgelegt.

Ertragsmengen begrenzen

Weinreben können besser für die Reifung ihrer Trauben sorgen, wenn sie weniger davon tragen müssen. Der Zuckergehalt der Trauben mag auch bei hohen Erträgen für die Weinbereitung ausreichen, doch Aromen und andere Komponenten wie Säure sind oft schwach oder unausgewogen. Wenn ein Erzeuger die Qualität steigern will, muss er die Menge reduzieren – mit ein Grund, warum feine Weine oft so teuer sind.

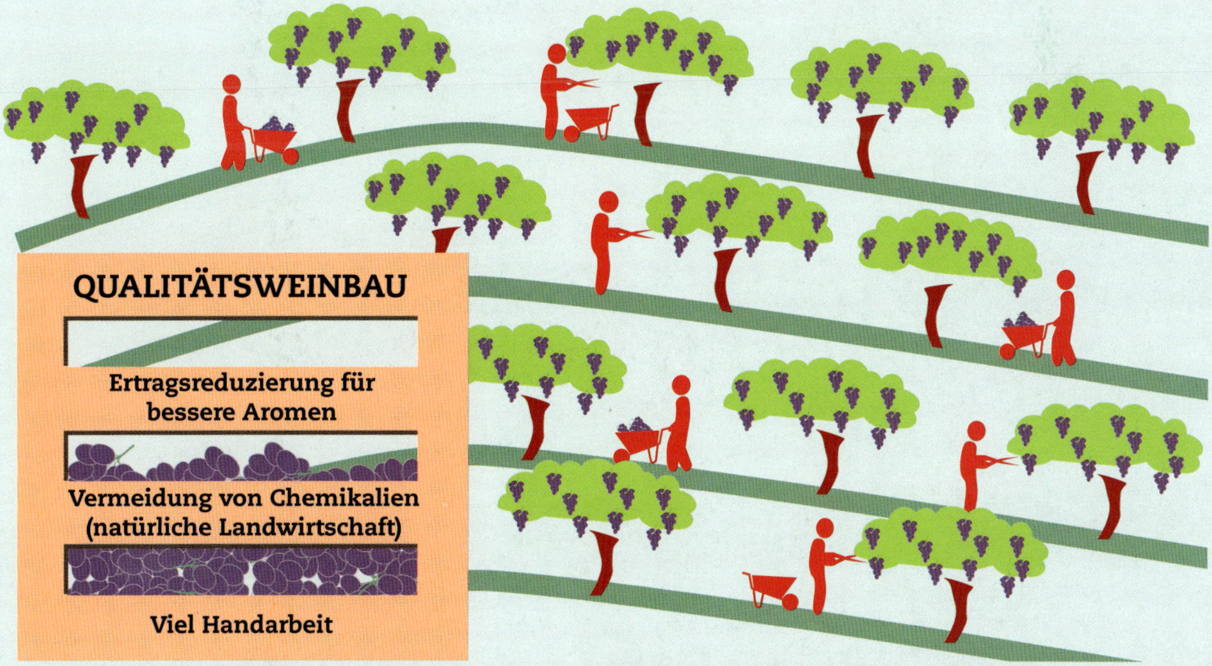

DIE VERKOSTUNG

Die Einflüsse des Weinbergs

Vergleichen Sie Weine verschiedener Appellationen und Qualitätsstufen zu Hause

Vergleichen Sie diese vier Weine, um eine Vorstellung davon zu bekommen, wie Lage und Weinbereitungsmethoden den Stil beeinflussen.

1 Denken Sie daran, dass beide Weinpaare jeweils von derselben Rebsorte bereitet sind und aus derselben Region kommen. Der erste Wein ist aber immer ein allgemeinerer, nicht so teurer Stil aus einer größeren Appellation, der zweite ein anspruchsvollerer Premium-Wein aus einem kleineren Unterbereich.

2 Beachten Sie, trotz einer gewissen grundsätzlichen Ähnlichkeit, die bessere Reife und Intensität der Weine 2 und 4. Auch das ausgeprägtere Aromaprofil sollte zu erkennen sein. Erschwingliche Weine aus größeren, »generischen« Appellationen haben oft einen milderen Geschmack, einen kürzeren Abgang und weniger Individualität als hochklassige Weine aus kleineren, prestigeträchtigeren Appellationen.

Weine der gleichen Rebsorte können ganz unterschiedlich schmecken, wenn ihre Trauben aus anderen Gebieten stammen oder anders angebaut wurden.

Zum Beispiel …

Französischer Mâcon Blanc, alternativ auch Mâcon-Villages oder ein einfacher Bourgogne Blanc

Erkennen Sie …?

Wenig Zucker/trocken; säurebetont; geringe Fruchtintensität; keine Eichennote; mittlerer Alkohol/mittelschwer; einfach, süffig, erfrischend

Erklärung

Unter großen regionalen Appellationen abgefüllte Weine können ganz köstlich und sehr erfrischend sein. Außergewöhnlich gute Lagen sind aber nicht zu erwarten, zudem können die Weine aus allen Teilen der Region zusammengestellt sein.

Zum Beispiel …

Französischer Pouilly-Fuissé oder ein anderer weißer Burgunder der Oberklasse, etwa Meursault oder Chassagne-Montrachet

Erkennen Sie …?

Wenig Zucker/trocken; mittlere Säure/frisch; mittlere Fruchtintensität; milde Eichennote; mehr Alkohol/schwerer; reichhaltiger, intensiv, aromatisch

Erklärung

Weine aus kleinen, spezifischen Appellationen wie dieser burgundischen Gemeinde-Appellation haben mehr Qualitätspotenzial und sind oft deutlich intensiver. Dies gilt v. a. in Europa, wo in kleineren Appellationen striktere Vorschriften gelten.

Zum Beispiel …

Kalifornischer Pinot Noir, alternativ ein billiger Shiraz aus dem Weinbaugebiet Southeast Australia

Erkennen Sie …?

Blassere Farbe; wenig Zucker/trocken; mittlere Säure/frisch; mittlere Fruchtintensität; milde Eichennote; mittlerer Alkohol/mittelschwer; jung, einfach, süffig

Erklärung

In der Neuen Welt gibt es weniger Vorschriften für den Weinbau, doch auch dort sind Weine sehr großer Appellationen wie Kalifornien meist Verschnitte aus Gebieten mit geringem Renommee. Sie können erfreulich sein, Tiefe und Komplexität sind nicht zu erwarten.

Zum Beispiel …

Pinot Noir aus den Gebieten Carneros, Russian River oder Sonoma Coast; alternativ ein hochklassiger australischer Barossa Shiraz

Erkennen Sie …?

Dunklere Farbe; wenig Zucker/trocken; mittlere Säure/frisch; hohe Fruchtintensität; kräftigere Eichennote; mehr Alkohol/schwerer; dichter, aromatisch, komplex

Erklärung

Gebiete mit idealen Bedingungen sind oft eigene kleine Appellationen. Sie liefern charaktervollere Weine, die höhere Preise erzielen, deshalb können die Erzeuger die Erträge senken und die Qualität weiter steigern.

Kapitel-Checkliste

Eine Zusammenfassung der wichtigsten Punkte dieses Kapitels.

✓ Die wichtigste **Qualitätsangabe** auf einem Weinetikett ist die **Appellation**, d.h. die formale Ursprungsangabe.

✓ Kleinere Appellationen produzieren fast immer **bessere Weine** als größere.

✓ In großen Weinregionen wie Burgund oder Kalifornien werden die besten Weinbaugebiete zu eigenen **kleineren Appellationen**, um ihre Weine von der Masse abzugrenzen.

✓ Die **Geografie des Weinbergs**, einschließlich Klima und Geländeform, wirkt sich deutlich auf die **Traubenreife** aus.

✓ Reben werden in der Regel nur an für sie **geeignete Orte** gepflanzt.

✓ Geografische und klimatische Unterschiede sorgen dafür, dass Weine derselben Sorte von einer Region zu anderen **ganz anders schmecken**.

✓ Der französische Begriff **Terroir** steht dafür, dass die Herkunft eines Weins in ihm erkennbar wird – sozusagen der **»Geschmack der Heimat«**.

✓ Für Weinberge für **Massenweine** und solche für **Qualitätsweine** gelten unterschiedliche Prioritäten in Bezug auf ihre **Produktivität** und die **Art der Bewirtschaftung**.

✓ Die Trauben für sehr feine Weine werden häufig **so natürlich wie möglich** und mit minimalem Einsatz von Chemikalien angebaut. Die Weine haben meist einen längeren Abgang und einen **individuelleren Geschmack.**

✓ Weine aus großen **»generischen« Appellationen** sind oft weniger intensiv, kürzer im Abgang und nicht so individuell wie hochklassige Gewächse. Sie **kosten** aber auch **weniger**.

KULTURELLE PRIORITÄTEN

Geschichte, Tradition, Innovation

Weine aus verschiedenen Ländern schmecken unterschiedlich, aber nicht nur aus geografischen Gründen. Der Mensch spielt ebenfalls eine große Rolle, denn er bereitet den Wein so, wie er ihn haben möchte – und das kann in verschiedenen Kulturen auch verschiedene Resultate hervorbringen. Einige Mysterien der Weinwelt erklären sich aus der historischen Entwicklung des Weinbaus in Europa und seiner späteren weltweiten Verbreitung in der Kolonialzeit. Trotz aller Globalisierung kann man immer noch recht deutlich erkennen, ob ein Wein aus der Alten oder der Neuen Welt stammt – in ihnen spiegeln sich nicht nur die historischen Unterschiede wider, es werden auch andere gastronomische Anforderungen gestellt.

Alte Welt oder Neue Welt?

Eine Unterscheidung, die fast alle Fachleute in ihre Einschätzung von Wein einbeziehen, ist die zwischen Weinen aus Europa – der Alten Welt – und jenen aus Amerika und der Südhalbkugel, die gemeinsam als die Neue Welt bezeichnet werden.

Stilistische Unterschiede

Diese Begriffe mögen archaisch klingen, sind im Weinhandel aber nach wie vor relevant. Europäische Weine werden nicht nur nach ganz eigenen Regeln etikettiert (siehe S. 52–53), sie haben auch typische Geschmackseigenschaften, mit denen man bereits rechnen kann, noch bevor der Korken gezogen wurde. Selbst wenn sie von der gleichen Rebsorte und nach den gleichen Verfahren bereitet sind, folgen Weine aus der Alten Welt einem anderen geschmacklichen Muster als solche aus der Neuen Welt.

Geschmacksprofil der Alten Welt

- »Traditioneller« – darauf ausgelegt, als Begleiter zum Essen am besten zu schmecken
- Leichtgewichtiger/weniger Alkohol
- Weniger Süße (bei trockenen Stilen)
- Säurereicher
- Subtilerer und erdigerer Fruchtcharakter
- Mildere Eichennote (wenn mit Eiche)
- Rauere Tannine (nur Rote)

Geschmacksprofil der Neuen Welt

- »Moderner« – darauf ausgelegt, am besten für sich allein zu schmecken
- Schwerer/mehr Alkohol
- Mehr Süße (bei trockenen Stilen)
- Säureärmer
- Mächtigerer und üppigerer Fruchtcharakter
- Kräftigere Eichennote (wenn mit Eiche)
- Weichere Tannine (nur Rote)

WEINNATIONEN

Viele Länder erzeugen Wein, doch global wird der Weinmarkt dominiert von Frankreich, Italien, Spanien, Deutschland, Portugal und Österreich in der Alten Welt, plus den USA, Australien, Argentinien, Chile, Südafrika, Neuseeland und Kanada in der Neuen Welt.

DIE WELT DES WEINS

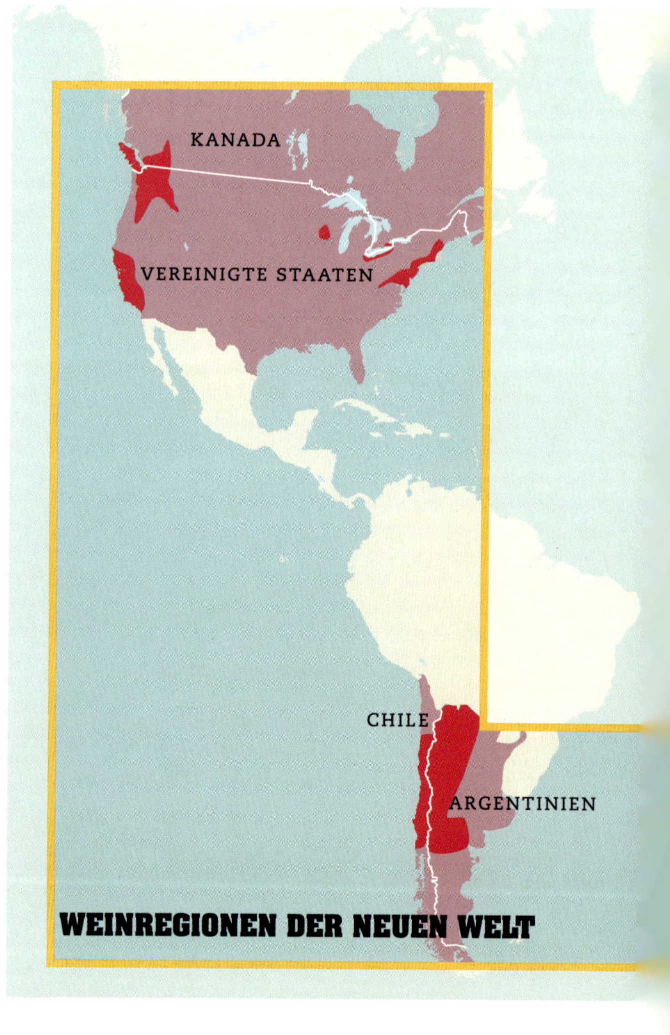

Weitere Variablen

Diese deutlichen Unterschiede, die gegenüber aufgelistet sind, rühren nicht von den verwendeten Rebsorten her, denn alle Trauben für Qualitätsweine sind europäischen Ursprungs. Zwei andere Variablen wirken sich auf den Weingeschmack aus: die Umgebung des Weinbergs und die Entscheidungen der Menschen, die den Wein bereiten.

Geografie und Klima des Orts

Vergleicht man die Weinbaugebiete der Alten und der Neuen Welt, in denen die gleichen Rebsorten wachsen, so ist es in den Regionen der Alten Welt fast immer kühler und wolkenreicher, weshalb die Trauben in Europa häufig nicht so reif werden. Die Regionen der Neuen Welt sind beträchtlich sonniger, wärmer und trockener, woraus eine höhere Traubenreife resultiert.

Geschichte und Kultur der Menschen

Wegen ihrer jahrhundertealten Tradition zielen Weine der Alten Welt oft noch auf überkommene Werte ab, etwa lange haltbar zu sein und zur lokalen Küche zu passen. In der Neuen Welt macht man Weine aus einem Geist der Innovation heraus und verlässt sich mehr auf moderne Technik. Man möchte Konsumenten schon beim ersten Schluck überzeugen und Weinkritiker beeindrucken.

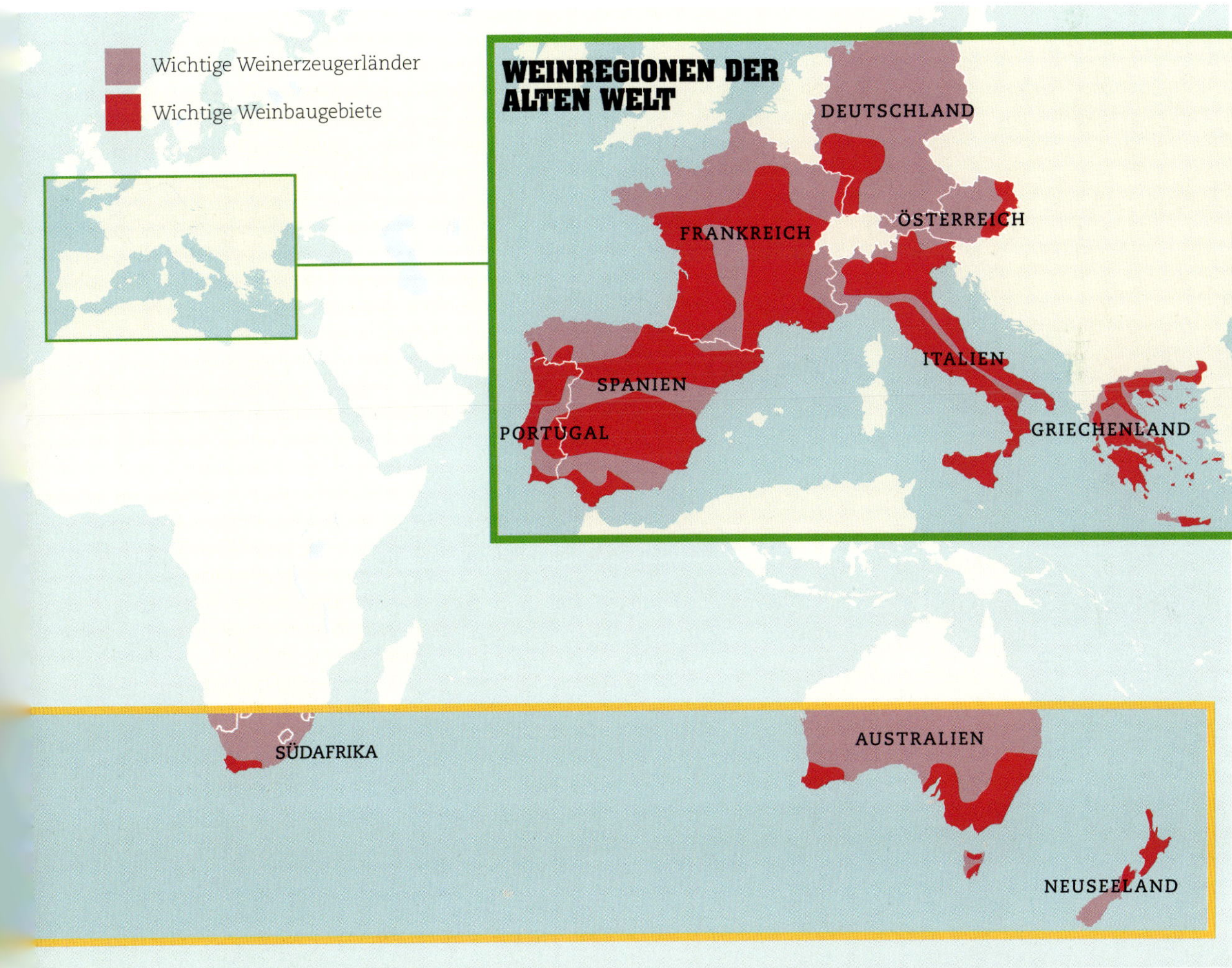

Weingeschichte in Europa

Wein, so wie wir ihn heute kennen, hat sich in Europa entwickelt – wie auch praktisch alle weltweit verwendeten Rebsorten vom alten Kontinent stammen. Deshalb lohnt es sich, einen Blick in die Geschichte zu werfen.

Der Weg der Verfeinerung

Mittelmeerländer wie Italien und Spanien haben die älteste Weinbautradition, die weiteste Verbreitung einheimischer Sorten und mengenmäßig immer noch die größte Produktion. Die qualitativ besten Weine aber kamen historisch aus Gebieten weiter nördlich, etwa Frankreich und Deutschland, wo ein paar spezielle Rebsorten wenige, aber feinere Weine lieferten. Diese Verfeinerung, die sich im Mittelalter herausbildete, war von zwei Faktoren bestimmt: den Umweltbedingungen und einer sozioökonomischen Komponente:

- Die Weinqualität wird unter herausfordernden Bedingungen – kühles Klima, steinige Hänge – besser, da der Ertrag der einzelnen Rebe sinkt (siehe S. 160–161).
- Die einfachen Bauern des Mittelalters hätten wohl wenig davon gehabt, Zeit, Land und Mühe für die Verbesserung der Weinqualität aufzuwenden – Frankreichs mächtige Klöster aber verfügten über diese Mittel.

GANZ OHNE TECHNIK

Europas Weinbautraditionen haben sich lange vor der industriellen und technologischen Revolution etabliert. Die Landwirtschaft war mangels Alternativen »Bio«, die Weinbereitung gründete sich auf jahrhundertealte Erfahrung, nicht auf ein Verständnis der komplexen Chemie der Gärung. Bevor Weine gekühlt oder stabilisiert werden konnten, mussten sie so trocken und lagerfähig bereitet werden wie möglich. Und da man Wein in der Regel nur zum Essen trank, setzten sich Stile durch, die zur lokalen Küche passten, auch wenn sie beim ersten Schluck etwas sauer erschienen.

WEINBAU: ZEITLEISTE

um 8000 v. Chr.

Die ersten Trauben wurden in der Kaukasusregion, im heutigen Georgien zu Wein verkeltert. Diese Praxis gelangte in der Steinzeit über das Schwarze Meer in den Mittelmeerraum, wo sie von den alten Kulturen – von den Phöniziern bis zu den Griechen – über alle Küsten des Mittelmeers verbreitet wurde, meist an Orte, wo auch Oliven wuchsen. In diesen Gebieten mit milden Wintern und warmen, trockenen Sommern zeigten sich die Reben am produktivsten und am einfachsten zu kultivieren. Wein und Olivenöl entwickelten sich zu Alltagszutaten der mediterranen Küche.

um 100 v. Chr. bis um 200 n. Chr.

Erst als die Römer Mitte des 1. Jahrhunderts v. Chr. nach Norden vorstießen, wurden auch in kühleren Zonen Reben gepflanzt. Die Olivenhaine machten Eichenwäldern Platz, der Weinbau wurde mühevoller: Weniger Sommerwärme bedeutete, dass die Frucht nicht mehr so leicht reifte. Nur bestimmte Sorten konnten sich an die kühleren Bedingungen anpassen; sie lieferten die besten Weine, wenn sie in sonnigen Lagen wuchsen. In den kühleren Weinbergen im Norden produzierten die Reben oft weniger Frucht, doch mit der Zeit stellte sich heraus, dass ihre Weine konzentrierter waren und weniger leicht verdarben.

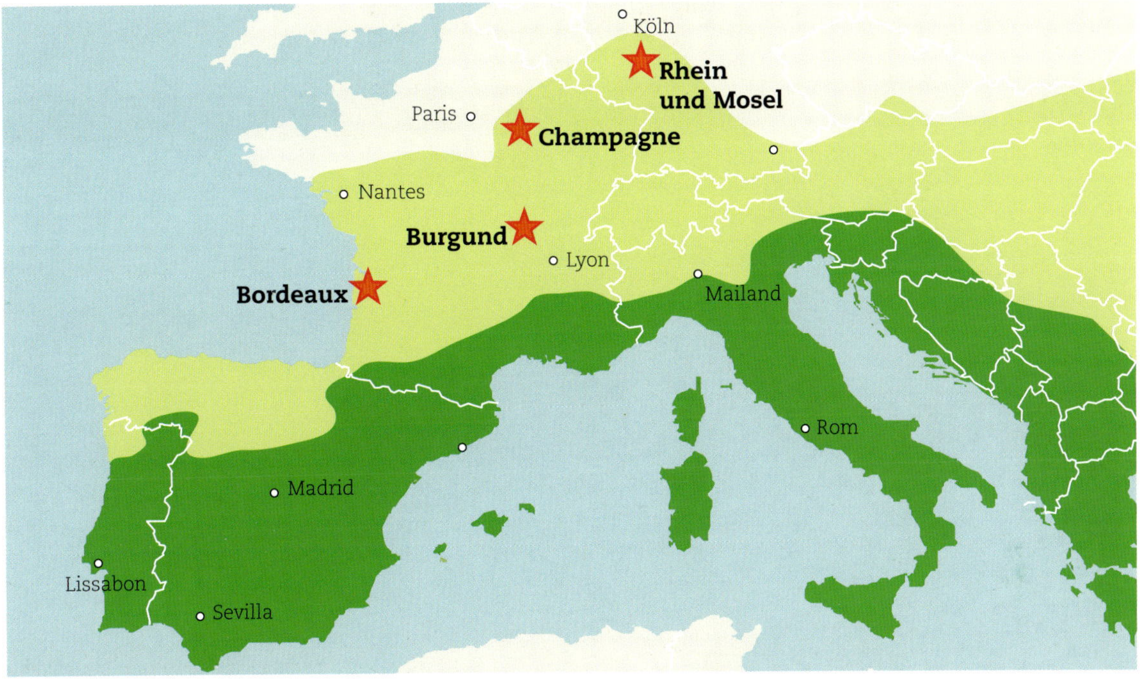

Qualität ersetzt Quantität

In vorrömischer Zeit wurde nur in Südeuropa Wein erzeugt, wo Reben leicht gedeihen und viel Ertrag bringen. Bessere Weine kamen später aus kühleren Gegenden, nahe der nördlichen Grenze, bis zu der der Weinstock existieren kann. Reben, die ums Überleben kämpfen müssen, erbringen weniger Ertrag und deshalb bessere Weine.

- Rebflächen in vorrömischer Zeit
- Verbreitungsgebiet der Weinrebe
- Wichtige Weinregion

5. bis 11. Jahrhundert n. Chr.

Kaum einem Weinbauern dürfte es eingefallen sein, mehr zu arbeiten, nur um bei unsicheren Wetterbedingungen weniger Wein zu produzieren. Die Qualität über die Quantität zu stellen, hätte sich wohl nie über ein paar elitäre Zirkel der herrschenden Klassen hinaus verbreitet, wenn Europa im Mittelalter nicht christianisiert worden wäre. Als Symbol des Blutes Christi beim Abendmahl bekam Wein einen hervorgehobenen Status. Einige der einflussreichsten Mönchsorden des Mittelalters hatten ihre Klöster in Burgund. Dort begann der Wandel des Weins vom bäuerlichen Alltagsgetränk zu einem eleganten Luxusprodukt.

12. bis 15. Jahrhundert

Viele der modernen Methoden des Weinbaus und der Weinbereitung gehen auf Praktiken der Zisterzienser- und Benediktinermönche im mittelalterlichen Burgund zurück. Ihr großes Wissen beruhte auch darauf, dass sie ihre Erfolge und Fehlschläge niederschrieben. Überall, wo Mitglieder dieser einflussreichen Orden hingingen, brachten sie auch ihre auf Qualität ausgelegte Weintradition mit. Vor allem in Gegenden, wo Reben gediehen, aber nicht Riesenerträge wie im Mittelmeerraum lieferten, waren sie erfolgreich. Gegen Ende des Mittelalters waren Regionen wie Burgund und Bordeaux für ihre hervorragenden Weine berühmt.

Frankreich und seine Weinikonen

Die Franzosen waren zwar nicht die Ersten, die Wein erzeugten, aber sie strebten als Erste in großem Stil nach Qualität. Jahrhundertelang konnte Frankreich seinen großen Vorsprung bei Qualitätsweinen ausbauen und musste – mit Ausnahme der deutschen Weißweine – bis ins 19. Jahrhundert hinein keine Konkurrenz fürchten. Über 500 Jahre lang schaute deshalb jeder, der bessere Weine erzeugen wollte, nach Frankreich.

Das Maß aller Dinge

Fast alle Qualitätsweine außerhalb Europas werden von Trauben erzeugt, die aus Frankreich stammen, und richten sich nach berühmten französischen Vorbildern wie weißem Burgunder, rotem Bordeaux und schäumendem Champagner. Selbst in Ländern wie Italien, Spanien, Portugal und Griechenland, die mit eigenen Rebsorten reich gesegnet sind, werden für die besten Weine in der Regel französische Techniken angewandt, und viele reifen in französischen Eichenfässern. Einige werden sogar mit französischen Sorten wie Cabernet Sauvignon »verbessert«, in Verschnitten mit toskanischem Sangiovese ebenso wie mit kastilischem Tempranillo. Und als die Weingesetze in der Europäischen Union vereinheitlicht wurden, stand das auf Qualität ausgerichtete französische Modell Pate: Benennung der Weine nach ihrer Herkunft, Vorschriften für zugelassene Rebsorten und Höchsterträge sowie Einrichtung formaler Hierarchien auf Basis der Weinqualität.

Sechs Weinregionen in Frankreich sind viel einflussreicher als der Rest, und drei von ihnen nehmen in der gesamten Weinwelt eine beherrschende Stellung ein: Burgund, Bordeaux und die Champagne haben globale Bedeutung, da ihre Weine die Archetypen sehr vieler hochklassiger Weine weltweit darstellen. Alle Chardonnay- und Pinot-Noir-Weine folgen dem Vorbild aus Burgund, jeder Cabernet Sauvignon und Merlot dem aus Bordeaux. Und jeder Schaumwein erweist in irgendeiner Weise dem Champagner seine Ehre.

Die drei anderen Regionen – Rhône-Tal, Loire-Tal und Elsass – sind vielleicht nicht ganz so bekannt, besitzen aber international ebenfalls große Bedeutung, da sie die Archetypen für Weine wie Shiraz (Syrah), Sauvignon Blanc und Pinot Grigio (Pinot Gris) stellen.

SECHS FRANZÖSISCHE REGIONEN UND IHRE WEINIKONEN

Eine bedeutende Menge der besten Weine der Welt ist inspiriert von relativ wenigen französischen Weinen – ihre Ursprungsregionen und Rebsorten sind hier aufgelistet.

BURGUND: Chardonnay, Pinot Noir

BORDEAUX: Cabernet Sauvignon, Merlot, Malbec, Sauvignon Blanc

CHAMPAGNE: schäumende Verschnitte von Chardonnay und Pinot Noir

RHÔNE-TAL: Verschnitte von Syrah (alias Shiraz), Viognier und Grenache (alias Garnacha)

ELSASS: Pinot Gris (alias Pinot Grigio), Riesling, Pinot Blanc

LOIRE-TAL: Sauvignon Blanc, Chenin Blanc, Cabernet Franc

FRANKREICHS SECHS GROSSE WEINREGIONEN

Wein wird an vielen Orten Frankreichs angebaut, doch sechs Regionen haben auf dem globalen Weinmarkt besondere Bedeutung: Burgund, Bordeaux, die Champagne, das Rhône-Tal, das Loire-Tal und das Elsass.

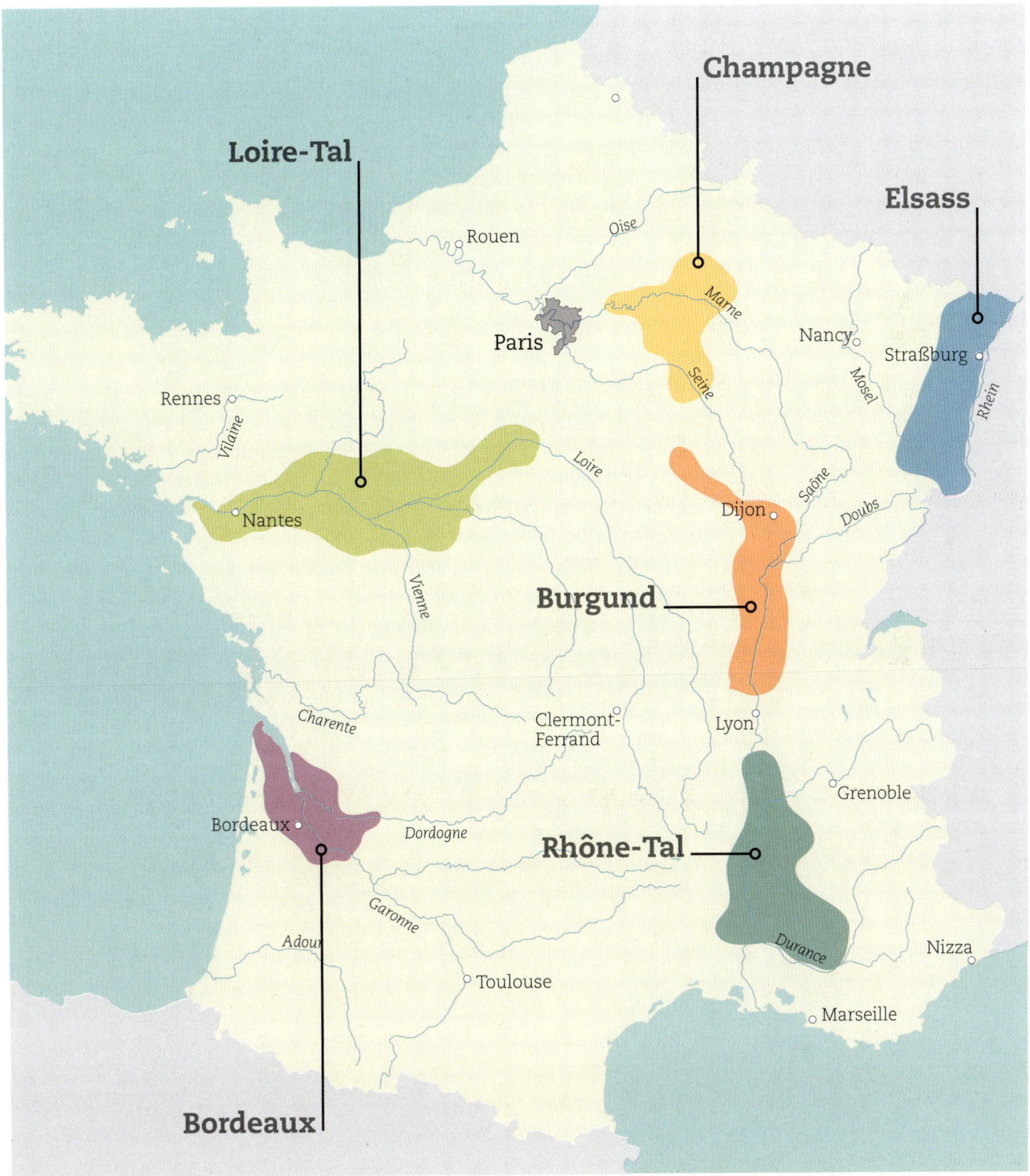

Weinbau in den Kolonien

Mit der Kolonisierung erreichte der Weinbau auch Amerika und die Südhalbkugel. Deshalb sind diese Länder vergleichsweise Neulinge, insbesondere in Bezug auf Qualitätswein. Erst seit den 1960er- oder 1970er-Jahren können die Weine der Neuen Welt mithalten – doch dann lösten sie einen globalen Weinboom aus, der die Art, wie Wein erzeugt und verkauft wird, auf revolutionäre Weise veränderte.

MODERNER, WENIGER TRADITIONELL
Im Allgemeinen haben Weine der Neuen Welt eher »moderne« Eigenschaften, die sie von den eher »traditionellen« Weinen Europas abgrenzen.

Notwendigkeit und Erfindung

Die frühen Winzer der Neuen Welt waren Pioniere auf Neuland. Sie kamen aus Europa und arbeiteten zunächst mit europäischen Methoden, doch da sie völlig andere Bedingungen vorfanden – klimatisch, technisch, aber auch in Bezug auf ihre Produktmärkte –, schmeckten auch ihre Weine völlig anders. Wenn Weine der Alten Welt eher leichter und milder, schlanker und erdiger sind, zeigen sich die Weine der Neuen Welt üppiger und schwerer, reifer und fruchtiger. Die Rebflächen der Neuen Welt liegen nicht nur in wärmeren Gebieten, die Weine sind auch viel mehr auf sofortige Wirkung ausgelegt, während die Weine der Alten Welt sich mehr am Essen orientieren und länger haltbar sein sollen.

WEINBAU: ZEITLEISTE

16. bis 18. Jahrhundert

Schon bald wurden ertragsstarke Rebsorten von Europa in die Kolonien gebracht. In einigen Regionen scheiterten erste Versuche, etwa in Nordamerika, wo *Vinifera*-Sorten einer örtlichen Insektenplage nicht standhielten. Doch auch dort, wo die Reben gediehen, blieben die Weine noch lange bescheiden. Erst mit wachsendem Wohlstand begannen ehrgeizige Winzer, sich an bekannteren Trauben aus französischen Regionen wie Bordeaux und Burgund zu versuchen, um die Qualität zu heben. Manche frühen Experimente gelangten auch wegen ihres Qualitätspotenzials bald zu Ansehen, etwa die Süßweine aus der Region Constantia in Südafrika.

19. bis Mitte des 20. Jahrhunderts

Die meisten Weinberge der Neuen Welt wurden in warmen, sonnigen Regionen wie Kalifornien und Südaustralien angelegt, wo Überreife und Dürre größere Gefahren darstellten als Unreife und Regen. Die Erzeuger mussten improvisieren und wandten sich mangels eigener Weinbautraditionen der Wissenschaft und Technik zu. Produziert wurden meist einfache Alltagsstile, und wirtschaftlich gesehen war es vordringlich, die Produktion zu steigern und effektiver zu machen. Innovationen bei Bewässerung, Mechanisierung und Chemikalieneinsatz im Weinberg wurden eingeführt und weithin akzeptiert. Doch auch die Weine der qualitätsorientierten Weingüter wurden in dieser Zeit sprunghaft besser.

Die Eroberung der Neuen Welt

In der Kolonialzeit wurden weit und breit europäische *Vitis-vinifera*-Reben angebaut. Sie gediehen in den neuen Gebieten aber oft nicht sofort, weshalb jahrhundertelang in den meisten Ländern keine konkurrenzfähigen Qualitätsweine entstanden.

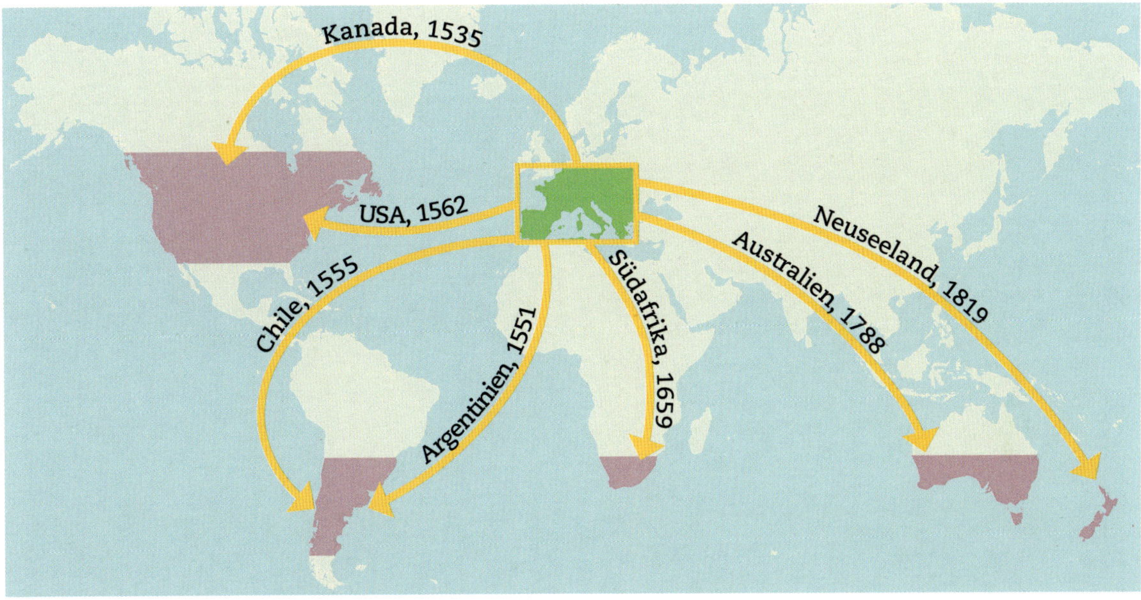

Ende des 20. Jahrhunderts

In der Nachkriegszeit gewannen die Weine der Neuen Welt rasch an Qualität; schon in den 1980er-Jahren konnten es die besten mit ihren französischen Vorbildern aufnehmen. Doch sie hatten ein eigenes, fruchtigeres Geschmacksprofil, das wegen der besseren Traubenreife oft kräftiger und üppiger ausfiel. Hier spielte natürlich die unterschiedliche Geografie eine Rolle, aber auch die andere Weinbau- und Weinbereitungspraxis, die viel mehr auf moderne Technik setzte. Zudem konnten die Weine der Neuen Welt nicht wie in Europa auf einen langen Stammbaum verweisen und mussten deshalb auf Anhieb überzeugen – nicht erst beim Essen.

Anfang des 21. Jahrhunderts

Durch den heutigen globalisierten Weinmarkt ändern sich die Stile weiter. Die einstigen großen Unterschiede zwischen Alter und Neuer Welt beginnen mehr und mehr zu verschwimmen. Europäische Erzeuger bringen reifere, trinkfertigere Weine hervor, um mit den Emporkömmlingen aus Übersee Schritt zu halten, umgekehrt gibt es in Amerika und auf der Südhalbkugel einen Trend hin zu frischeren Weinen, die besser zum Essen passen. Alles in allem aber kann man von der Neuen Welt immer noch eine stärkere Betonung des ersten Eindrucks und von der Alten Welt mehr Zurückhaltung und den Bezug zu Speisen erwarten.

DIE VERKOSTUNG

Die Stile der Alten und der Neuen Welt

Vergleichen Sie europäische und internationale Weine zu Hause

Der Vergleich dieser Weine soll Ihnen eine Vorstellung davon geben, wie unterschiedliche geografische und kulturelle Einflüsse Weine hervorbringen, die trotz gleicher Rebsorte ganz anders schmecken.

HAUPTUNTERSCHIEDE

Weine der Neuen Welt sind oft moderner: reifer, fruchtiger und ausgelegt, auf Anhieb zu beeindrucken. Europäische Weine sind eher traditionell: schlanker, trockener und als Essensbegleiter konzipiert.

Zum Beispiel …

Sauvignon Blanc aus dem Loire-Tal, etwa Sancerre, Pouilly-Fumé, Touraine oder Quincy; alternativ weißer Bordeaux ohne Eichennote

Erkennen Sie …?

Sehr wenig Zucker/sehr trocken; sehr säurebetont; mittlere bis geringe Fruchtintensität; keine Eichennote; wenig Alkohol/leicht; erkennbarer »erdiger« Duft nach feuchten Blättern und Steinen.

Französischer Stil

Sauvignon Blanc reift in Nordfrankreich kaum aus; die Weine sind streng und machen sich als Essensbegleiter am besten.

Zum Beispiel …

Sauvignon Blanc aus Neuseeland; alternativ aus Chile oder eine amerikanische Version aus Kalifornien oder Washington

Erkennen Sie …?

Wenig Zucker/trocken; säurebetont; mittlere bis hohe Fruchtintensität; keine Eichennote; mittlerer Alkohol/mittelschwer; sehr »fruchtiger« Duft nach frischen tropischen Früchten.

Neuseeländischer Stil

Auch Neuseeland erzeugt kühlklimatischen Sauvignon Blanc ohne Eichennote, aber in einem viel moderneren Stil: reifer und auch ohne Essen gut zu genießen.

Zum Beispiel …

Primitivo (alias Zinfandel) aus dem süditalienischen Apulien; alternativ ein französischer Bourgogne/Pinot Noir.

Erkennen Sie …?

Sehr wenig Zucker/sehr trocken; sehr säurebetont; mittlere Fruchtintensität; milde Eichennote; mittlerer Alkohol/mittelschwer; erkennbarer »erdiger« Duft nach getrockneten Blättern oder Wurzelgemüse.

Süditalienischer Stil

Süditaliens Winzer möchten, dass ihre Weine zu Fischgerichten passen, darum wird früh gelesen, um die lebhafte Säure zu bewahren.

Schlank gegen üppig

Beide Weinpaare sind jeweils von der gleichen Rebsorte und auf ähnliche Weise bereitet. Immer aber wird der europäische Wein im Stil »traditioneller« sein: leichter und schlanker, trockener und säurereicher, mit eher erdigen und weniger fruchtigen Aromen. Der Wein der Neuen Welt wird schwerer und reifer sein, mit etwas mehr Restsüße und weniger Säure, dafür ist eine Eichennote wahrscheinlicher. Der Duft wird, auch bei trockenen Weinen, süße Noten enthalten.

Zum Beispiel...

Roter Zinfandel (alias Primitivo) aus einer beliebigen kalifornischen Region; alternativ ein kalifornischer Pinot Noir.

Erkennen Sie...?

Eher wenig Zucker/trocken bis halbtrocken; mäßige Säure/frisch; hohe Fruchtintensität; kräftige Eichennote; viel Alkohol/schwer; sehr »fruchtiger« Duft nach Konfitüre oder Backpflaumen.

Amerikanischer Stil

Die in Kalifornien als Zinfandel bekannte Sorte wird hier ganz anders behandelt als in Italien, da der Wein auf Anhieb überzeugen soll. Dazu wird auch eher Rind- oder Lammfleisch mit süßen Saucen serviert.

Kapitel-Checkliste

Eine Zusammenfassung der wichtigsten Punkte dieses Kapitels.

✓ Selbst wenn sie von der gleichen **Rebsorte** und nach den gleichen **Methoden** bereitet werden, schmecken Weine der Alten und der Neuen Welt oft verschieden.

✓ In Europa (der Alten Welt) werden Trauben häufig in **kühleren Regionen** angebaut und erreichen deshalb oft keinen hohen **Reifegrad**.

✓ Weinbauregionen der Neuen Welt sind oft viel **sonniger, wärmer und trockener** und liefern daher leichter Trauben mit hoher Reife.

✓ Weine der Alten Welt zielen oft auf traditionelle Ideale ab, etwa dass sie **gut altern** und **zu lokalen Gerichten passen**.

✓ Die durch **Innovation** geprägten und mehr auf **Technik** beruhenden Weine der Neuen Welt sollen in der Regel auf Anhieb einem **globalen Publikum** gefallen und **Weinkritiker** beeindrucken.

✓ Das mediterrane Südeuropa hat die älteste **Weinbaugeschichte**. Dort werden auch noch die meisten **einheimischen Traubensorten** angebaut und der meiste Wein erzeugt.

✓ Die Franzosen waren die Ersten, die in großem Stil **systematisch auf Weinqualität setzten**. Über 500 Jahre lang waren sie das Vorbild für alle, die die **Qualität ihrer Weine verbessern** wollten.

✓ Sechs **Weinbaugebiete in Frankreich** sind viel **einflussreicher** als der Rest: Burgund, Bordeaux, die Champagne, das Rhône-Tal, das Loire-Tal und das Elsass.

✓ Der Weinbau kam nach **Amerika und auf die Südhalbkugel**, als diese Gebiete **von den Europäern kolonisiert** wurden. Es sind relative **Neulinge** in der Weinwelt, insbesondere in Bezug auf Qualitätswein.

REBSORTEN UND REGIONEN

Wer mit den wesentlichen Zusammenhängen in der Welt des Weins vertraut ist, sollte einen Schritt weiter gehen und sich den Hauptakteuren zuwenden. Das sind die Rebsorten und Regionen, also die Rohstoffe und die Orte der Weinerzeugung. Sie haben den größten Einfluss darauf, wie ein Wein schmeckt. Sie wissen nun bereits etwas darüber, wie sich die Traubenreife auf die Aromen auswirkt und wie Geografie und Kultur die Weinbereitung beeinflussen, nun sollten Sie sich die wichtigsten Trauben und Weinbaugebiete einzeln ansehen.

Dutzende von Rebsorten und Hunderte von Appellationen sind für Weintrinker von Bedeutung. Man muss sich aber nicht mit allen befassen, außer man möchte Wein zu seinem Beruf machen. Die zehn wichtigsten Rebsorten allerdings sind so beliebt und so einflussreich, dass sie einen genaueren Blick verdienen. Auch über die wichtigsten Weinregionen der Welt sollte jeder, der Wein mag, etwas wissen, zumindest ganz allgemein. Schließlich sind nur ein paar Dutzend Gegenden auf dieser Welt mit den richtigen Bedingungen gesegnet, die großartige Weine möglich machen. Da Sie ja nun Experte sind, werden Sie alle kennenlernen wollen.

Finden Sie all die Trauben und Regionen, die Ihrem Geschmack entsprechen.

DIE WICHTIGSTEN REBSORTEN

Die Top Ten der Trauben

Es gibt Tausende von Rebsorten, doch an der überwältigenden Menge der modernen Weine sind nur ein paar Dutzend beteiligt. Von diesen haben einige wenige aufgrund ihrer Qualität und Beliebtheit absoluten Promi-Status erreicht: Sorten wie Chardonnay und Riesling, Pinot Noir und Cabernet Sauvignon. Frankreich war der Pionier beim Qualitätswein, darum sind die meisten dieser »Top-Trauben« auch französischen Ursprungs. Heute nennt man sie mit Fug und Recht »international«, da sie praktisch überall angebaut werden. Viele moderne Weine werden nach ihrer Rebsorte etikettiert, deshalb sollte man die »Global Player« auf jeden Fall kennen.

Rebsorten

Viele verschiedene Reben wachsen auf der Erde, doch Wein wird fast nur von der aus Eurasien stammenden Spezies *Vitis vinifera* erzeugt. Die Trauben, deren Namen auf den Etiketten zu lesen sind – wie Chardonnay oder Shiraz – sind alles Sorten dieser Art. Man kann Traubensorten mit Hunderassen vergleichen: Alle gehören zur selben Art, ihnen wurden aber bestimmte Eigenschaften angezüchtet. Man kann Rebsorten züchten, die Tafeltrauben liefern oder die sich für die Weinbereitung eignen, für Rot- oder für Weißweine, für Widerstandsfähigkeit gegen harte Winter oder gegen trocken-heiße Sommer.

Massenträgersorten

Es gibt Tausende Rebsorten, doch nur einige Dutzend haben für die Weinbereitung wirtschaftliche Bedeutung. Von diesen stehen zehn am häufigsten auf Weinetiketten. Es handelt sich aber keineswegs um die weltweit am häufigsten angebauten Trauben – dies sind meist Massenträgersorten wie Airén und Cinsaut, die zur Herstellung von Fasswein oder Weinbrand gebraucht werden. Auch fehlen viele Sorten auf der Liste, die in ihren Heimatregionen großartige Weine hervorbringen, sich anderswo aber nicht durchsetzen konnten – etwa Tempranillo oder Chenin Blanc.

TOP TEN DER REBSORTEN

Zu dieser Spitzengruppe – hier genannt in beliebiger Reihenfolge – zählen nur die berühmtesten Trauben, der Jetset der Weinwelt. Ihre Namen sieht man auf den meisten Etiketten, da sie enorm populär sind und überall auf der Welt angebaut werden.

Weißweintrauben

- Chardonnay
- Sauvignon Blanc
- Riesling
- Pinot Grigio/Pinot Gris
- Moscato

Rotweintrauben

- Cabernet Sauvignon
- Merlot
- Pinot Noir
- Syrah/Shiraz
- Grenache/Garnacha

BERÜHMTER IN ÜBERSEE

Warum haben die Namen europäischer Trauben einen größeren Bekanntheitsgrad, wenn sie in der Neuen Welt angebaut werden? In Europa benennt man Weine traditionell nach ihrer Herkunft; die Rebsorte ist nicht immer mit angegeben. In Amerika und der südlichen Hemisphäre dagegen druckt man mit Vorliebe die Rebsorte vorne aufs Etikett. Sangiovese beispielsweise ist in Italien zwar die Rebsorte Nummer 1, bekannt sind aber viel eher die Namen seiner berühmten Weine wie Chianti oder Brunello di Montalcino. Umgekehrt ist Malbec zum Begriff geworden, weil die argentinischen Erzeuger ihre Weine mit dem Namen dieser Sorte etikettieren.

Warum Trauben?

Man kann aus jeder Frucht Wein machen, doch Trauben eignen sich am besten, da sie den süßesten Saft haben. Reife Weintrauben enthalten mindestens 20 % vergärbaren Zucker und über 70 % Wasser, was für die Herstellung eines alkoholischen Getränks ideal ist.

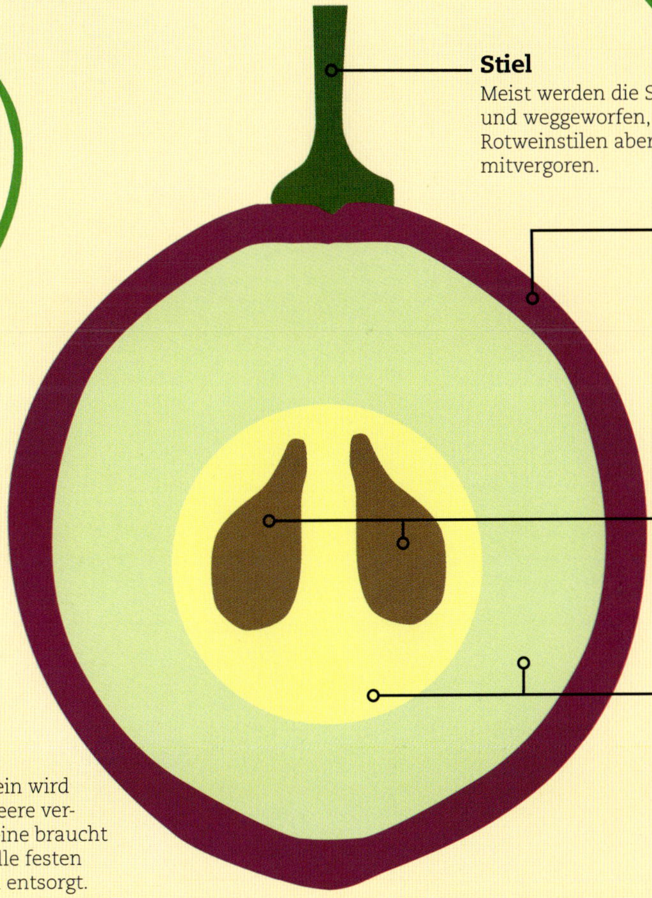

Stiel
Meist werden die Stiele entfernt und weggeworfen, bei manchen Rotweinstilen aber werden sie mitvergoren.

Schale
In der Schale sitzen Farbstoffe und Tannine, beide sind sehr wichtig für die Rotweinbereitung. Auch die meisten Aromastoffe befinden sich hier oder im direkt angrenzenden Fruchtfleisch.

Kerne
Die Kellermeister bemühen sich, die Kerne unbeschädigt zu lassen, damit ihre Bitterstoffe nicht in den Wein gelangen.

Fruchtfleisch
Drei der Hauptkomponenten für die Weinbereitung trägt das Fruchtfleisch: vergärbaren Zucker, erfrischende Säure und reichlich Wasser.

Saftige Frucht
Für Rot- und Roséwein wird jeder Teil der Weinbeere verwendet. Für Weißweine braucht man nur den Saft, alle festen Bestandteile werden entsorgt.

Chardonnay

An Beliebtheit kann sich keine andere Traube mit Chardonnay messen. Er liefert einige der vollsten, kräftigsten Weißweine der Welt, ohne an Finesse zu verlieren. Sie sind fast immer trocken, nur einige Massenmarken kokettieren mit ein wenig Süße. Die Rebe kann sich unterschiedlichen Klimata gut anpassen, weshalb jedes Weinland auch immer etwas Chardonnay produziert.

WEISSWEINTRAUBE

AROMAFAMILIE: APFEL

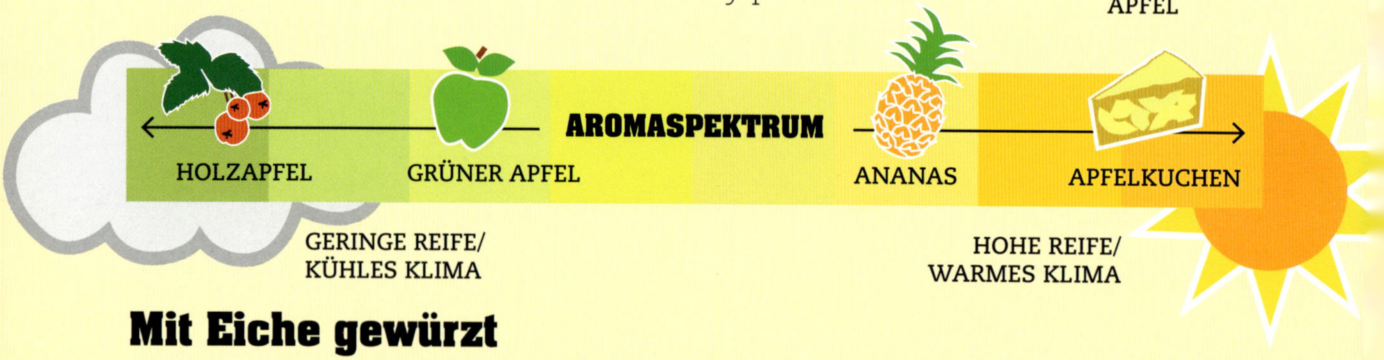

Mit Eiche gewürzt

Chardonnay ist im Geschmack eher zurückhaltend. Die Erzeuger erweitern sein Aromaspektrum deshalb gern, indem sie ihn in neuer Eiche vergären. Für eine positive Wirkung bedarf es dazu allerdings vollreifer Trauben, weshalb man Eichennoten am deutlichsten in den schwersten Weinen aus heißen Gebieten findet. Chardonnays aus der Neuen Welt sind so häufig eichenholzwürzig, dass viele glauben, die an Toast und Cognac erinnernden Aromen gehörten zur Traube, was nicht der Fall ist. Chardonnay ohne Eichennote kann knackig und mild sein wie Pinot Grigio.

DIE STILPALETTE VON CHARDONNAY

Ungeachtet unterschiedlicher Stile und Herkunftsgebiete fallen Weine dieser Sorte in die folgenden sensorischen Kategorien.

	SCHWACH	MITTEL	STARK
Farbe	Weiß	n. v.	n. v.
Farbtiefe	Blass	Mäßig	Dunkel
Süße	Trocken	Halbtrocken	n. v.
Säure	Weich	Frisch	Säurebetont
Fruchtintensität	Verhalten	Mittel	n. v.
Eichennote	Keine	Fein	Kräftig
Gewicht/Körper	Leicht	Mittelschwer	Voll

EIN KRAFTPAKET

Rotweine haben normalerweise mehr Gewicht und Eichennoten als Weiße, aber Chardonnay kann bei beidem mithalten. Seine Weine werden (anders als die meisten Weißen) nicht nur häufig selbst in Eiche ausgebaut, sie sind auch sonst üppiger: Chardonnay kann mehr Zucker produzieren als andere weiße Trauben, ohne seine frische Säure zu verlieren – da geht der Alkoholgehalt kräftig nach oben.

Abstammung

Heimat des Chardonnay ist die französische Region Burgund, wo schon im Mittelalter Qualitätsweinbau betrieben wurde. Alle weißen Burgunder sind reinsortige (100%) Chardonnays. Edler weißer Burgunder ist das Vorbild, an dem sich Erzeuger weltweit messen. In wärmeren Gebieten der Neuen Welt wie Kalifornien und Australien wird die Traube reifer und liefert mächtige, opulent fruchtige Weine, die sehr beliebt und am Namen der Rebsorte auf dem Etikett leicht zu erkennen sind. Aus kühlen Regionen wie Neuseeland und Kanada kommen leichtere, frischere, eher an Burgund erinnernde Weine.

ANDERE GUTE REGIONEN FÜR CHARDONNAY

① USA	Kalifornien: Sonoma, Santa Barbara, Monterey Andere Staaten: Washington, Oregon, New York
② AUSTRALIEN	South Australia: Adelaide, Padthaway Andere Staaten: Victoria, New South Wales, Western Australia
③ CHILE	Casablanca-Tal, Maipo-Tal, Aconcagua
④ SÜDAFRIKA	Coastal Region, Stellenbosch, Cape South Coast
⑤ NEUSEELAND	Hawke's Bay, Gisborne, Marlborough
⑥ KANADA	Niagara Peninsula, Okanagan Valley

☆ ARCHETYP: WEISSER BURGUNDER, FRANKREICH

In kühlen Gebieten und einfachen Appellationen meist ohne Eichennote: Bourgogne Blanc, Mâcon-Villages, Chablis, St-Véran, Viré-Clessé

In wärmeren hochklassigen Appellationen meist fassvergoren: Meursault, Puligny-Montrachet, Pouilly-Fuissé, Chassagne-Montrachet

Chardonnay ist auch eine der drei Trauben der benachbarten Champagne: *Blanc de blancs* ist reinsortiger Chardonnay.

Das Goldkind der Weine
Weinerzeuger mögen Chardonnay aus vielerlei Gründen. Die Reben können sich gut auf verschiedene klimatische Bedingungen einstellen, die golden angehauchten Trauben liefern exzellente Weine in vielen Stilen, und der Name Chardonnay genießt weltweit hohes Ansehen.

Sauvignon Blanc

WEISSWEINTRAUBE

AROMAFAMILIE: KRÄUTER

Weine von Sauvignon Blanc sind dank ihrer scharfen Säure und dem typischen durchdringenden Duft grüner Nahrungsmittel – Kräuter, Gemüse oder sogar grüne Früchte, von der Limette zur Honigmelone – leichter zu erkennen als die meisten anderen Weißweine. Sauvignon-Blanc-Weine sind enorm beliebt, nicht zuletzt, weil sie gute Qualität zu vernünftigen Preisen bieten.

Zwei Stile

Sauvignon Blanc ist meist mittelschwer und trocken, es gibt aber zwei verschiedene Stile. Am bekanntesten ist das kühlklimatische Modell der Loire, das in der neuseeländischen Variante besonders populär geworden ist: säurebetonte Weine mit Zitrusnote und ohne Eichenton. Wo mehr Reife möglich ist, etwa in Kalifornien, folgen Spitzenweine manchmal dem Modell aus Bordeaux. Der Einsatz von Eiche und der Verschnitt mit Sémillon macht diese »wilde« Traube runder und weicher und ergibt fülligere Weine mit weniger scharfer Säure, die nicht so »grün« schmecken.

DIE STILPALETTE VON SAUVIGNON BLANC

Ungeachtet unterschiedlicher Stile und Herkunftsgebiete fallen Weine dieser Sorte in die folgenden sensorischen Kategorien.

	SCHWACH	MITTEL	STARK
Farbe	Weiß	n.v.	n.v.
Farbtiefe	Blass	n.v.	n.v.
Süße	Trocken	n.v.	n.v.
Säure	n.v.	Frisch	Säurebetont
Fruchtintensität	n.v.	Mittel	Üppig
Eichennote	Keine	Fein	n.v.
Gewicht/Körper	Leicht	Mittelschwer	n.v.

WILDE REBE

Der Name Sauvignon kommt möglicherweise vom französischen Wort *sauvage* (wild) – entweder wegen der Ähnlichkeit der Sorte mit Wildreben oder wegen der ungestümen Wildheit des Dufts der Weine. In jedem Fall ging der Name auch auf den Abkömmling dieser Traube über, auf die berühmte Rotweinsorte Cabernet Sauvignon.

Abstammung

Ursprünglich kommt Sauvignon Blanc aus Bordeaux an der französischen Atlantikküste, wo er den Hauptanteil für trockenen Bordeaux Blanc und weißen Graves stellt. Aber auch weiter nördlich, an der oberen Loire, baut man schon seit Jahrhunderten Sauvignon Blanc an. Die säurebetonten Weine von dort, aus Appellationen wie Sancerre und Pouilly-Fumé, haben das internationale Profil der Sorte geprägt. Sauvignon Blanc wird in den meisten Weinregionen weltweit in gewissem Umfang angebaut, richtig eingeschlagen aber hat er vor allem in Neuseeland und in den USA.

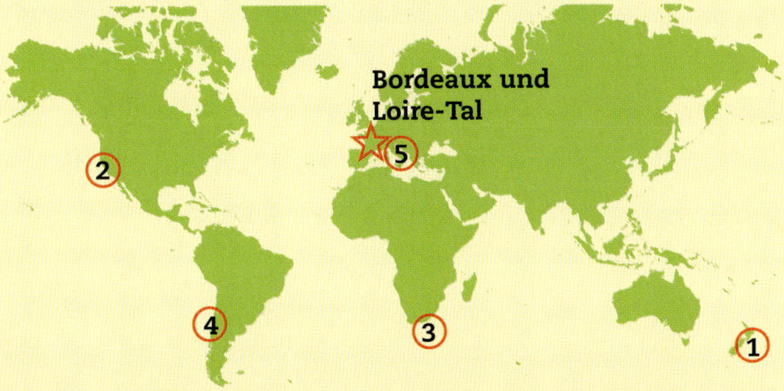

ANDERE GUTE REGIONEN FÜR SAUVIGNON BLANC

(1) NEUSEELAND	Südinsel: Marlborough, Canterbury Nordinsel: Hawke's Bay, Gisborne
(2) USA	Kalifornien: Sonoma, Napa, Central Coast Washington: Columbia Valley
(3) SÜDAFRIKA	Coastal Region, Cape South Coast
(4) CHILE	Casablanca-Tal, Maipo-Tal
(5) ITALIEN	Trentino, Südtirol, Friaul

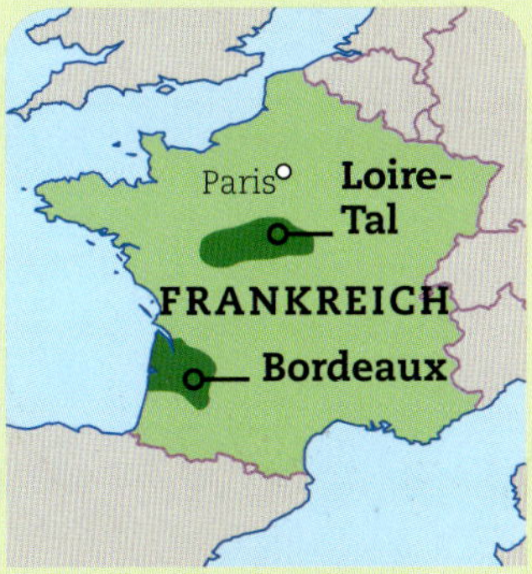

☆ ARCHETYPEN: BORDEAUX- UND LOIRE-WEISSWEINE, FRANKREICH

Bordeaux: Sauvignon-Blanc-Verschnitte mit Sémillon
In bescheidenen Appellationen typischerweise ohne Eichennote jung abgefüllt: Bordeaux, Entre-Deux-Mers

In hochklassigen Appellationen meist fassvergoren und gereift: Graves, Pessac-Léognan

Loire-Tal: reinsortiger Sauvignon Blanc
In allen Appellationen typischerweise ohne Eichennote jung abgefüllt: Sancerre, Pouilly-Fumé, Touraine

Produktiv und aromatisch
Sauvignon Blanc ist eine ungewöhnlich wuchskräftige Rebe, die Rekorderträge liefern kann, ohne allzu sehr an Qualität einzubüßen. Das Aromaspektrum neigt aber in Richtung Gemüse, wenn die Rebe zu viel Energie in das Wachstum von Schösslingen und Blättern steckt.

Riesling

WEISSWEINTRAUBE

AROMAFAMILIE: APFEL

Riesling hat die besondere Fähigkeit, wunderbar aromatische, ausgewogene Weine mit sehr wenig Alkohol hervorzubringen. Deshalb gibt es auch viele gute Riesling-Süßweine: möglichst viel Zucker in Alkohol umzuwandeln steht bei ihm weniger im Zentrum als bei anderen Sorten. Auf solchen Weinen beruht der internationale Ruhm des Rieslings, der in dieser Hinsicht wirklich einzigartig ist.

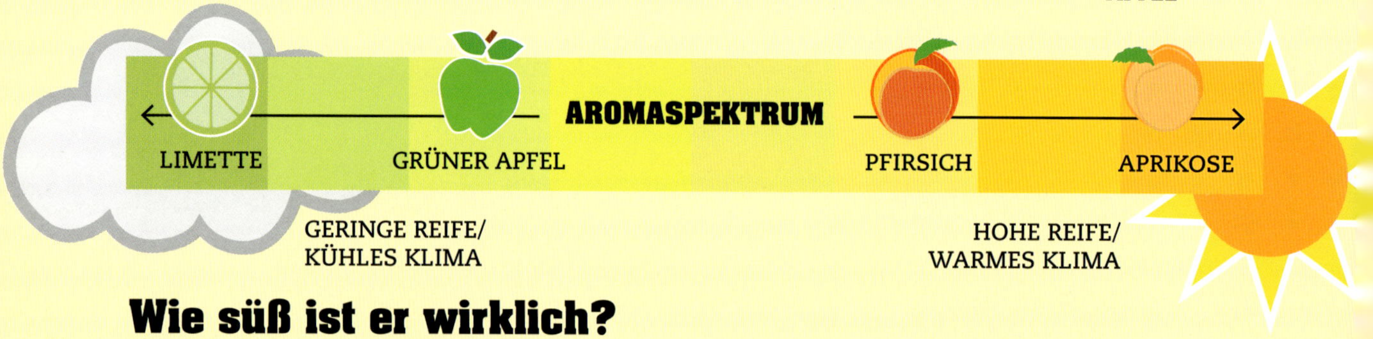

Wie süß ist er wirklich?

Der beliebteste und weltweit bekannteste Riesling-Stil hat die deutschen Weine von der Mosel und aus dem Rheingau zum Vorbild, in denen Süße und Säure wunderbar ausbalanciert sind – wie bei grünen Äpfeln. Riesling-Weine gibt es aber in jedem Süßegrad, von völlig trocken bis zu richtig süßen Dessertweinen – sowohl in Deutschland als auch in anderen Weinregionen der Welt. Trockene Versionen halten sich mehr an das Elsässer Modell; dort werden aus Riesling anmutige Weine mit mehr Körper und weit weniger Süße erzeugt.

DIE STILPALETTE VON RIESLING

Ungeachtet unterschiedlicher Stile und Herkunftsgebiete fallen Weine dieser Sorte in die folgenden sensorischen Kategorien.

	SCHWACH	MITTEL	STARK
Farbe	Weiß	n. v.	n. v.
Farbtiefe	Blass	Mäßig	n. v.
Süße	Trocken	Halbtrocken	Süß
Säure	n. v.	Frisch	Säurebetont
Fruchtintensität	Verhalten	Mittel	Üppig
Eichennote	Keine	n. v.	n. v.
Gewicht/Körper	Leicht	Mittelschwer	Voll

ALTERN MIT STIL

Riesling-Weine haben ein außergewöhnliches Alterungspotenzial – sie können jahrzehntelang im Keller reifen, viel länger als andere Weißweine. Im Allgemeinen sollte man leichte Weiße möglichst jung trinken, aber Riesling mit seiner starken natürlichen Widerstandskraft gegen Oxidation, v. a. dank seines hohen Säuregehalts, nimmt auch hier eine Sonderstellung ein.

Abstammung

Die Heimat des Rieslings liegt im Südwesten Deutschlands in den Tälern des Rheins und seiner Nebenflüsse zwischen Frankfurt und Trier. Dort entstehen delikate Weine, oft mit etwas Restsüße. Auch im Elsass, jenseits der französischen Grenze, besteht eine lange Riesling-Tradition, die sich in kräftigeren und trockeneren Weinen ausdrückt. International liefert die Rebe ihre besten Ergebnisse ebenfalls in kühleren Klimata. Die Erzeuger Nordamerikas und Neuseelands folgen eher dem deutschen Ansatz, während Österreich und Australien das trockenere Elsässer Modell bevorzugen.

ANDERE GUTE REGIONEN FÜR RIESLING

(1) USA	Washington: Columbia Valley New York: Finger Lakes Andere Staaten: Kalifornien, Oregon
(2) ÖSTERREICH	Niederösterreich, Wien
(3) AUSTRALIEN	South Australia: Clare Valley, Eden Valley Andere Staaten: Victoria, Western Australia, Tasmanien
(4) KANADA	Niagara Peninsula, Okanagan Valley
(5) NEUSEELAND	Südinsel: Marlborough, Otago, Nelson

☆ ARCHETYPEN: DEUTSCHER RIESLING UND ELSÄSSER RIESLING, FRANKREICH

Deutschland: Reinsortiger Riesling
Traditionell leicht, mit scharfer Säure und etwas Restsüße, oft unter 11 % Alkohol; aus den Anbaugebieten Mosel, Rheingau, Pfalz und Rheinhessen

Frankreich: Reinsortiger Riesling
Traditionell mittelschwer, mit scharfer Säure und trocken, Alkoholgehalt meist über 12,5 %; aus dem Elsass

Klein und intensiv
Rieslingtrauben haben sehr kleine Beeren, was in den Weinen für einen intensiveren Geschmack sorgt – enthält das an die Schale angrenzende Fruchtfleisch doch die meisten Aromaverbindungen. Im Vergleich zu anderen Qualitätstrauben reift Riesling sehr früh und liefert gesunde Erträge.

Pinot Grigio/Pinot Gris

WEISSWEINTRAUBE

AROMAFAMILIE: APFEL

Diese Traube ist in mehrerer Hinsicht ungewöhnlich. Sie ist rot, liefert aber Weißweine unter zwei verschiedenen Namen, die auch jeweils eine eigene Persönlichkeit haben. Pinot-Gris-Weine, die französische Variante, fallen opulent und geschmacksintensiv aus, während der norditalienische Pinot Grigio – einer der beliebtesten Weine der Welt – einen viel leichteren, milderen Stil hat.

Der graue Pinot

Schon der Name verrät, dass eine Verwandtschaft zu Pinot Noir besteht, der roten Traube Burgunds. Pinot Gris ist eine Mutation mit blasserer, hellroter Schale – daher der Name »grauer« Pinot. In Italien wurde der Name dann einfach übersetzt: Pinot Grigio. Weine der Neuen Welt zeigen ihren Stil oft mit der Wahl des Namens: Leichte, frische Weine nach dem italienischen Modell, deren Trauben früh gelesen wurden, heißen oft Pinot Grigio, während als Pinot Gris etikettierte Flaschen eher stärkere, intensivere Weine im französischen Stil aus vollreifen Trauben enthalten.

DIE STILPALETTE VON PINOT GRIGIO/PINOT GRIS

Ungeachtet unterschiedlicher Stile und Herkunftsgebiete fallen Weine dieser Sorte in die folgenden sensorischen Kategorien.

	SCHWACH	MITTEL	STARK
Farbe	Weiß	Rosé	n.v.
Farbtiefe	Blass	Mäßig	Dunkel
Süße	Trocken	Halbtrocken	n.v.
Säure	Weich	Frisch	Säurebetont
Fruchtintensität	Verhalten	Mittel	n.v.
Eichennote	Keine	Fein	n.v.
Gewicht/Körper	Leicht	Mittelschwer	Voll

ROSÉ-VARIANTE

Genaugenommen ist Pinot Grigio eine rote Traube, doch da die Farbe für richtigen Rotwein nicht ausreicht, werden die Weine in der Regel weiß gekeltert. Wenn man den Wein aber mit vollem Schalenkontakt vergärt, kann auch ein kupferfarbener Rosé entstehen.

Abstammung

Ursprünglich aus Burgund stammend, wanderte der Pinot Gris ostwärts und ließ sich im Elsass nieder. Hier liefert er immer noch reichhaltige, füllige Weine. Über Deutschland gelangte er dann in die Dolomiten im heutigen Norditalien. In den Gebirgstälern dort erntete man die Trauben üblicherweise früher und mit weniger Reife als im sonnigen Elsass, weshalb die Weine auch alkoholärmer und weniger geschmacksintensiv ausfielen. Auch als die Sorte nach Venetien vordrang, blieb man bei der frühen Lese für Pinot Grigio, da die Weine süffig waren und billig produziert werden konnten.

ANDERE GUTE REGIONEN FÜR PINOT GRIGIO/GRIS

(1) USA	Kalifornien: Sonoma, Central Coast Oregon: Willamette Valley
(2) DEUTSCHLAND	Pfalz, Baden
(3) KANADA	Niagara Peninsula, Okanagan Valley
(4) ÖSTERREICH	Steiermark, Burgenland
(5) NEUSEELAND	Hawke's Bay, Gisborne, Marlborough
(6) AUSTRALIEN	South Australia, Victoria

☆ ARCHETYPEN: PINOT GRIGIO, ITALIEN UND ELSÄSSER PINOT GRIS, FRANKREICH

Italien: Reinsortiger Pinot Grigio
Leichter, milder, knackiger, »wenig reifer« Stil mit meist weniger als 13 % Alkohol in Spitzenappellationen: Venezie, Trentino, Friuli

Frankreich: Reinsortiger Pinot Gris
Reichhaltiger, aromatischer, fülliger, »sehr reifer« Stil mit meist über 13 % Alkohol im Elsass

Eine blass gewordene Traube
Zwei Gene sind für die Farbstoffe in den Traubenschalen verantwortlich. Bei der Mutation von Pinot Noir zu Pinot Gris wurde eines dieser beiden Gene inaktiv, was zum seltsam blassen Violett der Trauben führte.

Moscato

WEISSWEINTRAUBE

AROMAFAMILIE: BLUMEN

Die Moscato-Traube ist für unterschiedliche Weinstile gut, doch ob sie nun frisch und fruchtig oder dunkel und rosinenarig ausfallen, sie sind sehr häufig süß und duften nach Blumen. Für diesen Duft sind Terpene verantwortlich, Aromaverbindungen, die dem Moscato einen viel intensiveren Geruch verleihen als anderen Weinen (nur der ähnlich terpenhaltige Gewürztraminer kann da mithalten).

Saftig bis rosinenartig

Die aromatische Intensität von Moscato kann in trockenen Weinen unausgewogen wirken, deshalb werden meist süße Stile aus dieser Sorte bereitet. Für die berühmtesten Moscatos wird die Gärung entweder durch Kühlen oder durch die Zugabe von Weingeist unterbrochen, Ersteres etwa beim alkoholschwachen schäumenden Moscato d'Asti, Letzeres bei den likörartigen, alkoholstarken Muscat-Weinen Südfrankreichs. In vielen heißen Gegenden wie Spanien, Portugal und Australien dagegen werden aus getrockneten Trauben dunkle, dicke, gespritete Dessertweine bereitet.

DIE STILPALETTE VON MOSCATO

Ungeachtet unterschiedlicher Stile und Herkunftsgebiete fallen Weine dieser Sorte in die folgenden sensorischen Kategorien.

	SCHWACH	MITTEL	STARK
Farbe	Weiß	Rosé	Rot
Farbtiefe	Blass	Mäßig	Dunkel
Süße	Trocken	Halbtrocken	Süß
Säure	Weich	Frisch	Säurebetont
Fruchtintensität	n. v.	n. v.	Üppig
Eichennote	Keine	n. v.	n. v.
Gewicht/Körper	Leicht	Mittelschwer	Voll

VIELE NAMEN

Moscato ist in Frankreich als Muscat, in Spanien als Moscatel und in Deutschland als Muskateller bekannt. Der Name kann sogar als Adjektiv in anderen Sortennamen auftauchen, wenn diese so blumig duften wie der Chardonnay Musqué. Der ähnlich klingende Muscadet jedoch, eine weiße Traube aus Nordfrankreich, ist weder verwandt, noch besteht irgendeine Ähnlichkeit im Aroma.

Abstammung

Schon die alten Griechen wussten um die Qualität des Moscato; möglicherweise stammen sogar einige heutige Spitzensorten von ihm ab. Es handelt sich aber weniger um eine einzelne Rebsorte als um eine ganze Traubenfamilie mit über 100 Varianten. Viele werden im Mittelmeerraum für Tafeltrauben oder Rosinen genutzt. Die meisten Moscato-Sorten sind weiß, nur aus ein paar dunklen Vertretern wird Rotwein bereitet. Viele Weine dieser duftenden Trauben kommen aus Südeuropa, es gibt sie aber auch in der Neuen Welt.

ANDERE GUTE REGIONEN FÜR MOSCATO

① FRANKREICH	Rhône, Languedoc-Roussillon (süß), Elsass (trocken)
② PORTUGAL	Setúbal, Douro
③ AUSTRALIEN	Victoria: Rutherglen Andere Staaten: New South Wales, South Australia
④ USA	Kalifornien
⑤ GRIECHENLAND	Samos, Patras, Rhodos

☆ ARCHETYPEN: MOSCATO, ITALIEN UND MOSCATEL, SPANIEN

Piemont, Italien: reinsortiger Moscato Bianco
Alkoholarm, süß, schäumend und frisch; weniger als 10 % Alkohol; bereitet in Asti

Andalusien, Spanien: reinsortiger Muscat of Alexandria
Alkoholstark, süß, gespritet und von getrockneten Trauben; über 15 % Alkohol; Weine: Sherry und Málaga

Grün gewinnt

Moscato gibt es in allen drei wichtigen Traubenfarben – grün, violett und hellrot –, aber die grüne Variante namens Moscato Bianco bzw. Muscat Blanc à Petits Grains genießt den besten Ruf für Qualitätsweine.

Cabernet Sauvignon

ROTWEINTRAUBE

AROMAFAMILIE: SCHWARZE FRÜCHTE

Cabernet Sauvignon ist der König der Rotweinsorten. Er hat ungewöhnlich kleine Beeren mit dicken Schalen, was mehr farbstoffreiche Feststoffe und weniger klaren Saft ergibt. Viele dunkle Schalen führen bei Rotweinen zu mehr Farbe, Aromen und Tanninen, folglich sind diese Eigenschaften in Cabernet-Sauvignon-Weinen stark ausgeprägt, vor allem, wenn sie aus erstklassigen ertragsarmen Lagen stammen.

Perfekt für Verschnitte

Cabernet Sauvignon ist reich an natürlichen Konservierungsstoffen und kann als junger Wein recht rau wirken – doch seine Widerstandsfähigkeit gegen Oxidation ist für langlebige Spitzengewächse ein Segen. Purer Cabernet Sauvignon hat nicht selten Farbe, Aroma und Tannin im Übermaß, was für den Verschnitt mit milderen Sorten aber ideal ist. Spielt Cabernet die Hauptrolle, besänftigen ihn oft fruchtigere Sorten wie Merlot oder Shiraz. Als Beigabe zu dünnschaligeren Sorten wie Merlot, Sangiovese oder Malbec wiederum bringt er Dichte und Langlebigkeit ein.

DIE STILPALETTE VON CABERNET SAUVIGNON

Ungeachtet unterschiedlicher Stile und Herkunftsgebiete fallen Weine dieser Sorte in die folgenden sensorischen Kategorien.

	SCHWACH	MITTEL	STARK
Farbe	n. v.	n. v.	Rot
Farbtiefe	n. v.	Mäßig	Dunkel
Süße	Trocken	n. v.	n. v.
Säure	n. v.	Frisch	Säurebetont
Fruchtintensität	n. v.	n. v.	Üppig
Eichennote	Keine	Fein	Kräftig
Gewicht/Körper	n. v.	Mittelschwer	Voll

INKOGNITO DABEI

Einige Spitzenweine, die Cabernet Sauvignon enthalten, nennen seinen Namen nicht auf dem Etikett. Das ist nicht nur bei europäischen Klassikern wie Bordeaux oder Bolgheri so, die ihre Trauben nur selten angeben, auch in internationalen Verschnitten darf die Rebsorte nur auf dem Etikett stehen, wenn sie mindestens 75 % des Weins ausmacht.

Abstammung

Cabernet Sauvignon ist in Bordeaux zu Hause – die großen Weine aus Frankreichs erster Rotweinregion basieren traditionell auf dieser Sorte. Seine intensiven Aromen und seine Fähigkeit, wunderbar zu altern, haben ihn auch in vielen anderen Weinländern in die Spitzenklasse gebracht. In der Neuen Welt liefert er die teuersten und gefragtesten Rotweine, die in den USA, in Chile und in Südafrika erzeugt werden – oft Verschnitte nach Bordeaux-Art.

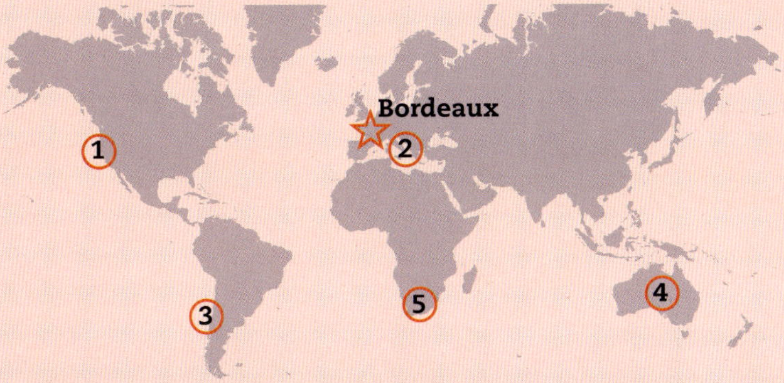

ANDERE GUTE REGIONEN FÜR CABERNET SAUVIGNON

1 USA	Kalifornien: Napa Valley, Sonoma, Paso Robles Washington: Columbia Valley
2 ITALIEN	Toskana, Trentino
3 CHILE	Maipo-Tal, Rapel-Tal, Aconcagua
4 AUSTRALIEN	South Australia: Coonawarra
5 SÜDAFRIKA	Coastal Region, Stellenbosch, Paarl

ARCHETYP: ROTER BORDEAUX, FRANKREICH

Dunkle, intensive Verschnitte mit kräftiger Eichennote und viel Tannin

Dominiert typischerweise die Verschnitte der wärmsten hochklassigen Appellationen: Haut-Médoc, Margaux, Pauillac, St-Estèphe, St-Julien, Moulis

Nimmt in den kühleren, bescheideneren Appellationen typischerweise eine unterstützende Rolle ein: Bordeaux, Graves, St-Emilion

Ein Sonnenanbeter
Cabernet-Sauvignon-Reben entwickeln im Frühling später Knospen als die meisten anderen Sorten in Bordeaux, und die Trauben werden erst später im Herbst reif. Die kleinen, dickschaligen Beeren brauchen reichlich Sonne, um ihr ganzes Potenzial an Farbe und Aroma zu entfalten.

Merlot

ROTWEINTRAUBE

AROMAFAMILIE: SCHWARZE FRÜCHTE

Während Cabernet Sauvignon als muskelbepackter Superheld daherkommt, ist sein enger Verwandter Merlot eher der geschmeidige Partner mit dem sexy Namen. Merlot-Weine sind meist nicht so dunkel, tanninstark und intensiv wie Cabernet Sauvignon, sondern weicher und milder, mit mehr sinnlichen Fruchtnoten – und damit prädestiniert, jung getrunken zu werden.

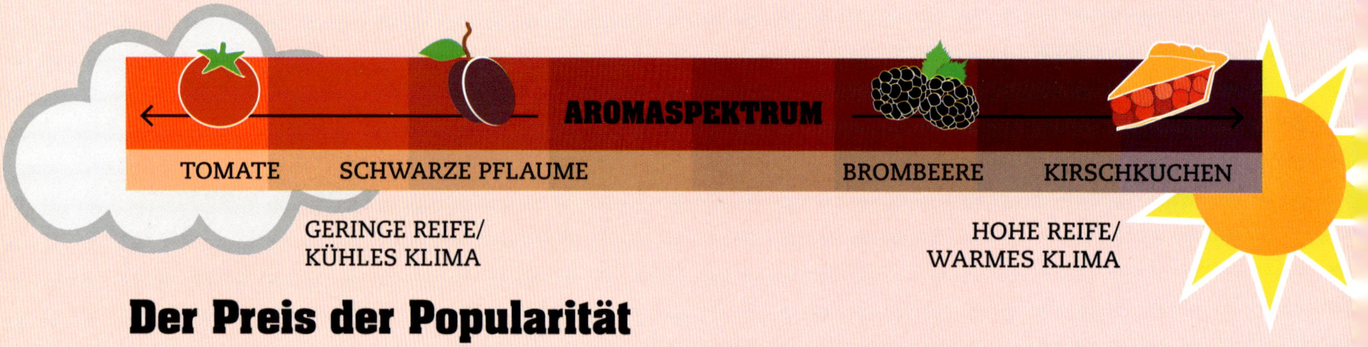

Der Preis der Popularität

Merlot ist ein solcher Publikumsliebling, dass er oft für Massenweine missbraucht wird, und diese süffigen billigen Tropfen haben sein Image etwas angekratzt. Wenn er aber in guten Lagen wächst und nach strengen Maßstäben bereitet wird, kann Merlot Weine von unglaublicher Kraft und Eleganz erbringen. In Bordeaux steht die Rebe meist auf zweitrangigen Rebflächen, doch es gibt auch reinsortige Kultweine wie den legendären Château Petrus, die höhere Preise erzielen als ihre Rivalen auf Cabernet-Basis – der beste Beweis, dass Merlot zu den besten Rotweinsorten der Welt gehört.

DIE STILPALETTE VON MERLOT

Ungeachtet unterschiedlicher Stile und Herkunftsgebiete fallen Weine dieser Sorte in die folgenden sensorischen Kategorien.

	SCHWACH	MITTEL	STARK
Farbe	n. v.	n. v.	Rot
Farbtiefe	n. v.	Mäßig	Dunkel
Süße	Trocken	n. v.	n. v.
Säure	Weich	Frisch	Säurebetont
Fruchtintensität	n. v.	Mittel	Üppig
Eichennote	Keine	Fein	Kräftig
Gewicht/Körper	n. v.	Mittelschwer	Voll

GLEICH TRINKEN

Merlot steht oft im Schatten von Cabernet Sauvignon, weil seine Weine leichter und weicher ausfallen und nicht so gut altern. Doch in einer Welt, die nur auf sofortigen Genuss abzielt, wird die vermeintliche Schwäche des Merlot unversehens zur Stärke.

Abstammung

Merlot und Cabernet Sauvignon sind eng verwandte Rebsorten aus Bordeaux mit ähnlicher Aromatik, aber einem unterschiedlichen Ausmaß an Kraft, Farbe und zupackendem Tannin. In Bordeaux ist Merlot die weitaus häufiger angebaute Sorte der beiden, da sie viel früher reift und daher wirtschaftlich günstiger ist. Ein echter Renner ist die Traube jedoch vor allem in Amerika. Von Chile im Süden bis Kalifornien und Washington im Norden liefert sie üppige, angenehme Rotweine, die nach der Rebsorte etikettiert sind.

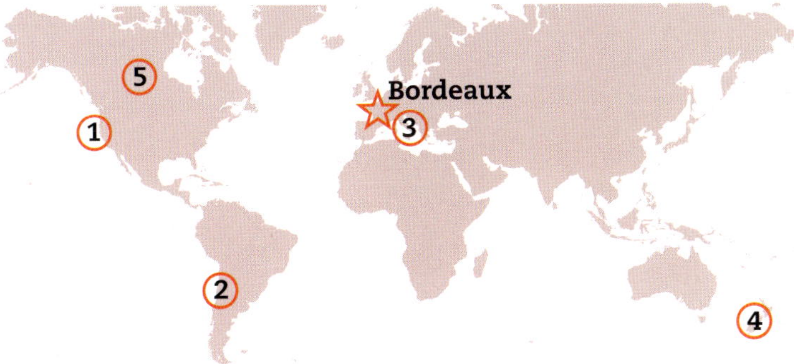

ANDERE GUTE REGIONEN FÜR MERLOT

1	USA	Kalifornien: Napa Valley, Sonoma Washington: Columbia Valley
2	CHILE	Maipo-Tal, Rapel-Tal, Aconcagua
3	ITALIEN	Norditalien, Toskana
4	NEUSEELAND	Hawke's Bay, Marlborough
5	KANADA	Okanagan Valley, Niagara Peninsula

☆ ARCHETYP: ROTER BORDEAUX, FRANKREICH

Mittelschwere, schmackhafte Verschnitte mit weichem Tannin und feiner Eichennote

Dominiert typischerweise die Verschnitte der kühleren, bescheideneren Appellationen: Bordeaux, Graves, St-Emilion, Pomerol

Meist unterstützende Rolle in den wärmsten hochklassigen Appellationen: Haut-Médoc, Margaux, Pauillac, St-Estèphe, St-Julien, Moulis

Empfindlich, aber großzügig
Die dünneren Beerenschalen und die lockerer gepackten Trauben machen Merlot im Weinberg anfälliger als andere Bordeaux-Sorten wie Cabernet Sauvignon. Weil sie früh reift und reiche Erträge bringt, wird dieser Nachteil aber mehr als ausgeglichen.

Pinot Noir

In vieler Hinsicht ist Pinot Noir das genaue Gegenteil von Cabernet Sauvignon. Seine dünnschaligen Trauben liefern viel leichtere und blassere Weine, die sich weder zum Verschneiden noch für lange Lagerung allzu gut eignen. Während Cabernet Sauvignon Hitze braucht, entfaltet Pinot Noir seinen verführerischen, erdigen Charme vor allem in kühlen Lagen und verliert an Reiz, wenn er zu reif und fruchtig ist.

ROTWEINTRAUBE

AROMAFAMILIE: ROTE BEEREN

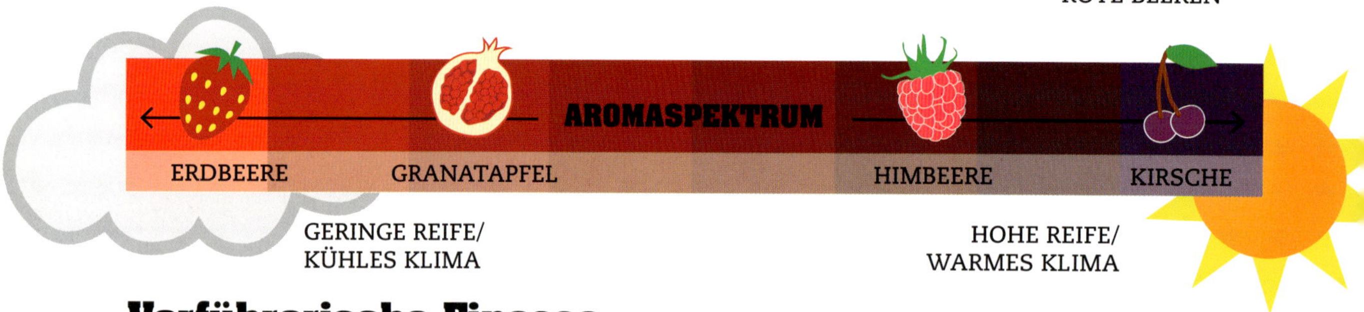

Verführerische Finesse

Pinot Noir ist der schärfste Rivale des Cabernet Sauvignon um die Rotweinkrone – viele meinen sogar, dass er die besseren Weine liefert. Cabernet schlägt sich in vielen Weinregionen verlässlich gut und punktet mit ungezügelter Kraft, Pinot Noir dagegen ist viel heikler, verführt aber mit Finesse. Er scheint die schwächere Sorte zu sein und enttäuscht nicht selten, wenn die Bedingungen nicht stimmen. Doch wenn Pinot Noir zu großer Form aufläuft, sind die Weine so wunderschön und sprechen auf eine Weise direkt die Seele an, wie es Cabernet niemals gelingt.

DIE STILPALETTE VON PINOT NOIR

Ungeachtet unterschiedlicher Stile und Herkunftsgebiete fallen Weine dieser Sorte in die folgenden sensorischen Kategorien.

	SCHWACH	MITTEL	STARK
Farbe	n.v.	n.v.	Rot
Farbtiefe	Blass	Mäßig	n.v.
Süße	Trocken	n.v.	n.v.
Säure	Weich	Frisch	Säurebetont
Fruchtintensität	n.v.	Mittel	Üppig
Eichennote	Keine	Fein	Kräftig
Gewicht/Körper	n.v.	Mittelschwer	Voll

FINGERABDRUCK

Der Begriff *terroir* wurde in Burgund für die frappierende Fähigkeit von Pinot Noir geprägt, je nach Standort unterschiedlich zu schmecken. Alle Eigenschaften eines Weinbergs wie Bodenart, Ausrichtung oder Hangneigung können sich im Geschmack ausdrücken – der Fingerabdruck des Landes, eingefangen in seinem Wein.

Abstammung

Man könnte Pinot Noir als die ursprüngliche Weintraube bezeichnen, denn in seiner Heimat Burgund wurde im Mittelalter der Qualitätsweinbau erfunden. Er bevorzugt kühlere Bedingungen als die meisten anderen roten Sorten und ist zu empfindlich für Massenweinbau. Außerhalb Burgunds liefert er nur in wenigen Anbaugebieten außergewöhnliche Weine, u.a. in Oregon und Kalifornien (USA), Neuseeland, Südostaustralien, Deutschland und Norditalien.

ANDERE GUTE REGIONEN FÜR PINOT NOIR

1 USA	Kalifornien: Sonoma, Santa Barbara, Monterey Oregon: Willamette Valley
2 DEUTSCHLAND	Pfalz, Baden, Rheingau
3 NEUSEELAND	Central Otago, Martinborough, Marlborough
4 ITALIEN	Trentino-Südtirol
5 AUSTRALIEN	Yarra Valley, Adelaide Hills, Tasmania
6 SÜDAFRIKA	Franschhoek, Walker Bay, Cape South Coast
7 KANADA	Niagara Peninsula, Okanagan Valley

☆ ARCHETYP: ROTER BURGUNDER, FRANKREICH

Alle roten Burgunder, ausgenommen Beaujolais, sind reinsortiger Pinot Noir.

Meist relativ leicht, blass und säurereich in bescheidenen Appellationen: Bourgogne, Mercurey und Côte-de-Beaune-Gemeinden wie Santenay und Chorey lès-Beaune

Voller und dunkler mit intensiverem Duft in hochklassigen Appellationen: die meisten Côte-de-Nuits-Gemeinden wie Gevrey-Chambertin und Nuits-St-Georges sowie bestimmte Côte-de-Beaune-Gemeinden wie Volnay und Pommard

Pinot Noir wird für Schaumwein auch in der benachbarten Champagne angebaut.

Harte Arbeit zahlt sich aus
Der früh reifende Pinot Noir erbringt seine besten Weine in kühleren Regionen, wo die letzte Reifephase langsam verläuft. Die feinsten Varianten dieser Sorte sind ertragsarm und anspruchsvoll, die Ergebnisse sind aber die Mühe wert.

Syrah/Shiraz

ROTWEINTRAUBE

AROMAFAMILIE: WÜRZIGE FRÜCHTE

Ob man sie nun französisch Syrah nennt oder Shiraz wie auf der Südhalbkugel – ein Kraftpaket ist diese Rhône-Traube immer. Ihre Weine können es in puncto Intensität und Lagerfähigkeit mit Cabernet Sauvignon aufnehmen – die Beeren sind ähnlich klein und dickschalig. Auch Syrah braucht viel Sonne zum Ausreifen, hat dann aber mehr saftige Frucht, um auch gute reinsortige Weine zu ergeben.

Geschmacks- und Farbverstärker

Der typisch würzige Duft, die dunkle Farbe und die konservierenden Tannine machen Syrah zu einem wunderbaren Verschnittpartner für mildere oder blassere Trauben. Syrah kann reinsortig köstlich und ausgewogen sein, doch viele Erzeuger zügeln seine Wucht mit kleinen Mengen anderer Sorten. Das folgt dem Vorbild der traditionellen Rhône-Weine – im Côtes du Rhône etwa unterstützt er vor allem die blassere Grenache, in kleineren Appellationen kommen sogar lokale Weißweintrauben dazu. In der Neuen Welt wird er, oft als Shiraz, meist reinsortig verwendet.

DIE STILPALETTE VON SYRAH/SHIRAZ

Ungeachtet unterschiedlicher Stile und Herkunftsgebiete fallen Weine dieser Sorte in die folgenden sensorischen Kategorien.

	SCHWACH	MITTEL	STARK
Farbe	n.v.	n.v.	Rot
Farbtiefe	n.v.	Mäßig	Dunkel
Süße	Trocken	Halbtrocken	n.v.
Säure	Weich	Frisch	Säurebetont
Fruchtintensität	n.v.	Mittel	Üppig
Eichennote	Keine	Fein	Kräftig
Gewicht/Körper	n.v.	Mittelschwer	Voll

PFEFFERTOPF

Viele Syrah-Weine haben eine erstaunliche Pfeffernote im Duft. In kühlen Gegenden und bei geringer Traubenreife erinnert er an eingelegte grüne Pfefferkörner, mehr Sonne macht daraus einen Geruch nach gemahlenem schwarzem Pfeffer, sodass man niesen möchte. Nur bei sehr hoher Traubenreife rückt dieses Aroma wieder in den Hintergrund.

Abstammung

Syrah stammt aus Südfrankreich, wo die Sorte hauptsächlich als *vin médecin* verwendet wird, d.h. um Verschnitte im südlichen Rhône-Tal zu verstärken. Reinsortig verkeltert man sie in einigen kleinen Appellationen an den Steilufern der nördlichen Rhône, etwa Crozes-Hermitage oder Côte Rôtie, doch diese Weine sind selten und meist sehr teuer. Im Zentrum steht die Traube deshalb in den üppigeren Stilen der Neuen Welt, v.a. im für Australien typischen Shiraz.

ANDERE GUTE REGIONEN FÜR SYRAH/SHIRAZ

(1) AUSTRALIEN	South Australia: Barossa, McLaren Vale Andere Staaten: Victoria, New South Wales, Western Australia
(2) USA	Kalifornien: Napa Valley, Sonoma, Santa Barbara Washington: Columbia Valley
(3) SÜDAFRIKA	Coastal Region, Paarl, Stellenbosch
(4) CHILE	Maipo-Tal, Rapel-Tal, Aconcagua
(5) SPANIEN	Castilla-La Mancha, Katalonien
(6) KANADA	Okanagan Valley

☆ ARCHETYP: ROTWEINE VON DER NÖRDLICHEN RHÔNE, FRANKREICH

Zu 80–100% auf Syrah basierende Weine des nördlichen Rhône-Tals: dunkle, tanninstarke Rote mit intensiv pfeffrigem Aroma

Bescheidene Appellationen: Crozes-Hermitage, St-Joseph

Hochklassige Appellationen: Hermitage, Côte Rôtie, Cornas

Dickschalig und intensiv
Syrah-Trauben sind blauschwarz, und die Beeren können so klein und dickschalig sein wie die von Cabernet Sauvignon. Trotz ihrer intensiven Farb- und Aromastoffe enthält Syrah im Allgemeinen aber weniger konservierende Tannine.

Grenache/Garnacha

Die Massenträgertraube des Rhône-Tals ergibt oft erschwingliche rote Alltagsweine sowie süffige Rosés. Sie hat aber auch das Zeug für hochklassige konzentrierte Rotweine mit würzigen Aromen und recht hohem Alkoholgehalt. Da Grenache leicht oxidiert und dann ein rostiges Orangerot annimmt, wird sie oft mit einem Schuss dunklerer Rhône-Sorten wie Syrah oder Mourvèdre verschnitten.

ROTWEINTRAUBE

AROMAFAMILIE: WÜRZIGE FRÜCHTE

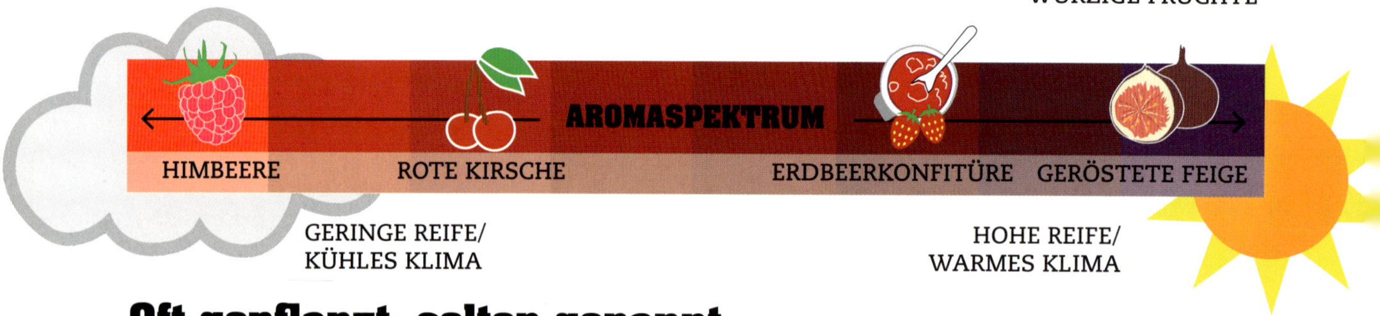

Oft gepflanzt, selten genannt

Grenache-Weine zeigen reife rote Fruchtnoten wie Erdbeerkonfitüre, oft mit einem Hauch weißem Pfeffer und Räucherschinken. Außerhalb ihres Herkunftslandes Spanien, wo sie Garnacha heißt, wird diese Traube selten auf dem Etikett genannt, obwohl sie die meistangebaute Sorte der Welt ist.

Viele der berühmtesten französischen Weine, die auf Grenache beruhen, geben Rebsorten traditionell nicht an. Grenache wird gern verschnitten, oft mit Syrah und Mourvèdre und ist auch in der Neuen Welt meist nicht mit den nötigen 75 % für eine Etikettierung nach Rebsorte vertreten.

DIE STILPALETTE VON GRENACHE/GARNACHA

Ungeachtet unterschiedlicher Stile und Herkunftsgebiete fallen Weine dieser Sorte in die folgenden sensorischen Kategorien.

	SCHWACH	MITTEL	STARK
Farbe	n. v.	Rosé	Rot
Farbtiefe	Blass	Mäßig	n. v.
Süße	Trocken	Halbtrocken	n. v.
Säure	Weich	Frisch	n. v.
Fruchtintensität	n. v.	Mittel	Üppig
Eichennote	Keine	Fein	Kräftig
Gewicht/Körper	Leicht	Mittelschwer	Voll

THINK PINK

Nicht nur für Rotwein ist Grenache ein Rockstar, auch für Rosé nimmt sie dank ihrer schmissigen, frischen Erdbeeraromen weltweit den Spitzenplatz ein. Es ist kein Zufall, dass trockene Rosés Spezialitäten der Ursprungsregionen dieser Traube sind: Südfrankreich (Rhône und Provence) und Nordostspanien.

Abstammung

Die eigentlichen Wurzeln liegen in der trockenen spanischen Region Aragón, wo die Rebe Garnacha heißt, doch richtig Einfluss hat sie als Grenache im südlichen Rhône-Tal gewonnen. Französische Grenache-Weine sind meist Verschnitte – in Rhône-Weinen wie Châteauneuf-du-Pape und Côtes du Rhône mit Syrah und Mourvèdre, im Languedoc-Roussillon auch mit anderen Sorten wie Carignan. Außerhalb Europas wächst Grenache auch in Kalifornien und Südafrika, hat die größte Bedeutung aber in Australien, oft in Verschnitten im Rhône-Stil namens GSM: Grenache, Shiraz, Mourvèdre.

ANDERE GUTE REGIONEN FÜR GRENACHE/GARNACHA

① SPANIEN	Katalonien, Aragón, Navarra
② FRANKREICH	Languedoc, Roussillon, Provence
③ AUSTRALIEN	South Australia: McLaren Vale, Barossa; Andere Staaten: New South Wales, Victoria
④ USA	Kalifornien
⑤ SÜDAFRIKA	Coastal Region

☆ ARCHETYP: RHÔNE-VERSCHNITTE, FRANKREICH

Südliches Rhône-Tal: Verschnitte mit 70 % und mehr Grenache-Anteil; Rotweine mit voller Textur und fleischigen, pfeffrigen Noten

Bescheidene, die ganze Region umfassende Appellation: Côtes du Rhône

Hochklassige Gemeinde-Appellationen: Châteauneuf-du-Pape, Gigondas, Vacqueyras

Trockene mittelschwere Roséweine mit frischen Beerenaromen

Bescheidene, die ganze Region umfassende Appellation: Côtes du Rhône

Hochklassige Gemeinde-Appellation: Tavel (nur Rosé)

Viele Trauben am Rebstock
Grenache neigt dazu, viele Trauben auszubilden, die beachtliche Größen erreichen können. Anders als sonst bei roten Sorten fallen Grenache-Weine in wärmeren Regionen oft eher blass aus, dafür in kühleren Gebieten dunkler.

Die Besten vom Rest

Neben den Top 10 gibt es für Weinliebhaber noch viele weitere faszinierende Rebsorten zu entdecken, darunter die unten aufgelisteten. In Ländern mit günstigem Klima und langer Weinbautradition sind eigene einheimische Trauben am weitesten verbreitet. Italien beispielsweise gehört zu den größten Weinproduzenten der Welt; jede der 20 Regionen des Landes betreibt Weinbau. Doch von den Top-10-Sorten sind nur wenige italienische Weine bereitet, die riesige Mehrheit beruht auf lokalen Trauben, und sogar die meistangebaute Sorte, Sangiovese, macht weniger als 15 Prozent der Gesamtrebfläche Italiens aus.

	SORTE	URSPRUNGSREGION	BEKANNTE APPELLATIONEN
WEISSWEINTRAUBEN	Pinot Blanc	Burgund, Frankreich	Elsass; Deutschland; Italien
	Sémillon	Bordeaux, Frankreich	Sauternes; Australien
	Chenin Blanc	Loire-Tal, Frankreich	Vouvray; Südafrika
	Viognier	Rhône-Tal, Frankreich	Condrieu; Kalifornien
	Gewürztraminer	Pfalz, Deutschland	Elsass; Kalifornien
	Grüner Veltliner	Niederösterreich	Wachau; Kamptal
	Albariño	Galicien, Spanien	Rías Baixas; Vinho Verde
ROTWEINTRAUBEN	Gamay	Burgund, Frankreich	Beaujolais; Niagara Peninsula
	Cabernet Franc	Bordeaux, Frankreich	Bordeaux; Chinon; Kanada
	Carmenère	Bordeaux, Frankreich	Chile
	Malbec	Südwestfrankreich	Argentinien; Cahors
	Sangiovese	Toskana, Italien	Chianti; Montalcino
	Barbera	Piemont, Italien	Alba; Asti; Langhe
	Nebbiolo	Piemont, Italien	Barolo; Barbaresco
	Montepulciano	Abruzzen, Italien	Abruzzo
	Aglianico	Kampanien, Italien	Taurasi; Vulture
	Zinfandel	Kroatien; Italien	Kalifornien; Apulien
	Monastrell	Valencia, Spanien	Bandol; Jumilla
	Tempranillo	Castilla y León, Spanien	Rioja; Ribera del Duero
	Pinotage	Südafrika	Stellenbosch; Paarl

NOCH MEHR TRAUBEN

Spanien, Portugal und Griechenland haben wie Italien Dutzende eigener, unverwechselbarer Rebsorten, die man außerhalb ihrer Heimat aber kaum kennt. Die Vorherrschaft der französischen Sorten in den Weinbergen der Neuen Welt hat historische Gründe.

TYPISCHER WEINSTIL	ALIAS
Leichte, herbe Weiße	Pinot Bianco
Kann trocken oder süß sein	
Weiße mit leichter Süße	Steen
Volle, blumige Weiße	
Pikante, blumige Weiße	Traminer
Leichte, herbe Weiße	
Leichte, herbe Weiße	Alvarinho
Leichte, fruchtige Rote	
Mittelschwer, Kräuternote	
Kräftige Rote, Kräuternote	
Kräftige, erdige Rote	
Säurebetont, mittelschwer	
Säurebetont, mittelschwer	
Intensive, erdige Rote	
Frische Säure, mittelschwer	
Kräftige, würzige Rote	
Kräftige, marmeladige Rote	Primitivo
Dunkle, kräftige Rote	Mourvèdre; Mataro
Frische Säure, mittelschwer	
Kräftige, fleischige Rote	

Kapitel-Checkliste

Eine Zusammenstellung der wichtigsten Punkte dieses Kapitels.

✓ Auf Weinetiketten angegebene Traubennamen sind **Sorten** der Spezies **Vitis *vinifera***.

✓ Aufgrund ihres hohen **Zucker- und Wassergehalts** eignen sich Trauben zur Weinbereitung.

✓ **Chardonnay** passt sich verschiedenen Klimata gut an, deshalb bauen ihn alle Weinländer zumindest in geringem Umfang an.

✓ An ihrer scharfen Säure und dem typischen pikanten Duft kann man **Sauvignon Blanc** leichter erkennen als andere Weißweinsorten.

✓ Deutscher **Riesling** gilt vielen Experten als die feinste Traube der Welt, doch die vielen Stile von trocken bis süß können verwirren.

✓ **Pinot Gris** kann reife, volle Weine liefern, ist in seiner leichten, frischen Variante als **Pinot Grigio** aber viel populärer.

✓ Auch **Moscato** gibt es in verschiedenen Stilen, doch alle sind süß und duften nach Blumen.

✓ **Cabernet Sauvignon**, die berühmteste der roten Bordeaux-Sorten, steckt in vielen der teuersten und alterungswürdigsten Rotweinen der Welt.

✓ **Merlot** mag v. a. als Traube für billige Tropfen bekannt sein, kann bei begrenzten Erträgen aber kraftvolle und elegante Weine erbringen.

✓ **Pinot Noir** ist der schärfste Rivale für Cabernet Sauvignon um die Rotweinkrone – viele finden sogar, dass er die besseren Weine erbringt.

✓ **Syrah,** bekannt auch als **Shiraz**, liefert intensiv aromatische Weine mit einer **Tanninstruktur**, die lange Alterung erlaubt.

✓ **Grenache** kann, trotz blasser Farbe, saftige, fleischige, mächtige Rotweine liefern, deren **deftige Aromen** an weißen Pfeffer oder sogar Räucherschinken erinnern.

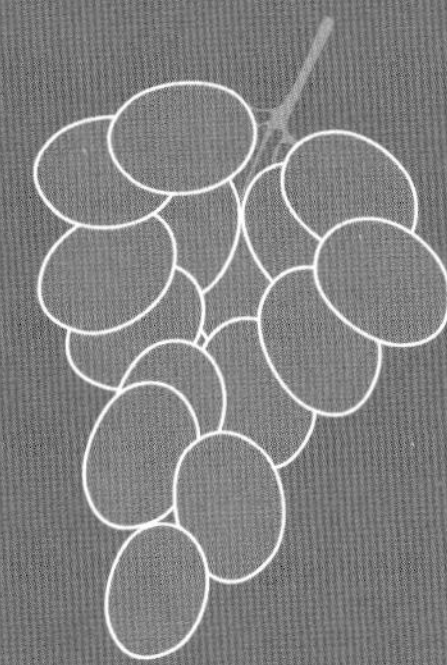

DIE WICHTIGSTEN WEINREGIONEN

Die besten Weinbaugebiete der Welt

Wein entsteht überall dort, wo Trauben ange-
baut werden, doch die echten Weltklasseweine
kommen meist aus einer überschaubaren Anzahl
von Regionen. Die klassischen europäischen
Weinbaugebiete haben, bei allen Unterschie-
den, ähnlich günstige Bedingungen wie trockene,
sonnige Sommer und milde Winter. Hier dominie-
ren lokale einheimische Trauben. In der Neuen
Welt gedeihen Reben in den unterschiedlichsten
Gebieten, vom sonnigen Südafrika bis zum kalten
Kanada. Wein kann uns auf imaginäre Reisen
mitnehmen – wir ziehen den Korken und finden
uns an den exotischsten Orten wieder.

Die Weinregionen Europas

Vollständig kann man die komplexe Geografie der Weinbaugebiete der Welt nur in einem Atlas darstellen, doch hier reicht ein allgemeiner Überblick. Europa führt die weltweite Weinproduktion an, und die Karten der europäischen Appellationen sind besonders kompliziert – das hat historische Gründe, liegt aber auch daran, dass die Weingesetzgebung in jedem Land anders ist.

Die Alte Welt dominiert

Jahrhundertelang kamen die besten Weine aus Westeuropa, und heute sind es zumindest noch die meisten. Frankreich, Italien und Spanien sind weltweit die drei größten Produzenten, obwohl sie erheblich kleiner sind als viele Länder der Neuen Welt. Wichtig für den internationalen Weinmarkt sind außerdem Deutschland, Portugal, Österreich und – in geringerem Umfang – Griechenland. Dass in diesen europäischen Ländern sehr viele verschiedene Rebsorten verbreitet sind, kann Weinkonsumenten ebenso verwirren wie der Vorschriftenwust für die Etikettierung, bei der die Appellation die größte Rolle spielt. Europäische Weine sind nach ihrer Herkunftsregion benannt – etwa Champagner oder Chianti – und nicht nach der Rebsorte, deshalb sollte man sich etwas in der Geografie Europas auskennen.

EUROPAS ANFÜHRER

Der meiste Wein weltweit wird in seiner Heimat Europa produziert. Unter den 15 größten Weinerzeugerländern der Welt liegen sieben in Europa: Frankreich, Italien, Spanien, Deutschland, Portugal, Griechenland und Österreich. Auch der Pro-Kopf-Verbrauch ist hier noch am höchsten, wenngleich im Sinken begriffen. Da die globale Nachfrage steigt, gewinnen die internationalen Exportmärkte zunehmend an Bedeutung.

Immer noch der Boss
Frankreich führt die globale Weinproduktion an, sowohl quantitativ als auch qualitativ. Berühmte Weine wie Champagner, Bordeaux und Burgunder erzielen außerordentlich hohe Preise.

Reben, wohin man blickt
Spanien ist knapper Dritter bei der Gesamtproduktion, aber Erster bei den Rebflächen. Der Export nach Übersee steht noch ziemlich am Anfang, hat sich seit Beginn des 21. Jahrhunderts aber schon verdoppelt.

Reich im Osten

In den Bergen im Westen Österreichs ist kein Weinbau möglich, deshalb konzentriert sich die Produktion auf das östliche Drittel. Weltweit steht das Land an 15. Stelle der Erzeugernationen.

Durstige Deutsche

Deutschland steht bei der Produktion weltweit auf Platz zehn, v. a. mit Weißwein. Getrunken wird im Land aber doppelt so viel, wie erzeugt wird.

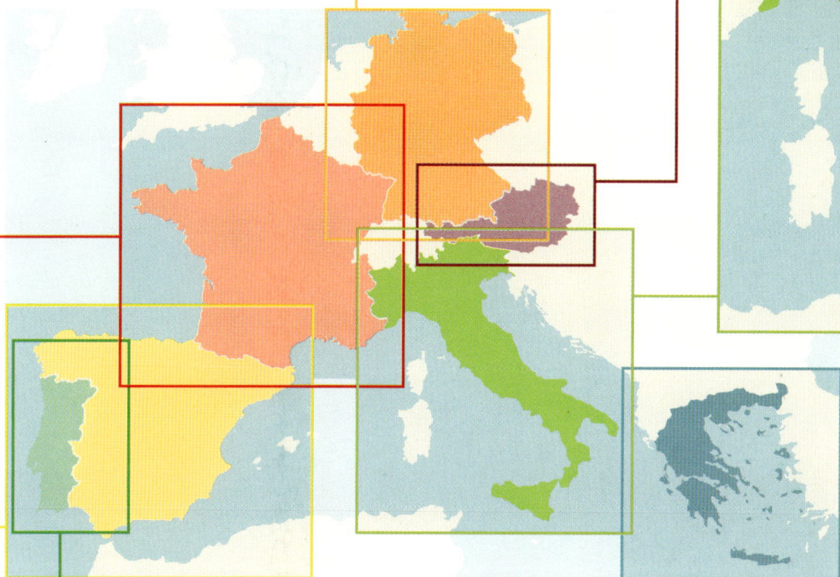

Knapper Zweiter

Italien stand schon mal auf Platz eins der Weltweinproduktion, ist nun aber wieder hinter seinen schärfsten Rivalen Frankreich zurückgefallen. Flächenmäßig ist es zwar kleiner als Kalifornien, doch alle seine 20 Regionen erzeugen Wein.

Mehr als nur Port

Portugal ist trotz seiner geringen Größe das zwölftgrößte Erzeugerland der Welt. Seine gespriteten Stile sind berühmt, mittlerweile entdeckt man aber auch die anderen Weine.

Großes Potenzial

In Griechenland eignet sich fast alles Ackerland auch für Reben; sie werden für Wein, Rosinen und Korinthen angebaut. Als Erzeugerland steht es an 14. Stelle.

Frankreich: Burgund

Die Region Burgund in Zentralfrankreich – auf Französisch Bourgogne – ist für ihre sinnlichen, ausdrucksstarken Weine und ihre Weltklasserebsorten berühmt. Burgunder werden stets reinsortig bereitet: Weißweine von Chardonnay, Rotweine (mit Ausnahme aus dem Beaujolais) von Pinot Noir. Spitzen-Burgunder reifen in Fässern aus neuer Eiche und werden gerühmt für ihre kühlklimatischen Eigenschaften und ihre Qualitäten als Essensbegleiter.

Hintergrund

Der moderne Qualitätsweinbau geht auf das mittelalterliche Burgund zurück, doch die Region ist für ihre komplizierten Verhältnisse berüchtigt. Geologie, Geschichte und Gesetzgebung haben zu 100 Unter-Appellationen, verrätselten Etiketten und Besitzverhältnissen geführt, bei denen sich Dutzende Winzer einzelne Weinberge teilen. Die riesige Nachfrage nach Spitzen-Burgundern hält die Preise aber im Astronomischen. Die Hierarchie der burgundischen Appellationen, in der die kleinsten definierten Einheiten das größte Qualitätspotenzial haben, dient als Modell für alle europäischen Weingesetze. Anderswo legt man selten kleinere Appellationen als einzelne Gemeinden fest, in Burgund aber geht man bis zur Einzellage hinunter. Bessere Weinberge können als *Premier cru* oder *Grand cru* eingestuft werden, was so viel wie »erste Klasse« und »Spitzenklasse« bedeutet.

Die Weinbaugebiete Burgunds

- **Bourgogne** Einfache Weine, die aus der gesamten Region stammen können. Die frischen, trockenen Chardonnays heißen *blanc*, die erdigen Pinot-Noir-Weine *rouge*.
- **Chablis** In der kühlsten Region Burgunds wächst nur Chardonnay. Die säurebetonten, trockenen Weißweine haben in der Regel keine Eichennote.
- **Côte d'Or** Die feinsten Burgunder kommen von diesem sonnigen Steilhang südlich von Dijon; berühmt sind Orte wie Chassagne-Montrachet und Chambolle-Musigny.
- **Côte Chalonnaise** Kleineres Gebiet für gut gemachte Weiß- und Rotweine zu vernünftigen Preisen in Village-(Gemeinde-)Appellationen wie Rully und Mercurey.
- **Mâconnais** In der großen, produktiven Region wächst vorwiegend Chardonnay, vom erschwinglichen, erfrischenden Mâcon bis zum opulenteren Pouilly-Fuissé.
- **Beaujolais** Hier werden nur Gamay-Trauben angebaut, kein Pinot Noir. Der daraus gekelterte leichte Rotwein ist fruchtig, erschwinglich und meist ohne Eichennote.

BURGUND AUF EINEN BLICK

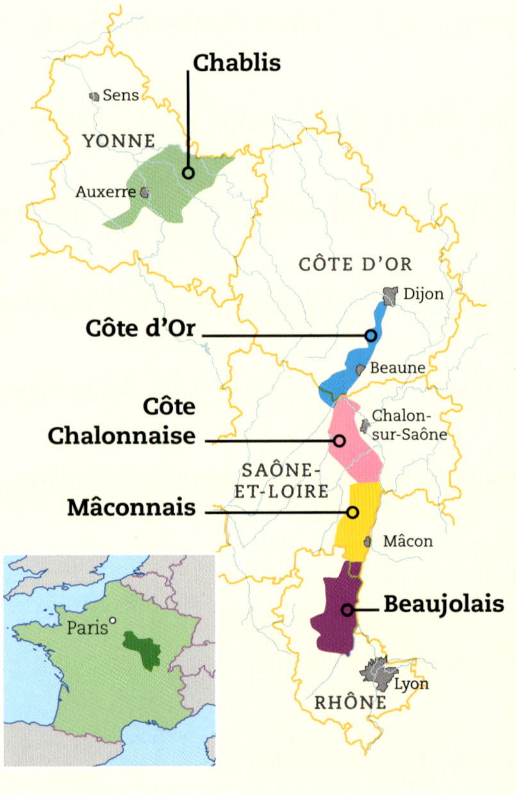

Region im Norden Frankreichs mit kühlem Klima

Beliebteste Weine
Bourgogne: regionale Weiß- und Rotweine, Basisqualität
Mâcon, Chablis: knackige, saubere Weiße
Mercurey, Santenay: säurebetonte, erdige Rote
Beaujolais: leichte, fruchtige Rote

Renommierteste Weine
Meursault, Puligny-Montrachet: volle Weiße, Eichennote
Vosne-Romanée, Gevrey-Chambertin: seidige, erdige Rote

Frankreich: Champagne

Die Champagne produziert die feinsten Schaumweine der Welt, perfekt ausgewogen zwischen Opulenz und Strenge. Die meisten sind sehr trocken und auf dem Etikett als *brut* ausgewiesen, und alle haben erfrischend wenig Alkohol und viel Säure. Angebaut werden die Rebsorten Chardonnay und Pinot Noir aus dem benachbarten Burgund sowie Pinot Meunier, eine lokale Traube aus der Champagne, die aus derselben Familie stammt, aber viel früher reift.

Hintergrund

Unweit von Paris gelegen, hat die Champagne ein kaltes Klima. Ihre Schaumweine sind aus dem kreativen Umgang mit den widrigen Wetterverhältnissen entstanden. Die Trauben werden noch ziemlich unreif gelesen und zu einem sehr leichten, trockenen, säurereichen stillen weißen Grundwein verkeltert, in dem dann die Zugabe von Zucker eine zweite Gärung auslöst. Die dabei entstehende Kohlensäure wird in der Flasche gehalten. Die Weine reifen dann monate- oder jahrelang auf dem Sediment der Hefe, was ihnen Toastnoten verleiht. Champagner sind meist Verschnitte aus weißen und roten Sorten, doch da die Traubenschalen sofort entfernt werden, entsteht Weißwein. Um einen einheitlichen Geschmack zu gewährleisten, werden für die meisten Weine verschiedene Jahrgänge miteinander verschnitten.

Die Champagner-Schaumweinstile

- **Jahrgangsloser Champagner** Sie werden aus verschiedenen Jahrgängen und Rebsorten verschnitten und reifen mindestens 15 Monate vor der Freigabe.
- **Jahrgangs-Champagner** Ein auf dem Etikett angegebenes Jahr weist auf eine hochklassige »Luxuscuvée« hin, die aus den Trauben eines einzigen Jahrgangs bereitet wurde. Diese Weine reifen vor der Freigabe mindestens drei Jahre auf dem Hefesatz.
- **Rosé-Champagner** Die in der letzten Phase der Weinbereitung mit einem Schuss rotem Pinot Noir eingefärbten Rosés sind in der Regel trocken und köstlich.

Etikettbegriffe für Champagner

- ***Brut*, *Extra-Dry* und *Demi-Sec*** Diese Begriffe geben den Süßegrad eines Champagners an; sie bedeuten, in dieser Reihenfolge: sehr trocken, leicht lieblich und süß.
- ***Blanc de Blancs*** Der »Weiße von den Weißen« ist ein reinsortiger Chardonnay – ein erstklassiger Schaumwein mit hervorragendem Alterungspotenzial.

DIE CHAMPAGNE AUF EINEN BLICK

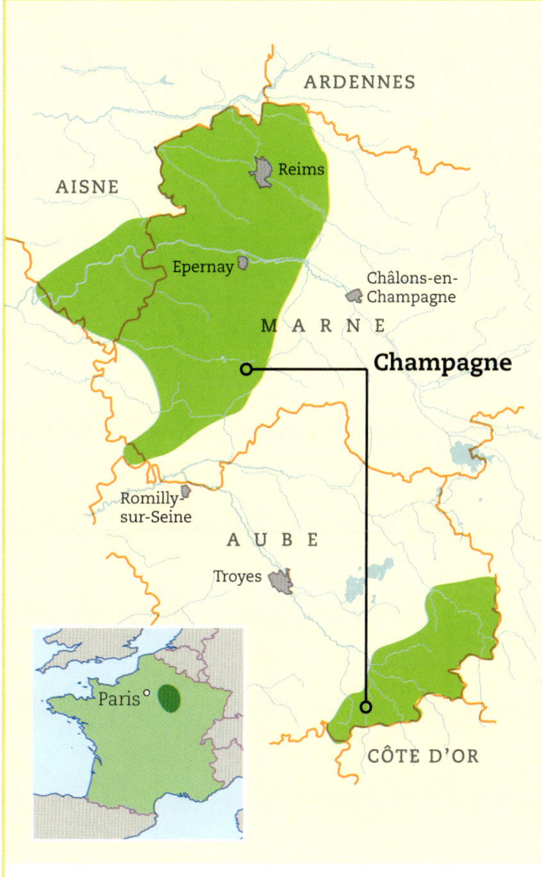

Region im Norden Frankreichs mit kaltem Klima

Beliebteste Weine
Jahrgangslos: trockene weiße Schaumweine

Besondere Varianten
Rosé: trockene rosé Schaumweine
Jahrgang: intensive hochklassige Schaumweine
Blanc de Blancs: alterungswürdige weiße Schaumweine

Frankreich: Bordeaux

Frankreichs größtes Weinbaugebiet, benannt nach seinem Zentrum, der Hafenstadt Bordeaux, erzeugt die einflussreichsten Qualitätsweine der Welt, vorwiegend rote. Die in der Region gepflegte Tradition, die feinsten Rotweine in Fässern aus neuer Eiche reifen zu lassen, wurde weltweit übernommen. Auch andere Methoden zur Qualitätssicherung nahmen in Bordeaux ihren Anfang, darunter die Gutsabfüllung und der *Grand-cru*-Status für die feinsten Weine.

Hintergrund

Mehrere Rebsorten zu verschneiden, ist die Norm in Bordeaux; zugelassen sind bis zu acht lokale Trauben. In der Praxis aber basieren fast alle trockenen Weine auf einer der drei einheimischen Sorten, die internationalen Ruhm erworben haben: Cabernet Sauvignon, Merlot und Sauvignon Blanc. Erstklassige Lagen, v.a. am linken Ufer des Mündungsarms Gironde, sind Cabernet Sauvignon vorbehalten. Der früher reifende Merlot ist der Massenträger von Bordeaux, liefert am rechten Ufer der Gironde aber auch ganz hervorragende Ergebnisse. Weißweine sind in Bordeaux seltener, meist sind es trockene Verschnitte auf Sauvignon-Blanc-Basis. Eine köstlich süße Ausnahme stellen die goldenen Dessertweine von Sauternes dar, die auf Sémillon beruhen. Die feinsten Exemplare aller Stile reifen in neuer Eiche.

Die Weinbaugebiete von Bordeaux

- **Bordeaux** Regionale Appellation für einfache Rot-, Rosé- und Weißweine aus der gesamten Region – typischerweise Rote auf Merlot- und Weiße auf Sauvignon-Blanc-Basis. Ähnlich im Stil sind die Weißen aus Entre-Deux-Mers und die Roten aus Bourg und Blaye.
- **Médoc** Nur in diesem Gebiet am linken Flussufer zeigt sich Cabernet Sauvignon von seiner besten Seite und dominiert die roten Verschnitte, v.a. in Gemeinden wie Margaux und St-Estèphe.
- **Graves** Das Gebiet am linken Ufer erzeugt Rot- und Weißwein. Die Roten bestehen in der Regel zu fast gleichen Teilen aus Merlot und Cabernet Sauvignon.
- **Rechtes Ufer** Etliche kleine Appellationen am anderen Flussufer sind bekannt für ihre hervorragenden Rotweine auf Merlot-Basis, u.a. Pomerol und St-Emilion.
- **Sauternes und Barsac** Diese Süßweine aus dem Gebiet Graves werden aus eingeschrumpften Sémillon-Trauben erzeugt. Sie setzen weltweit Maßstäbe für üppige Dessertweine mit Eichennote.

BORDEAUX AUF EINEN BLICK

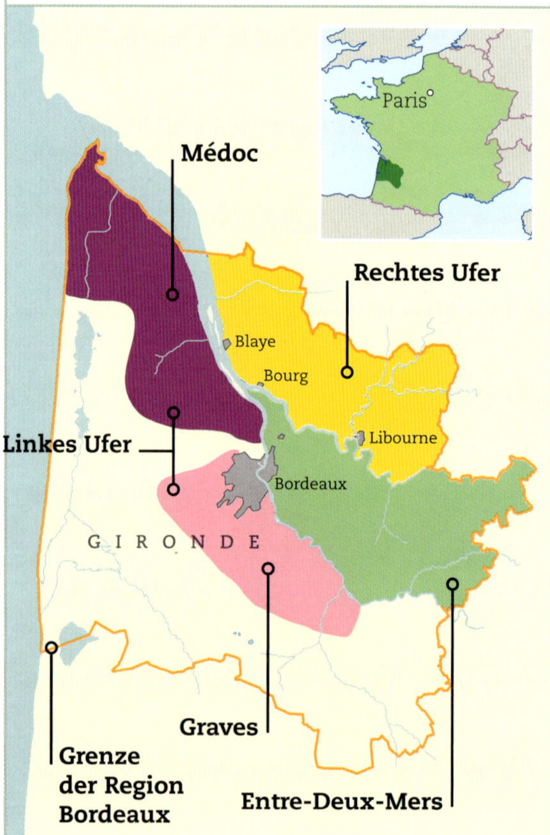

Region im Westen Frankreichs mit gemäßigtem Klima

Beliebteste Weine
Bordeaux, Graves: trockene, mittelschwere Rot- und Weißweine; Médoc: hochklassige trockene Rote

Renommierteste Weine
Pauillac, Margaux: intensive, tanninstarke Rote
Pomerol, St-Emilion: weichere, fleischigere Rote
Sauternes: schwere süße Weiße mit Eichennote

Frankreich: Loire-Tal

An Frankreichs längstem Fluss, der Loire, reihen sich von Ost nach West viele Weinbaugebiete mit kühlem Klima auf. Mangelnde Traubenreife kann hier ein Problem sein, deshalb sind leichte Weiße und Schaumweine die Aushängeschilder der Region. Die Weinberge der Loire teilen sich in drei unterschiedliche Klimazonen auf; in jeder herrschen andere Rebsorten vor.

Hintergrund

Spitzen-Appellationen der Loire sind Sancerre und Pouilly-Fumé südöstlich von Orléans. Ihre trockenen Weißweine bestehen zu 100 % aus Sauvignon Blanc, der hier, anders als in seiner Heimat Bordeaux, unverschnitten und ohne Eiche verarbeitet wird. Im wärmeren Mittelteil des Flusses gedeiht Chenin Blanc, die wichtigste indigene Loire-Traube. Ihre Weißweine, etwa der Vouvray, können knochentrocken oder richtig süß sein. Rot- und Roséweine werden von Cabernet Franc erzeugt, einer weiteren Bordeaux-Traube. Nahe der Mündung schließlich ergibt die Rebsorte Melon den lebhaften, trockenen weißen Muscadet.

Die wichtigsten Weinstile des Loire-Tals

- **Sancerre und Pouilly-Fumé** Säurebetonte, trockene Weiße, sehr erfrischend am Gaumen – die Vorbilder für die meisten modernen Sauvignon-Blanc-Weine.
- **Vouvray und Montlouis** Weißer Chenin Blanc, der trocken und süß, still und schäumend ausfallen kann. Am beliebtesten sind die leicht süßen *demi-sec*-Weine.
- **Chinon und Bourgueil** Blasse Rotweine von Cabernet Franc mit Kräuternote – sehr leichte, sehr säurebetonte und sehr trockene Weine.
- **Rosé d'Anjou** Helle Roséweine aus einem Verschnitt lokaler Sorten, leicht süß.
- **Coteaux de Layon und Bonnezeaux** Verschwenderisch opulente Spätlese-Dessertweine aus eingeschrumpften Chenin-Blanc-Trauben.

DAS LOIRE-TAL AUF EINEN BLICK

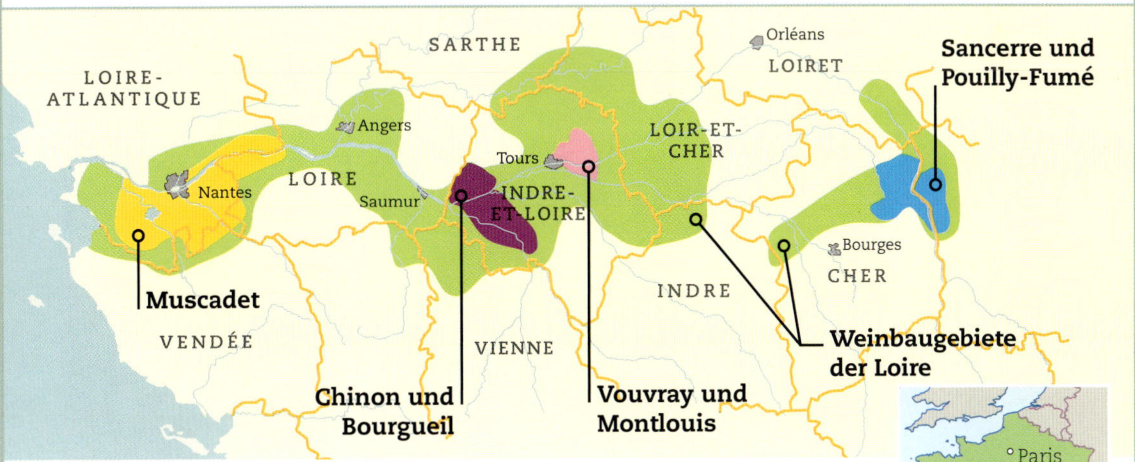

Region im Norden Frankreichs mit kühlem Klima

Beliebteste Weine
Muscadet: leichte, subtile trockene Weiße
Vouvray: leicht süße Weiße
Rosé d'Anjou: leicht süße Rosés

Renommierteste Weine
Sancerre, Pouilly-Fumé: säurebetonte Weiße mit Kräuternote
Chinon, Bourgueil: leichte, herbe Rote

Frankreich: Rhône-Tal

Das Rhône-Tal in Südfrankreich ist bekannt für herzhafte Rote und trockene Rosés. Die Weine sind nicht so berühmt wie die aus Bordeaux oder Burgund, doch in der Neuen Welt hat man Rhône-Trauben wie Syrah und Grenache (bzw. Shiraz und Garnacha) freudig begrüßt und populär gemacht, da sie in trocken-heißem Klima gut gedeihen. Rhône-Weine haben insgesamt ein würziges Aromaprofil, doch gibt es einige Unterschiede zwischen Nord und Süd.

Hintergrund

Südlich von Lyon steigen die Weinberge der nördlichen Rhône steil über den Fluss an, näher am Mittelmeer wird das Gelände flacher. Die allermeisten Rebflächen erstrecken sich in den warmen, steinigen Ebenen der südlichen Rhône, wo große Mengen erschwinglicher Weine produziert werden können. Königin ist dort die ertragsstarke Grenache, die aber mit vielen anderen Sorten wie Syrah und Mourvèdre verschnitten wird, um Farbe und Aromen zu gewinnen. Die steilen Hänge der nördlichen Rhône erfordern sehr viel Aufwand beim Weinbau, deshalb werden nur geringe Mengen hochklassiger, aber sehr teurer Weine erzeugt. Syrah ist hier die einzige Rotweinsorte.

Appellationen im südlichen Rhône-Tal

- **Côtes du Rhône** Allgemeine Appellation, bekannt für erschwingliche, süffige Rotweinverschnitte auf Grenache-Basis, gilt aber auch für trockene Weiß- und Rotweine aus der gesamten Rhône-Region. Weine aus besseren Gemeinden heißen Côtes du Rhône-Villages.
- **Châteauneuf-du-Pape und Gigondas** Renommierte Village-Appellationen mit schweren, intensiv würzigen Grenache-Verschnitten: die besten Rotweine der Region.
- **Tavel** Appellation nur für trockene Roséweine auf Grenache-Basis; mit die besten Rosés der Welt.
- **Muscat de Beaumes-de-Venise** Sehr süße, intensiv duftende Dessertweine des Typs Vin Doux Naturel.

Appellationen im nördlichen Rhône-Tal

- **Hermitage, Côte-Rôtie und Cornas** Diese edlen Gewächse sind weltweit die Vorbilder für Syrah-Weine: intensiv, fast schwarz und mit feuriger Pfeffernote.
- **Crozes-Hermitage und St-Joseph** Bescheidenere Appellationen für leichtere, erschwinglichere Weine auf Syrah-Basis, oft säurebetonter und erdiger.
- **Condrieu** Weißwein-Appellation für fleischige, blumige Viognier-Weine mit Eichennote; kleine Mengen.

DAS RHÔNE-TAL AUF EINEN BLICK

Region im Süden Frankreichs mit warmem Klima

Beliebteste Weine
Côtes du Rhône Rouge: schmackhafte, würzige Rote
Côtes du Rhône Rosé: trockene Roséweine

Renommierteste Weine
Châteauneuf-du-Pape: kraftvolle, würzige Rote
Hermitage, Côte Rôtie: intensive, pfeffrige Rote

Frankreich: Elsass

Das Elsass blickt auf eine wechselvolle Geschichte zurück, in der es mal zu Deutschland, mal zu Frankreich gehörte. Folgerichtig spiegeln sich in seinen Weinen sowohl deutsche als auch französische Einflüsse wider. Für Weißweinerzeuger ist die Region ein Garten Eden: außerordentlich viel Sonne tagsüber sorgt für aromatische Fülle, kühle Nächte bewahren die erfrischende Säure. Für gute Rotweine liegt das Gebiet dagegen zu weit nördlich.

DAS ELSASS AUF EINEN BLICK

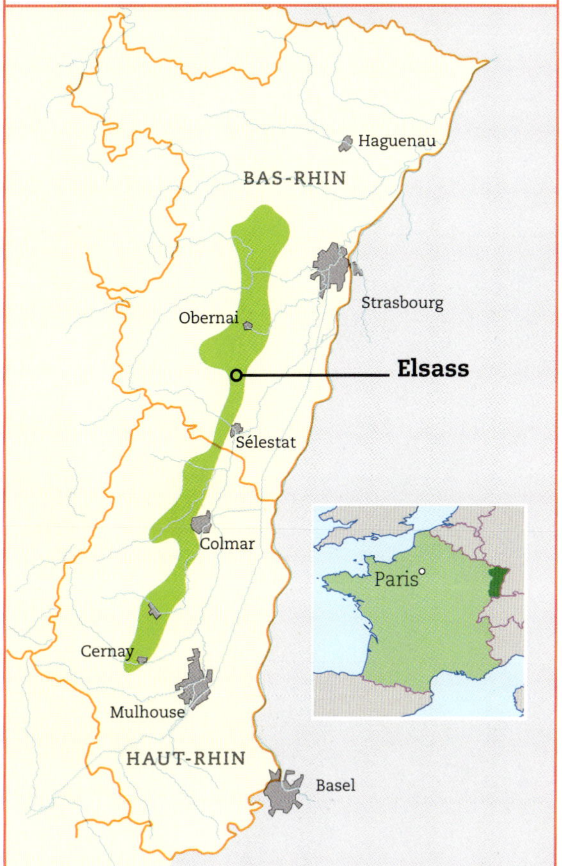

Region im Norden Frankreichs mit kühlem Klima

Beliebteste Weine
Pinot Blanc: weiche Weiße ohne Eichennote
Weißweinverschnitte: duftende, leicht süße Weiße

Renommierteste Weine
Riesling: scharfe, trockene Weiße
Pinot Gris: opulente Weiße mit Pfirsichnote

Hintergrund

Schon an der schlanken, hohen Flaschenform, wie sie für deutsche Weine üblich ist, und den Etiketten, die den Namen der Traube nennen, erkennt man den deutschen Einfluss auf den Elsässer Wein. Aromatische deutsche Sorten wie Riesling und Gewürztraminer gehören zu den Spezialitäten, doch der Großteil der Weinberge ist mit französischen Reben bestockt, darunter Pinot Gris, Pinot Blanc und Pinot Noir. Elsässer Weine sind, nach dem Vorbild französischer Weißer wie Chablis und Sancerre, trockener und alkoholstärker als deutsche und eignen sich sehr gut als Essensbegleiter. Moderne Elsässer Weine lassen allerdings den traditionellen trockenen Stil hinter sich, zugunsten von etwas mehr erkennbarer Süße.

Die wichtigsten Weinstile des Elsass

- **Pinot Blanc und Pinot Auxerrois** Beide Sorten dürfen im Elsass Pinot Blanc genannt werden und werden auch oft miteinander verschnitten. Die unkomplizierten, mittelschweren Weißweine erinnern an Chardonnay ohne Eichennote.
- **Riesling** Deutschlands Edeltraube wird in Frankreich kräftiger und trockener ausgebaut und ergibt duftende Weine, die gut zum Essen passen und herrlich altern.
- **Pinot Gris** Der blassere Abkömmling des Pinot Noir liefert im Elsass opulente Weißweine mit Pfirsichnote, die schwerer, aromatischer und oft süßer ausfallen als die italienischen Verwandten, die unter dem Namen Pinot Grigio laufen.
- **Gewürztraminer** Die aus Österreich stammende Sorte ist für ihren an Moscato erinnernden Blumenduft berühmt. Ihre Weißweine, die trocken oder leicht süß ausfallen können, sind ungewöhnlich dicht und aromatisch.
- **Pinot Noir** Rotweine sind selten im Elsass, und für die wenigen kommt nur die elegante, erdige Burgundertraube Pinot Noir infrage.

Italien: Toskana

Das sanfte Hügelland in Mittelitalien mit seinem langen Küstenstreifen am Tyrrhenischen Meer hält im ansonsten gebirgigen Italien viel landwirtschaftlich nutzbare Fläche bereit. Die Toskana ist der größte Weinproduzent in einem Land, das selbst weltweit an zweiter Stelle bei der Weinerzeugung steht. Toskanische Weine sind in der Mehrzahl rot und beruhen auf der einheimischen Sangiovese-Traube – meist verschnitten mit anderen Sorten.

Hintergrund

Der bekannteste toskanische Wein, der Chianti, stammt auch aus der größten Appellation. Sie ist in mehrere Unterbereiche aufgeteilt; den besten Ruf genießt Chianti Classico im historischen Kerngebiet zwischen Florenz und Siena. Weiter südlich ist die Hügelstadt Montalcino für ihren dickschaligen Sangiovese-Klon Brunello berühmt, der tiefere, alterungswürdigere Weine ergibt. In den letzten 50 Jahren hat sich die Toskana, die lange vor allem Masse erzeugte, mehr der Qualität zugewandt.

Rotwein-Appellationen der Toskana

- **Chianti und Chianti Classico** Trockene Rote mit mittlerem Körper, vorwiegend von Sangiovese bereitet. Blass, säurebetont und tanninstark, sind Italiens bekannteste Rotweine gute Essensbegleiter.
- **Brunello di Montalcino und Rosso di Montalcino** Die reinsortig aus einem bestimmten Sangiovese-Klon erzeugten Roten haben mehr Farbe, Aroma und Körper als Chianti-Weine. Brunellos sind gereifte Spitzengewächse; Rossos sind jüngere Weine.
- **Toscana Rosso** In dieser umfangreichen, nur locker regulierten Kategorie kann man von einfachen Alltagsweinen bis zu Luxuserzeugnissen alles finden. Meist, aber nicht immer, basieren sie auf Sangiovese.

Weißwein-Appellationen der Toskana

- **Vernaccia di San Gimignano** Frische Weißweine ohne Eichennote: trocken, säurebetont und leichtgewichtig.

Toskanische Begriffe

- ***Riserva*** Amtliche Bezeichnung für länger gereifte Weine.
- **Supertoskaner** Informeller Begriff, ursprünglich für Edelweine, die nicht toskanischer Tradition folgten und vielfach französische Sorten verwendeten; heute allgemein für Verschnitte aus der Toskana gebraucht.

Die Toskana auf einen Blick

Region in Mittelitalien mit gemäßigtem Klima

Beliebteste Weine
Chianti: säurebetonte trockene rote Verschnitte auf Sangiovese-Basis
Toscana Rosso: ähnlich wie Chianti, aber moderner; oft reifer und fruchtiger

Renommierteste Weine
Brunello di Montalcino: intensive, reife Rote vom Brunello-Klon der Sangiovese-Traube
Bolgheri: kräftige Rote, oft Verschnitte von Cabernet Sauvignon und Merlot mit Sangiovese; Heimat der ursprünglichen Supertoskaner

Italien: Piemont

Dank seiner Nähe zu Frankreich, Europas Pionier im Qualitätsweinbau, hat das Piemont die längste Tradition der Weinbereitung in Italien. Der Name der Region bedeutet »am Fuß der Berge«, ist sie doch im Norden, Westen und Süden von Gebirge umschlossen. Häufige Nebel und Wolken machen es den Trauben schwer, hier voll auszureifen, deshalb sind sonnige Hügellagen eine wesentliche Voraussetzung für den Weinbau.

Hintergrund

Der populärste Wein des kühlen Piemont ist der süße, schäumende Asti. Zusammen mit dem nur leicht perlenden Moscato d'Asti setzt er international den Maßstab für duftende Moscato-Weine. Der eigentliche Ruhm der Region aber gründet sich auf zwei Rotweine von epischem Format: Barolo und Barbaresco. Benannt nach zwei benachbarten Dörfern, werden sie ausschließlich von Nebbiolo erzeugt, einer störrischen Traube, die nur in den besten, sonnigsten Weinbergen voll ausreift. In geringeren Lagen stehen deshalb zwei andere lokale Sorten: Barbera und Dolcetto. Beide lieferten früher nur einfache Alltagstropfen, heute kann ein guter Barbera selbst großen Nebbiolo-Weinen Paroli bieten. Weniger bekannt, aber lohnend sind die trockenen Weißen: der schlanke, scharfe Gavi und der weiche, duftende Arneis.

Rotweinstile des Piemont

- **Barolo und Barbaresco** Tanninstarke, alterungswürdige Spitzengewächse von der Nebbiolo-Traube: streng, erdig, ungeheuer kraftvoll. Gehören zu Italiens Besten.
- **Barbera d'Alba und Barbera d'Asti** Rotweine mit viel Säure und mittlerem Körper von der Barbera-Traube; die Palette reicht vom frischen Begleiter für Fischgerichte bis zum dichten Nobelwein mit Eichennote.
- **Dolcetto** Diese Rotweine mit mittlerem Körper von der Dolcetto-Traube sind oft fruchtig und frisch, mit milder Säure und lebhafter purpurroter Farbe.

Weißweinstile des Piemont

- **Asti und Moscato d'Asti** Schäumende bzw. perlende Süßweine von Moscato-Bianco-Trauben. Durch Unterbrechung der Gärung entsteht ein Stil, den man als halb Schaumwein, halb Traubensaft beschreiben könnte.
- **Gavi** Subtile trockene Weiße von der Cortese-Traube.
- **Arneis** Duftende trockene Weiße von der Arneis-Traube.

DAS PIEMONT AUF EINEN BLICK

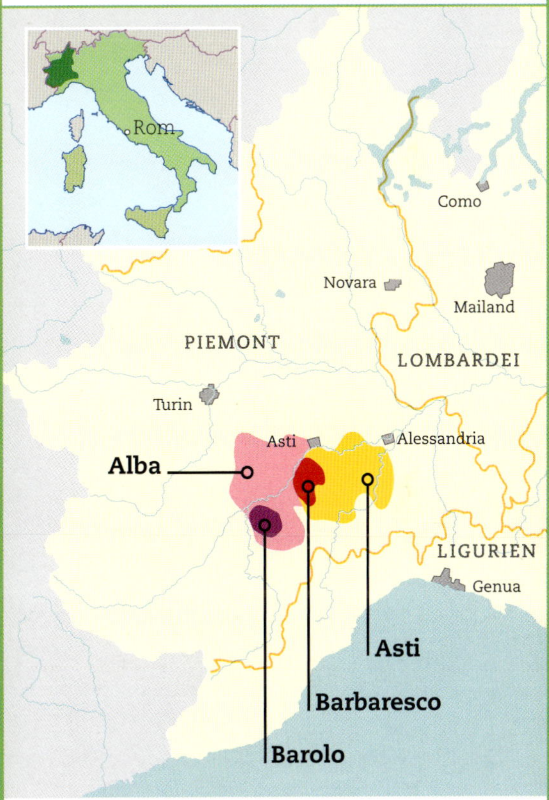

Region in Nordwestitalien mit gemäßigtem Klima

Beliebteste Weine
Asti: süßer schäumender Moscato
Barbera: säurebetonte mittelschwere Rote
Dolcetto: weiche, fruchtige junge Rote

Renommierteste Weine
Barolo: tanninstarke, körperreiche Nebbiolo-Rotweine, die reifen müssen
Barbaresco: wie Barolo, nur etwas leichter und heller

Italien: Triveneto

Die drei Regionen Nordostitaliens, Venetien, Friaul–Julisch Venetien und Trentino-Südtirol, gemeinsam auch Triveneto genannt, haben eine eigenständige kulturelle Tradition, die sich in ihren Weinen zeigt. Diese »drei Venetien« reichen von den fruchtbaren Küstenebenen im Süden bis in die Alpentäler des Nordens. Viele Reben französischen Ursprungs wachsen teilweise schon seit Jahrhunderten hier, und auf den Weinetiketten findet man, wie in Deutschland und der Neuen Welt, neben der Appellation auch den Namen der Traube.

Hintergrund

Das Klima im Triveneto begünstigt Weißweine; die bekanntesten Exporte der Region – Pinot Grigio und Prosecco – sind beide leicht und frisch. Im Tiefland entstehen recht eigene Weiße wie der blumige Friulano und der nussige Soave aus Garganega-Trauben, doch in den Bergen Südtirols und des Trentino dominieren französische Sorten wie Pinot Grigio, Chardonnay und Pinot Bianco. Beliebtester Rotwein ist der fruchtige Valpolicella aus Verona, es gibt aber auch exzellente mittelschwere Rote, sowohl von einheimischen Sorten wie Lagrein und Refosco als auch von französischen Importen wie Merlot und Pinot Noir.

Nordostitaliens wichtigste Weißweinstile

- **Pinot Grigio** Venetien und kühlere Gebiete des Trentino und Südtirols sind berühmt für leichten, milden Pinot Grigio; von wärmeren Lagen in Friaul kommen oft kräftigere Varianten mit mehr Eichennote.
- **Prosecco** Der leichte, frische Schaumwein aus den Alpenausläufern Venetiens hat oft einen Hauch Süße.
- **Friulano** Lange hießen die lebhaften trockenen Weine dieser aromatischen Traube Tocai, mussten zur Abgrenzung vom ungarischen Tokajer aber den Namen ändern.

Nordostitaliens wichtigste Rotweinstile

- **Valpolicella** Reizvolle Weine aus der Umgebung von Verona auf Basis der Corvina-Traube – vom günstigen Zechwein bis zur seriösen Premium-Abfüllung.
- **Amarone della Valpolicella** Die Luxusausgabe des Valpolicella wird aus Trauben erzeugt, die vor der Weinbereitung einen Monat oder länger getrocknet werden – einer der alkoholstärksten Weine Italiens.
- **Merlot und Pinot Noir** Auch viele leichte, erfrischende Rotweine, in der Regel etikettiert nach der Rebsorte, entstehen im kühlen Klima Norditaliens.

DAS TRIVENETO AUF EINEN BLICK

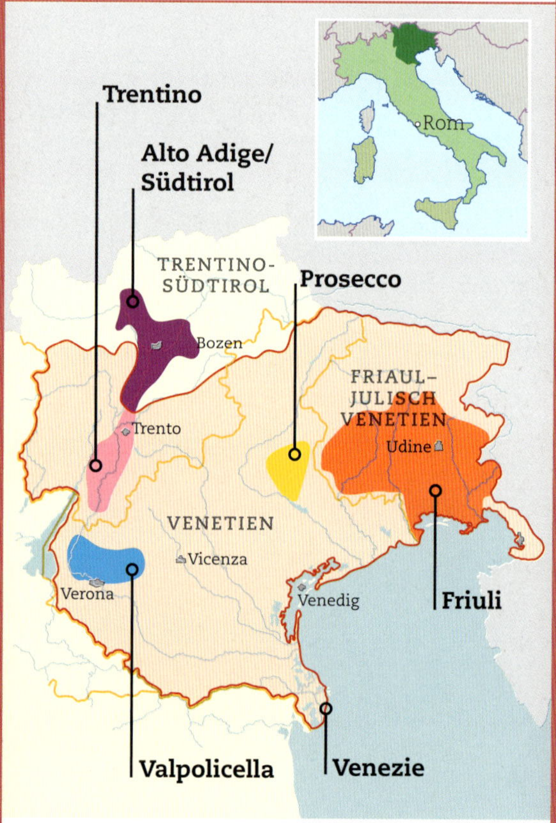

Region im mediterranen Europa mit kühlem Klima

Beliebteste Weine
Pinot Grigio delle Venezie: leichte Weiße ohne Eichennote; Prosecco: leichte Schaumweine Valpolicella: leichte fruchtige Rote

Renommierteste Weine
Amarone: intensive Rote mit Rosinennote

Italien: Der Süden

Früher war Süditalien vor allem eine Quelle billiger, anonymer Rotweine, doch nach radikalen Umbrüchen zeigt es sich jetzt als Qualitätsweinregion mit großem Potenzial. Armut prägte den Landstrich jahrhundertelang, weshalb Masse meist wichtiger war als Klasse. Im 20. Jahrhundert wurden etwa 90 Prozent der Produktion als Fassweine verkauft, und als schließlich strukturelle Vorschriften umgesetzt wurden, gab es zunächst Manipulationsversuche, um den zweitklassigen Zustand aufrechtzuerhalten.

Hintergrund

Zerklüftete Berge und lange Küsten bestimmen Süditaliens Landschaft. Neapel ist ein urbanes Zentrum, doch sonst sind Kultur und Wirtschaft weiterhin von Ackerbau und Fischfang geprägt. Die meisten Weine sind rot und zeigen, unabhängig von der Traube, ein Aromaprofil, das zur lokalen Küche passt: säurebetont, trocken, mit feurig-würzigen Fruchtnoten. Doch auch die wenigen Weißen der Region verdienen mit ihrer ungewöhnlichen Aromatik Beachtung.

Süditaliens wichtigste Rotweinsorten

- **Aglianico** Diese alte Sorte liefert in Appellationen wie Taurasi (Kampanien) und Aglianico delle Vulture (Basilikata) intensive Weine, die Kraft mit Grazie verbinden.
- **Montepulciano** Ergiebige Sorte aus den Abruzzen; bekannt für mittelschwere Alltagsweine, doch es gibt auch hochklassige Abfüllungen mit großem Potenzial.
- **Negroamaro** Der »schwarze Bittere« Apuliens ist bekannt für seine dunkle Farbe und viel Tannin, was den besten Weinen der Region eine hervorragende Lagerfähigkeit beschert.
- **Nero d'Avola** Siziliens aromatischste Rotweinsorte wird oft unter ihrem eigenen Namen verkauft und erbringt sehr intensive Weine, die an Syrah erinnern.
- **Primitivo** Die in Kalifornien als Zinfandel bekannte Sorte kroatischen Ursprungs ist in Apulien weitverbreitet. Ihre Weine sind eher leicht und frisch und passen zur lokalen Fischküche.

Süditaliens wichtigste Weißweinsorten

- **Fiano** Diese Traube aus Kampanien liefert trockene Weißweine mit einer Reichhaltigkeit und blumigen Aromen, die an Rhône-Weißweine erinnern.
- **Insolia** Traube sizilianischen Ursprungs, die in kühlen Berglagen schwungvolle, säurebetonte Weine ergibt, die Sauvignon-Blanc-Fans erfreuen dürften.

SÜDITALIEN AUF EINEN BLICK

Region im mediterranen Europa mit warmem Klima

Beliebteste Weine
Montepulciano: weiche, fruchtige Rote
Nero d'Avola: säurebetonte, aromatische Rote
Primitivo: herbe, erdige Rote

Renommierteste Weine
Taurasi: intensive, würzige Rote
Fiano: reichhaltige, duftende Weiße

Spanien

Spanien kann auf eine längere Weinbaugeschichte zurückblicken als der Großteil Frankreichs, doch brauchte das Land länger zur Modernisierung und zur Ausrichtung auf Qualität. Der EU-Beitritt markierte einen einschneidenden Wendepunkt: Heute erzeugt Spanien Weltklasseweine und kombiniert dabei teilweise Traditionen der Alten mit Techniken der Neuen Welt. Einfache spanische Weine, rote wie weiße, bieten ein hervorragendes Preis-Leistungs-Verhältnis, während edlere Appellationen wie Priorat und Ribera del Duero dem französischen Burgunder und dem italienischen Barolo Konkurrenz machen.

Hintergrund

Vom sonnig-heißen Andalusien bis zum kühlen Galicien gedeihen Spaniens ausgezeichnete einheimische Rebsorten. Im Norden ernten die roten Tempranillo- und weißen Albariño-Weine aus Rioja, Ribera del Duero, Toro und Rías Baixas begeisterte Kritiken, am Mittelmeer säumen rote Sorten wie Garnacha und Monastrell die Küste von Valencia bis Barcelona. In schwierigen Klimata entstehen eigenwillige, unverwechselbare Weine wie der spritzige, unreif geerntete baskische Txakoli oder der nussige, gespritete Sherry aus Jerez. Anderswo folgen die spanischen Erzeuger internationalen Vorbildern, etwa, wenn sie lokale katalanische Trauben nach Methoden der Champagne zu schäumendem Cava verarbeiten.

QUALITÄT UND REIFE

Spanische Erzeuger bewerten Weine traditionell nach ihrer Intensität und lassen die Besten längere Zeit im Fass reifen. Das ist auch in anderen Rotweinregionen Europas der Fall, doch in Spanien gibt es dafür Vorschriften. Drei Etikettbegriffe können Qualitätsweinen verliehen werden – in aufsteigender Reihenfolge *Crianza*, *Reserva* und *Gran reserva* –, damit die Kunden Weine höherer Qualität, die länger in Fass und Flasche gereift sind, leichter erkennen können. Viele davon reifen sogar länger als gesetzlich verlangt und werden erst freigegeben, wenn sie nahe dem Höhepunkt sind – Spitzenweine oft fünf bis zehn Jahre nach der Ernte.

Spaniens wichtigste Rotweinstile

- **Rioja** Die mittelschweren Tempranillo-Verschnitte aus dem relativ kühlen Gebiet südlich von Bilbao, die oft lange im Fass altern, sind Spaniens bekannteste Weine.
- **Ribera del Duero und Toro** Auch im wärmeren Castilla y León ist Tempranillo die Hauptsorte. In den Appellationen am Duero-Fluss erbringt er dichtere, kräftigere Weine.
- **Priorat und Montsant** In den Gebieten nahe Barcelona werden Rotweinverschnitte von der Frucht alter Garnacha- und Cariñena-Reben erzeugt. Priorat-Weine haben mehr Kraft und Prestige, die aus Montsant sind dafür erschwinglicher.
- **Tempranillo, Garnacha und Monastrell** Diese drei spanischen Trauben trifft man oft in preisgünstigen, nach der Sorte etikettierten Weinen an, die zum Großteil aus Zentralspanien kommen.

Spaniens wichtigste Weißweinstile

- **Cava** Der weltweit populärste Schaumwein aus der katalanischen Region Penedès wird meist von spanischen Weißweintrauben erzeugt, aber wie Champagner in der Flasche vergoren und auf dem Hefesatz gelagert.
- **Albariño** Der frische Weißwein aus dem Gebiet Rías Baixas an der Nordwestküste passt gut zu Fischgerichten und vereint die Eigenschaften des erfrischenden Pinot Grigio und des aristokratischen Chablis.
- **Jerez-Xérès-Sherry** Die weltweit vielfältigste Auswahl an gespriteten Weinen, vom sehr trockenen Manzanilla bis zum dunklen, süßen Moscatel mit Rosinennote, wird von andalusischen Weißweinsorten erzeugt.

SPANIEN AUF EINEN BLICK

Region in Westeuropa mit gemischtem Klima

Spanische Rotweine
Rioja: herbe Rote mit Eichennote
Ribera del Duero: dichte Rote mit Eichennote
Garnacha: kräftige junge Rote

Spanische Weißweine
Cava: weiße Schaumweine mit Toastnote
Albariño: leichte, duftende Weiße
Sherry/Jerez: nussige gespritete Weißweine

Grünes Spanien

Spaniens kühlste, wolkenreichste Weinregion liegt im Norden an der Atlantikküste. Die besten Weine sind trockene, säurebetonte, alkoholarme Weiße, die kaum je altern oder mit Eiche in Berührung kommen. Berühmt sind die wunderbar feinen, duftenden Albariños aus Rías Baixas in Galicien an der Grenze zu Portugal. Weniger bekannt, für Fans aber Kult, ist der perlende Txakoli aus dem Baskenland nahe der französischen Grenze.

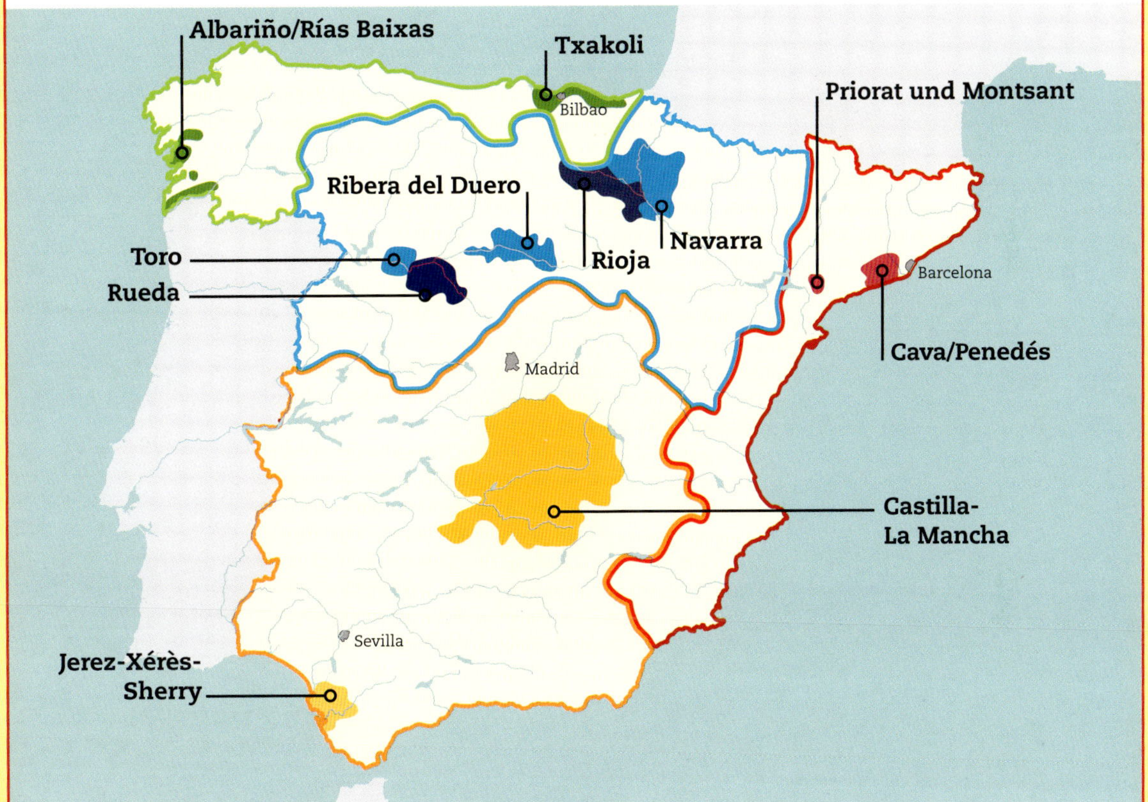

Nördliches Zentralspanien

Aus diesem Gebiet stammen Spaniens feinste Rotweine, fast alle basieren auf Tempranillo. Legendär sind die Weine von Rioja, wo auch zum ersten Mal in Spanien Fassreifung zum Einsatz kam. Aus dem benachbarten Navarra kommen Spitzen-Rosés. Auf der kastilischen Hochebene, in den wärmeren Gebieten Ribera del Duero und Toro, liefert Tempranillo dichtere, dunklere Rotweine, während in Rueda frische Weiße auf Verdejo-Basis entstehen.

Südspanien

Spitzenqualität haben im Süden vor allem die gespriteten Weißweine aus Andalusien, allen voran die Sherrys aus Jerez – vom blassen, sehr trockenen Manzanilla bis zum dunklen, sehr süßen Moscatel. Castilla-La Mancha, südlich von Madrid, erzeugt die meisten preisgünstigen Weine Spaniens.

Mediterranes Spanien

Die besten Weine der Mittelmeerküste stammen aus Katalonien im Norden: Cava, weltweit die Nummer eins der Schaumweine, kommt aus dem Penedès, das auch für rote und weiße Sortenweine bekannt ist. Im Priorat und in Montsant wachsen alte Garnacha-Buschreben, deren Verschnittweine zu Spaniens stärksten Roten zählen. Im trockeneren Landesinneren und weiter südlich wachsen Garnacha und Monastrell.

Deutschland

Gute Weine erzeugt man in Deutschland schon seit dem Mittelalter, und bis vor etwa 100 Jahren galten sie als die feinsten der Welt. Das raue Klima brachte Generationen von Winzern dazu, die Weine der kälteresistenten Riesling-Traube zu perfektionieren. Der leicht liebliche, alkoholarme Stil, der für deutsche Weine lange als typisch galt, ist auf den Exportmärkten immer noch stark vertreten; in Deutschland selbst bevorzugt man heute trockenere Weine.

Hintergrund

Mosel und Rheingau waren die ersten deutschen Qualitätsweinbaugebiete, inzwischen haben auch die Pfalz, die Nahe und Rheinhessen internationales Renommee. Im kühlen deutschen Klima reifen die Trauben nicht immer voll aus, um genug Zucker für ausgewogene Weine zu entwickeln, deshalb war der Zuckergehalt der Trauben etwas so Kostbares, dass sich das einzigartige deutsche System der Prädikate vor allem um diese Qualität dreht. Die Einstufung der Spitzenweine erfolgt nach der Traubenreife, gemessen im Zuckergehalt bei der Ernte (siehe unten). Dieser kann sehr unterschiedlich ausfallen, nicht nur je nach Lage, sondern auch von Jahrgang zu Jahrgang.

Deutschlands wichtigste Anbaugebiete

- **Mosel** Aus Deutschlands kühlstem Anbaugebiet kommen einige seiner himmlischsten Weine. Die meisten sind herb-süß, viele haben weniger als 10% Alkohol.
- **Rheingau** Wärmeres Gebiet mit der Chance auf bessere Traubenreife. Viele Weine sind halbtrocken oder lieblich, es gibt aber auch moderne trockene Stile. Hier (wie auch im noch weiter südlich gelegenen warmen Baden) werden auch Rotweine erzeugt, meist von Pinot Noir, der in Deutschland Spätburgunder heißt.

Deutsche Etikettbegriffe

- ***Kabinett, Spätlese* und *Auslese*** Diese Prädikate weisen auf gute, bessere bzw. ausgezeichnete Traubenreife hin. Kabinett-Weine sind meist trocken oder halbtrocken, Spät- und Auslesen oft lieblich bis süß.
- ***Beerenauslese* und *Eiswein*** Unter diesen Prädikaten laufen nur noch Süßweine von sehr spät gelesenen Trauben mit extrem hohem Zuckergehalt. Sie kommen nicht jedes Jahr zustande, sondern nur bei geeigneten Wetterverhältnissen. Eiswein wird erst im Winter geerntet, wenn die Trauben am Stock gefroren sind.
- ***Feinherb*** Statt »halbtrocken« liest man heute oft diese Bezeichnung auf Etiketten. Die Bedeutung ist dieselbe.

DEUTSCHLAND AUF EINEN BLICK

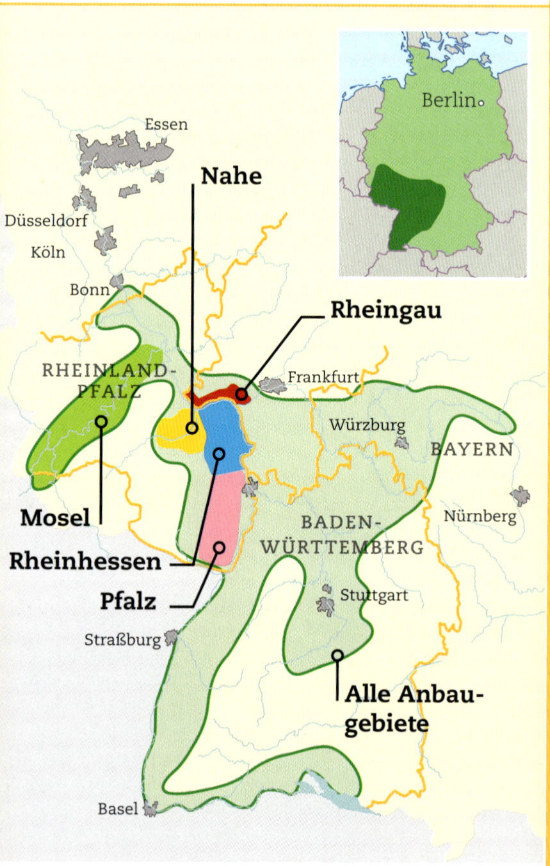

Region in Nordeuropa mit sehr kühlem Klima

Renommierteste Weine
Mosel-Riesling: trocken bis lieblich mit Apfelnote
Rheingau-Riesling: gewichtiger, mit Pfirsichnote

Andere deutsche Weine
Spätburgunder: leichte Rote von Pinot Noir
Müller-Thurgau: saftige junge Weiße

Österreich

Österreichs Weine haben, trotz gewisser Ähnlichkeiten mit jenen Deutschlands, eine ganz eigene Identität, nicht zuletzt aufgrund der einheimischen Rebsorten. Alle Weinbaugebiete liegen im Osten des Landes; am meisten produziert wird in Niederösterreich. Das Klima ist kontinental kühl, deshalb überwiegen Weißweine, doch reifen alle Trauben besser aus als in Deutschland und erbringen kräftigere Weine, die häufig trocken ausgebaut werden.

Hintergrund

Die unbestrittene Nummer eins der Rebsorten in Österreich ist Grüner Veltliner. Die weiße Sorte spricht auch Fans von Sauvignon Blanc und trockenem Riesling an, da sie ähnliche Aromen von grünen Blättern und eine frische Säure aufweist. In Spitzenlagen kann sie Weine von der Fülle eines großen Chardonnay erbringen. Aus den besten Rotweintrauben des Landes, Zweigelt und Blaufränkisch, werden eigenwillige mittelschwere Rotweine erzeugt. Richtiger Luxus aber herrscht bei den österreichischen Süßweinen. Diese opulenten Gewächse sind in ein Prädikatssystem eingeteilt, das dem deutschen ähnelt und sich nach der Süße und Konzentration richtet; es beginnt bei den leicht süßen Spätlesen.

Österreichs wichtigste Weißweinstile

- **Grüner Veltliner** Österreichs vielseitige Paradetraube ist außerhalb des Landes kaum zu finden. Sie erbringt fruchtige Durstlöscher mit Kräuternote ebenso wie alterungswürdige Schönheiten, die an die Komplexität von weißem Burgunder heranreichen.
- **Riesling** Zwar nicht Österreichs meistangebaute Traube, liefert Riesling dennoch einige der interessantesten Qualitätsweine des Landes – oft trocken und mittelschwer in einem eher elsässischen Stil.
- **Weißburgunder und Grauburgunder** Deutsche Namen für Pinot Bianco und Pinot Grigio. Beide liefern in Österreich milde, trockene Weine.

Andere Weinstile Österreichs

- **Zweigelt und Blaufränkisch** Kälteresistente, miteinander verwandte dunkle Sorten, die erstaunlich robuste, aromatische Rotweine mit mäßigen Alkohol liefern.
- ***Eiswein* und *Ausbruch*** Österreich hat ein milderes Klima, verwendet für seine sehr süßen Dessertweine aber ähnliche Trauben und Techniken wie Deutschland. Eisweine sind eine Spezialität.

ÖSTERREICH AUF EINEN BLICK

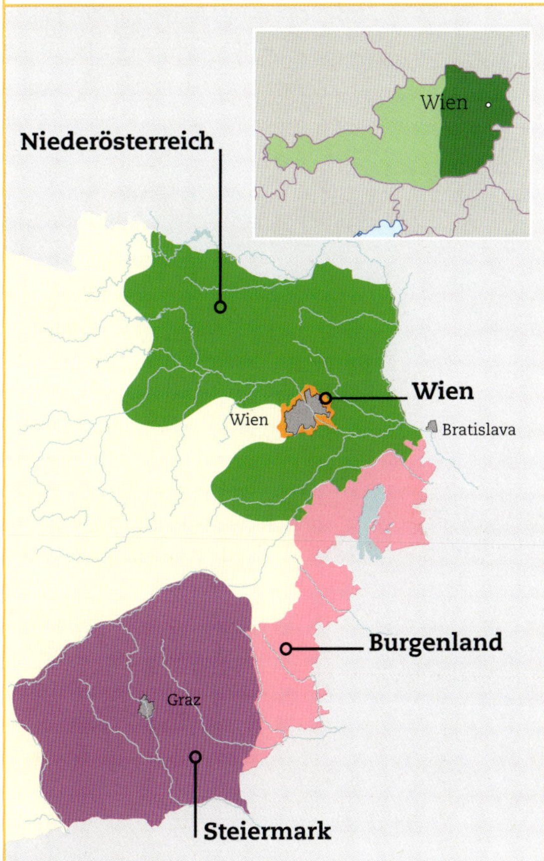

Region in Nordeuropa mit kühlem Klima

Die besten Weißweine
Grüner Veltliner: leichte Weiße mit Kräuternote
Riesling: herbe, trockene Weiße

Andere Weinstile
Zweigelt: lebhafte, herbe Rote
Eiswein: sehr süße Dessertweine

Portugal

Trotz seiner geringen Größe hat Portugal eine bemerkenswerte Bandbreite an einheimischen Trauben. Als in den 1980er- und 1990er-Jahren der große Hype um reinsortige Weine ausbrach, stand das Land zunächst im Abseits: Der Rest der Welt kannte seine Rebsorten nicht, die zudem in den Weinbergen häufig gemischt angebaut wurden. Doch die Isolation hatte auch ihr Gutes: Sie half, die unschätzbare Rebsortenvielfalt Portugals zu bewahren.

Hintergrund

Lange galten nur Portugals gespritete Tropfen als Produkte von Weltrang, die anderen Weine waren außerhalb des Landes kaum zu finden. Der süße Port aus dem Douro-Tal in Nordportugal war der Lieblingsdessertwein der Welt. Weniger berühmt, aber ebenso gut und mit ähnlicher Tradition waren die Weine der Atlantikinsel Madeira, die zu Portugal gehört. Ansonsten kannte man nur noch die billigen, angenehm lieblichen Rosés aus der Region Minho, v.a. Massenmarken wie Mateus und Lancers. Heute erregen auch die vielen anderen eigenwilligen Weine des Landes am Atlantik Interesse, vom spritzigen weißen Vinho Verde bis zu den dichten Rotweinen aus den Regionen Dão und Alentejo.

Portugals klassische gespritete Stile

- **Port** Die starken süßen Portweine aus dem Douro-Tal werden während der Gärung mit Weingeist verstärkt. In den allermeisten Fällen handelt es sich um Verschnitte aus sechs oder mehr indigene Sorten aus Portugal bzw. spanischen Ursprungs.
- **Madeira** Der andere große gespritete Wein Portugals heißt nach der Atlantikinsel, auf der er entsteht. Es sind nussige, sherryähnliche Weine, von trocken bis süß, die aus weißen und roten Trauben erzeugt werden können.

Andere Weinstile Portugals

- **Vinho Verde** Leichte, säurebetonte Weine zu erschwinglichen Preisen, perlend und erfrischend. Es gibt sie in weiß, rosé und rot, doch alle heißen *verde* (»grün«), da ihre Trauben unreif gelesen werden.
- **Alentejo/Tejo** Aus diesen wärmeren Binnenregionen im Süden kommen reifere, kräftigere Weine – meist trockene Rote, die nach der Rebsorte etikettiert sind.
- **Douro** Trockene, geschmacksintensive, dunkle Rotweine aus der Gegend, aus der auch der Portwein stammt – und von denselben Traubensorten.

PORTUGAL AUF EINEN BLICK

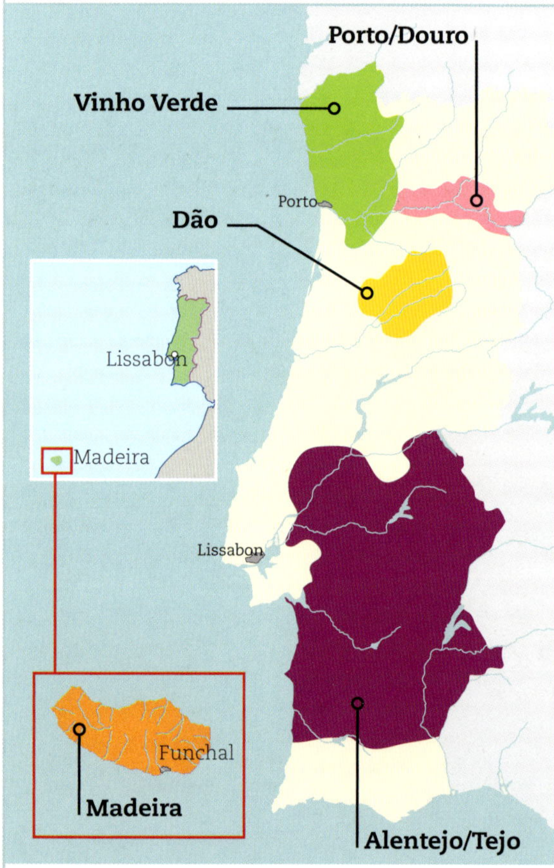

Region in Westeuropa mit gemischtem Klima

Die wichtigsten Standardweine
Vinho Verde: leichte, perlende Weiße
Alentejo: dunkle, herbe Rote

Die wichtigsten gespriteten Weine
Port: süße, likörartige Rote
Madeira: süß-herbe, nussige Weiße

Griechenland

In der Antike spielte Griechenland eine wichtige Rolle bei der Verbreitung der Weinrebe und der Verfeinerung der Weinbereitung im Mittelmeerraum, doch während der Jahrhunderte der osmanischen Herrschaft stagnierte die Weinkultur. Erst mit dem Beitritt zur Europäischen Gemeinschaft 1981 wandelte sich das Bild erneut grundlegend. Heute ist hochklassiger griechischer Wein eine moderne Realität.

Hintergrund

Sonniges Mittelmeerklima herrscht im größten Teil der griechischen Küstengebiete. Wie in Italien wachsen hunderte indigene Rebsorten im Land. Zwar dienen die meisten als Tafeltrauben oder zur Produktion von Rosinen und Korinthen, doch ein paar Dutzend haben sich als exzellent für die Weinerzeugung erwiesen, etwa der weiße Assyrtiko von den Inseln im Süden oder der rote Agiorgitiko vom Festland im Norden. Mengenmäßig dominieren einige Großerzeuger die griechische Weinproduktion, und auf den Exportmärkten findet man immer noch vor allem traditionelle Stile wie den harzigen Retsina oder süße Muscat- und Mavrodaphne-Weine. Mehr und mehr aber bringen kleine Winzer die neuen griechische Stile der Weinwelt nahe, oft trockene, frische Weine, die gut zur traditionellen Mittelmeerküche passen.

Griechenlands wichtigste trockene Stile

- **Assyrtiko** Die säurebetonten trockenen Weißweine der Insel Santorini beruhen auf dieser ertragsarmen Rebe, deren Weine Sauvignon-Blanc-Fans erfreuen.
- **Moschofilero** Diese duftende hellrote Traube wächst auf dem Peloponnes und wird zu fülligen Weißweinen mit Aromen von exotischen Blumen verarbeitet.
- **Xynomavro** Der »saure Schwarze« wächst in ganz Mittel- und Nordgriechenland; die besten Ergebnisse kommen aus Naoussa und Amyndeo.
- **Agiorgitiko** Die herben, mittelschweren Rotweine aus Nemea beruhen auf dieser vielseitigen Sorte. Sie sind gute Essensbegleiter, weshalb Agiorgitiko manchmal mit dem italienischen Sangiovese verglichen wird.

Griechenlands wichtigste Süßweinstile

- **Muscat und Mavrodaphne** Süße weiße Muscat- und rote Mavrodaphne-Weine, meist nach der Portweinmethode gespritet, sind sehr häufig in Griechenland.

GRIECHENLAND AUF EINEN BLICK

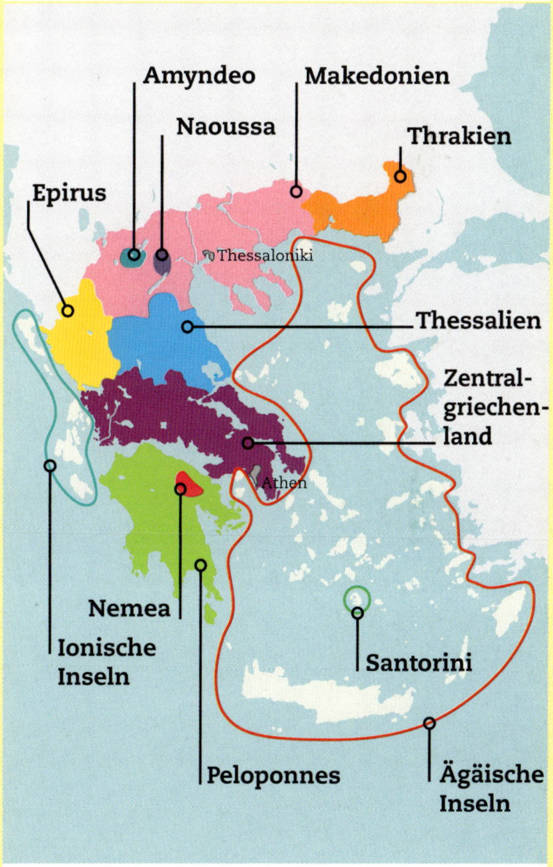

Region im mediterranen Europa mit warmem Klima

Aufstrebende Weißweine
Santorini: erfrischende, herbe Weiße
Moschofilero: aromatische, blumige Weiße

Aufstrebende Rotweine
Xynomavro: tanninstarke, trockene Rote
Nemea: herbe, mittelschwere Rote

Außereuropäische Weinregionen

Auch in der westlichen und südlichen Hemisphäre wird Weinbau betrieben. Hier, in der Neuen Welt, ist eine genauere Kenntnis der Geografie nicht so wichtig wie in Europa. Es gibt insgesamt weniger, dafür größere Appellationen, in denen eher lockere Vorschriften gelten. Die Weine werden meist nach der Traube benannt, und da insgesamt viel weniger verschiedene Rebsorten angebaut werden, sind die Etiketten für den Konsumenten leicht zu verstehen. Umgekehrt erschwert dies aber auch die Hervorhebung individueller Weine, was die Gefahr mit sich bringt, dass die Vielfalt der Aromen schwindet.

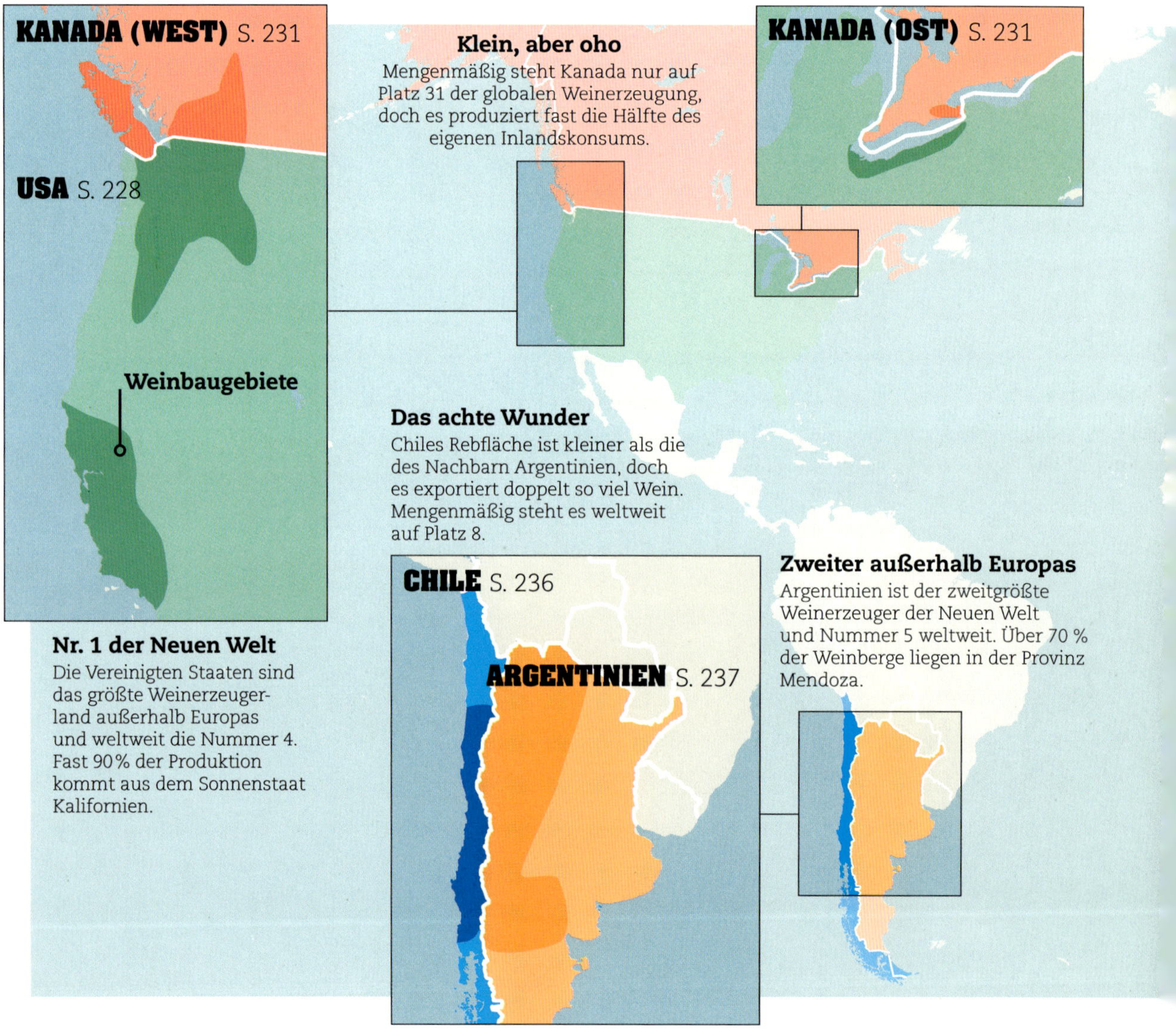

Klein, aber oho
Mengenmäßig steht Kanada nur auf Platz 31 der globalen Weinerzeugung, doch es produziert fast die Hälfte des eigenen Inlandskonsums.

Nr. 1 der Neuen Welt
Die Vereinigten Staaten sind das größte Weinerzeugerland außerhalb Europas und weltweit die Nummer 4. Fast 90% der Produktion kommt aus dem Sonnenstaat Kalifornien.

Das achte Wunder
Chiles Rebfläche ist kleiner als die des Nachbarn Argentinien, doch es exportiert doppelt so viel Wein. Mengenmäßig steht es weltweit auf Platz 8.

Zweiter außerhalb Europas
Argentinien ist der zweitgrößte Weinerzeuger der Neuen Welt und Nummer 5 weltweit. Über 70 % der Weinberge liegen in der Provinz Mendoza.

Schöne neue Welt

Die ehemaligen Kolonien sind meist zwar größer als die Länder Europas, produzieren aber oft weniger Wein. Die Vereinigten Staaten stehen als weltweit viertgrößter Erzeuger vorn, allerdings werden über 85 % der Produktion im Land selbst konsumiert. Argentinien, Australien, Chile und Südafrika gehören global zu den Top Ten und sind auch auf den Exportmärkten zunehmend vertreten. Neuseeland produziert viel geringere Mengen, ist international aber bedeutender als eine Reihe seiner größeren Rivalen. Kanada erzeugt noch weniger und exportiert zudem kaum etwas, tritt aber als Teil des lukrativen nordamerikanischen Markts für Qualitätsweine erkennbar auf den Plan.

MASSE UND KLASSE

Diese sieben Länder der Neuen Welt gehören zu den wichtigen Weinregionen der Erde, weil sie am globalen Markt sehr präsent sind. Rein mengenmäßig erzeugen China, Russland und Brasilien zwar mehr Wein, treten aber international viel weniger in Erscheinung.

Pioniere Down Under
Australien ist der siebtgrößte Weinerzeuger der Erde und ein führendes Zentrum für Forschung und Innovation in der Neuen Welt. Die Weinbaugebiete erstrecken sich an der kühleren Südküste.

Ein echter Newcomer
Neuseeland war lange nur ein winziger Punkt auf der Weltkarte des Weins – bis in den 1990er-Jahren der Marlborough Sauvignon Blanc seinen Siegeszug begann. Heute steht das Land auf Platz 17 der Weltweinproduktion.

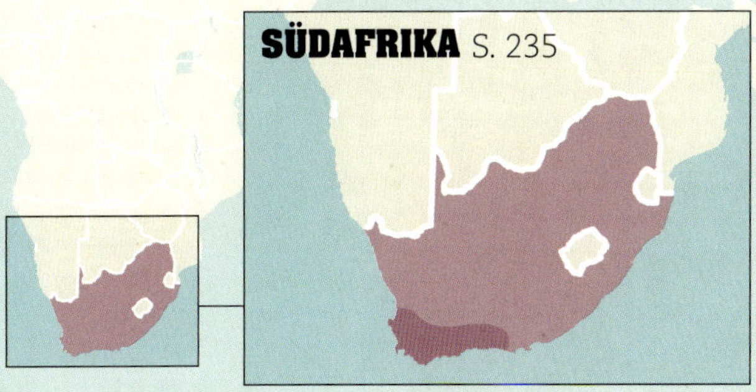

Trauben vom Kap
Insgesamt ist der afrikanische Kontinent kein Weinbauparadies, doch das Klima der westlichen Kap-Region Südafrikas ist für Reben ideal. Weltweit steht das Land auf Platz 9 der Weinerzeugung.

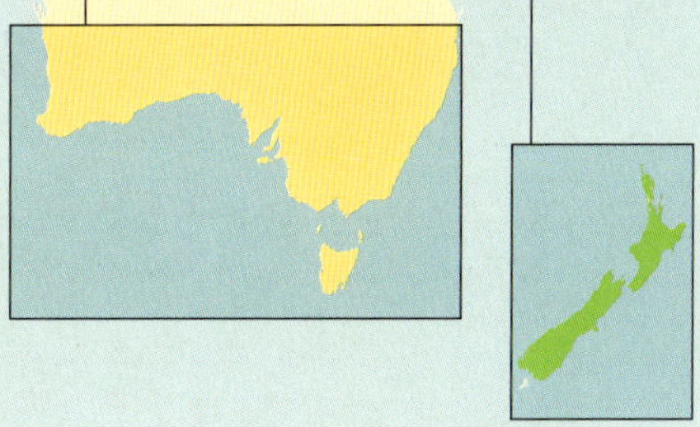

USA: Kalifornien

Kalifornien erzeugt viel mehr Wein als jedes andere Land der Neuen Welt. Nur in Frankreich, Italien und Spanien ist die Produktion höher als in den Vereinigten Staaten – und fast 90 Prozent der Weine der USA kommen aus Kalifornien. Reichlich Sonne und wenig Regen sorgen für außerordentlich reife Trauben, die mächtige Weine mit voller Textur ergeben – Kaliforniens Markenzeichen.

Hintergrund

Schon Mitte des 19. Jahrhunderts zeigten sich kalifornische Weine vielversprechend, doch große Rückschläge hielten den Fortschritt für 100 Jahre auf. An der Wende zum 20. Jahrhundert verheerte eine Insektenplage die Weinberge, dann kam die Prohibition und kurz danach der Zweite Weltkrieg. Nach 1945 erholte sich zunächst die Fassweinproduktion; Qualitätsweine tauchten erst in den 1970ern wieder in nennenswertem Umfang auf. Heute sind die kalifornischen Winzer und die amerikanischen Konsumenten treibende Kräfte des globalen Weinbooms. Einige der feinsten Weine der Erde kommen heute aus Kalifornien.

Das breite Central Valley produziert zum Großteil Alltagsweine, für feine Weine ist es dort zu heiß. Die Qualitätsweinbaugebiete liegen längs der nordkalifornischen Küste und teilen sich in zwei Gruppen auf: nördlich und südlich der San Francisco Bay. Kühle Pazifikluft verhindert dort eine zu schnelle Reifung der Trauben. Zum Bereich North Coast gehören so berühmte und traditionsreiche Appellationen wie das Napa Valley und das Russian River Valley im Sonoma County. Die Central Coast erstreckt sich südlich der Bay bis Santa Barbara und beinhaltet aufstrebende Weinbaugebiete wie Paso Robles und Monterey.

REGELN DER NEUEN WELT

Auf allen Weinetiketten ist auch die Appellation genannt, doch als wichtigster Stilindikator gilt in den USA wie in den meisten Ländern der Neuen Welt die Rebsorte. Die Weinbaupioniere der neuen Gebiete schauten sich von den europäischen Klassikern ab, welche Reben man wo pflanzen muss und wie man Wein erzeugt, doch das System der Benennung von Weinen nach dem Ort wurde nicht übernommen. Seine historischen Grundlagen hatten in Übersee keine Bedeutung mehr. Die amerikanischen Weingesetze sind stattdessen auf größtmögliche Flexibilität für die Erzeuger ausgelegt, und prüfen nur die Richtigkeit der Angaben auf dem Etikett. Anders als in Europa wird nicht versucht, Qualitätsstandards für jede Appellation zu setzen und bestimmte Rebsorten oder Maximalerträge vorzuschreiben.

Kaliforniens wichtigste Rotweinstile

- **Cabernet Sauvignon und Verschnitte** Cabernet Sauvignon ist wie geschaffen für die kaliforische Sonne. In geschützten Gebieten wie dem Napa Valley und Paso Robles liefert die Traube Weine von Weltklasse.
- **Zinfandel** Diese Weine in ihrem unverwechselbaren amerikanischen Stil sind Spezialitäten aus warmem Klima: kräftige Farbe, viel Alkohol und Aromen, die an warmes Beerenkompott erinnern, insbesondere in Gebieten mit alten Weinbergen wie Lodi und Dry Creek.
- **Merlot** Die unterschätzte Sorte liefert an Orten wie dem Napa Valley Bestleistungen: samtige Rotweine mit intensivem Geschmack, aber wenig rauem Tannin.
- **Pinot Noir** Diese dünnschalige Sorte gedeiht in kühleren Küstenlagen wie Sonoma, Santa Barbara und Monterey und erbringt verführerische, mittelschwere Weine.

Kaliforniens wichtigste Weißweinstile

- **Chardonnay** Kaliforniens Rebsorte Nummer eins produziert füllige, fruchtige Weine, die in kühlen Gebieten wie Sonoma und Santa Barbara besonders gut geraten. Es gibt Versionen mit und ohne Eichennote.
- **Sauvignon Blanc** Die Weine der manchmal auch als Fumé Blanc etikettierten Sorte fallen oft nicht so säurebetont und kräuterwürzig aus wie in anderen Ländern.

KALIFORNIEN AUF EINEN BLICK

Region in Nordamerika mit warmem Klima

Wichtige Weißweine
Chardonnay: reichhaltige Weißweine mit Röstnote
Sauvignon Blanc: frische, herbe Weiße

Wichtige Rotweine
Cabernet Sauvignon: dichte, kraftvolle Rote
Zinfandel: kräftige, marmeladige Rote
Pinot Noir: elegante, mittelschwere Rote

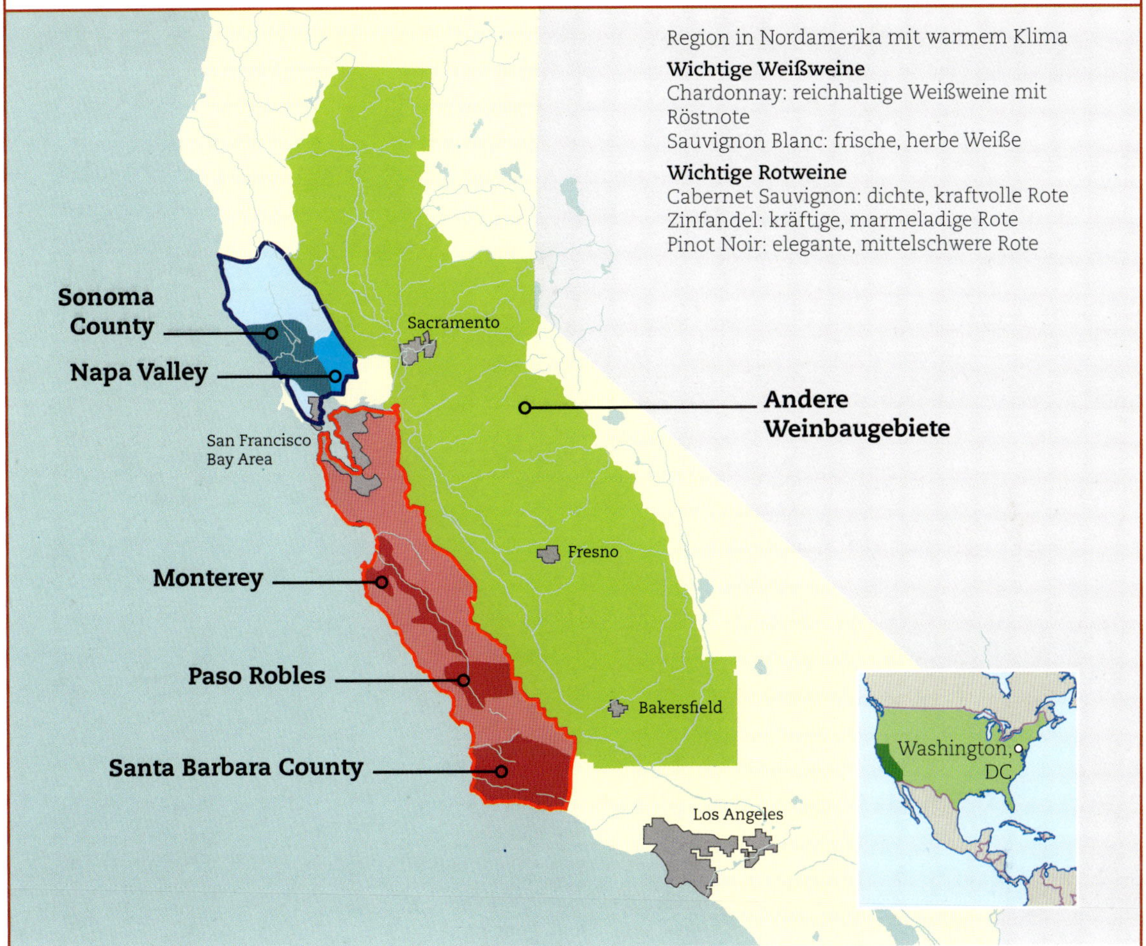

North Coast

Dies ist das Weinbaugebiet mit dem größten Prestige in Kalifornien. Es umfasst vier Countys nördlich der San Francisco Bay: Sonoma und Mendocino an der Küste, Napa und Lake etwas weiter im Inland.

Sonoma, das größte der vier, weist auch die meisten klimatischen Unterschiede auf. Neblige Gebiete nahe am Wasser wie das Russian River Valley und Carneros sind auf kühlklimatische Weinstile wie Chardonnay, Pinot Noir und Schaumweine spezialisiert. Appellationen im Landesinneren wie Alexander Valley und Dry Creek Valley sind wärmer und besser bekannt für schwerere Rote wie Cabernet Sauvignon und Zinfandel.

Das **Napa Valley** ist viel kleiner als Sonoma, hat aber eine höhere Weinbergdichte und einen legendären Ruf. Geschützt durch eine Bergkette, ist Napa wärmer und eignet sich klimatisch mehr für Rotweinsorten. Die Bordeaux-Partner Cabernet Sauvignon und Merlot schlagen sich besonders gut und werden auch oft verschnitten, sowohl in Appellationen im Talgrund wie Rutherford als auch in steileren Lagen wie Howell Mountain und Stags Leap District.

In **Mendocino** sind Klima und Landschaft ähnlich wie in Sonoma, es gibt aber weniger Rebflächen.

Das Klima des **Lake County** ähnelt dem des nördlichen Napa Valley.

Central Coast

Als regionale Appellation wird die Central Coast häufig auf Etiketten genannt. Sie reicht von der Bay Area bis Santa Barbara. Auch wenn sie südlicher liegt als die North Coast, sind ihre Täler meist kühler, da die Küstengebirge die Winde vom Pazifik tiefer ins Binnenland leiten. Aus den Countys Santa Barbara, San Luis Obispo, Monterey und Santa Cruz kommen hervorragende Weine von Chardonnay, Pinot Noir und Syrah, während die Enklave Paso Robles besser bekannt ist für wuchtige Rote wie Cabernet Sauvignon und Zinfandel.

USA: Pazifischer Nordwesten

Kalifornien mag die Produktion der USA dominieren, doch aus den Bundesstaaten des Pazifischen Nordwestens, Oregon und Washington, kommen ebenfalls großartige Weine. Sie sind etwa gleich groß, produzieren aber recht unterschiedliche Weinstile. Oregon ist bekannt für kleine Mengen von Pinot Noir und Pinot Gris der Oberklasse, Washington erzeugt erheblich mehr erschwinglichere Weine von Merlot, Cabernet Sauvignon, Chardonnay und Riesling.

Hintergrund

Maßgeblich für die stilistischen Unterschiede sind die Cascade Mountains, die die Region in Ost und West teilen. Oregons Hauptanbaugebiet, das Willamette Valley südlich von Portland, ist zwischen den Cascades und der Küste eingezwängt. Mit seinem relativ kühlen Klima eignet es sich perfekt für Pinot Noir – eine schwierige Traube, aber großartig, wenn sie gedeiht. In Washington wachsen die Reben vor allem im Columbia Valley zwischen Yakima und Walla Walla. Hier, auf der trockenen Ostseite der Cascades, sichert künstliche Bewässerung den Weinbau. Tags ist es sonnig und warm, was den Anbau dickschaliger Rotweinsorten ermöglicht, während die kalten Wüstennächte den Trauben die frische Säure erhält.

Die wichtigsten Rotweinstile des Pazifischen Nordwestens

- **Oregon Pinot Noir** Das Willamette Valley gilt als einer der besten Orte außerhalb Burgunds für sinnlichen, ausdrucksstarken Pinot Noir.
- **Washington Merlot** Die ungewöhnlich kraftvollen Merlot-Weine aus dem Columbia Valley widerlegen den Ruf der Sorte, nur »weich und fruchtig« zu sein.
- **Washington Syrah** Enorm körperreiche, dunkle Syrah-Weine mit intensiven Aromen entstehen in Zentralwashington.

Die wichtigsten Weißweinstile des Pazifischen Nordwestens

- **Oregon Pinot Gris** Beschwingte, mittelschwere trockene Weine ohne Eichennote, oft gewichtiger als italienischer Pinot Grigio, aber verhaltener als französischer Pinot Gris.
- **Washington Riesling** Washington erzeugt auch schönen Chardonnay und Sauvignon Blanc, doch der Riesling mit etwas Restsüße ist etwas ganz Besonderes.

PAZ. NORDWESTEN AUF EINEN BLICK

Region in Nordamerika mit gemischtem Klima

Beliebteste Weine
Washington Riesling: leicht süße Weiße
Oregon Pinot Gris: trockene Weiße ohne Eichennote

Renommierteste Weine
Oregon Pinot Noir: seidige, mittelschwere Rote
Washington Syrah: intensive Rote mit Pfeffernote

Kanada

Kanadabesucher sind oft überrascht über den florierenden Weinbau: Im kalten Norden erwartet man keine Reben. Exportiert wird kaum etwas, dafür deckt das Land den eigenen Bedarf etwa zur Hälfte. Der angesehenste Stil ist der süße *icewine*, nach dem Vorbild der deutschen und österreichischen Eisweine. Er wird aus überreifen Trauben bereitet, die im Winter am Stock gefrieren und deshalb sehr konzentrierten Saft liefern.

Hintergrund

Die wenigsten Reben überleben Temperaturen von unter –10 °C länger als ein oder zwei Tage, und nur wenige Regionen Kanadas haben so milde Winter, dass Traubenanbau möglich ist. Gute Weine in größerem Umfang entstanden zuerst auf der Niagara Peninsula in Ontario, zwischen den Großen Seen. Heute richtet sich der Blick auch auf die Westküste nach British Columbia, wo im Okanagan Valley in den Ausläufern der kanadischen Rockys ebenfalls ausgezeichnete Weine erzeugt werden. In beiden Regionen ist man mit kühlklimatischen Sorten wie Riesling und Pinot Noir erfolgreich; im Westen reifen regelmäßig sogar Trauben, die mehr Sonne und Wärme brauchen, darunter Cabernet Sauvignon und Syrah.

Kanadas wichtigste Weinstile

- **Icewine** Höchstes Ansehen genießen diese kanadischen gefrierkonzentrierten Dessertweine, deren Trauben bis in den Januar hinein am Stock hängen bleiben.
- **Riesling** Die kühlklimatische weiße Sorte gedeiht gut in Kanada und wird meist zu leichten, süß-herben Weinen nach deutschem Vorbild verarbeitet.
- **Cabernet Franc** Der dünnschaligere Verwandte von Cabernet Sauvignon liefert in Kanada schwungvolle, mittelschwere Rotweine mit Zedernnote.
- **Pinot Gris** Die sonnigen, aber kühlen Bedingungen sind ideal für Pinot Gris; die Weine folgen mehr dem vollen Elsässer Stil als dem leichteren italienischen.
- **Pinot Noir** Leichtere Weine dieser heiklen Traube können enttäuschen, doch sowohl in Ontario als auch in British Columbia gibt es vielversprechende Ansätze.
- **Syrah** Eigentlich gehört diese Rotweinsorte in ein wärmeres Klima, dennoch entstehen in British Columbia prächtige, intensive, duftende Syrah-Weine.

KANADA AUF EINEN BLICK

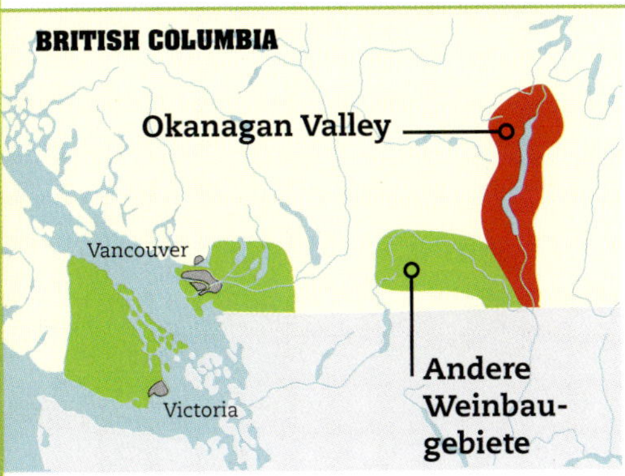

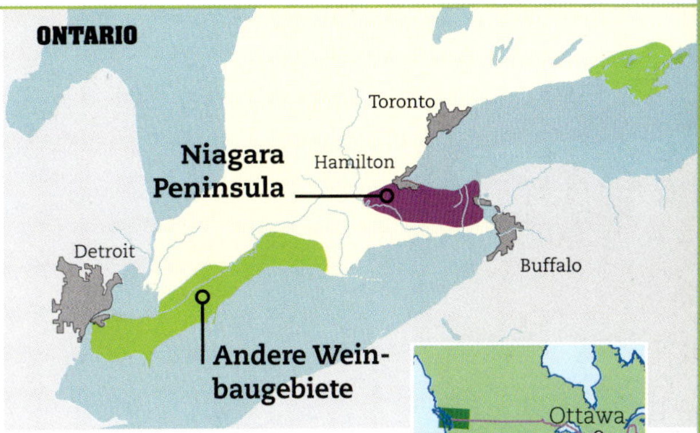

Region in Nordamerika mit kühlem Klima

Beliebteste Weine
Riesling: leicht süße Weiße
Chardonnay: mittelschwere trockene Weiße
Cabernet Franc: herbe, mittelschwere Rote

Renommierteste Weine
Icewine: sehr süße Dessertweine (Eiswein)

Australien

Der größte Teil der Landmasse Australiens ist zu heiß für Trauben, nur im Süden gibt es viele Gebiete mit rebenfreundlichem mediterranem Klima. Viele Innovationen des 20. Jahrhunderts in puncto Weinbau und Weinbereitung nahmen hier ihren Anfang – verbreitet durch australische *winemaker*, die auf der Nordhalbkugel Beraterdienste leisteten, während ihre eigenen Reben Winterruhe hielten.

Hintergrund

Australien gehört zu den Top Ten der globalen Weinproduktion, doch da das Land so dünn besiedelt ist, spielt der Export eine größere Rolle als in vielen anderen Ländern der Neuen Welt. Die besten Weine kommen aus Gebieten, die vom kühlenden Einfluss entweder der Berge oder des Meeres profitieren und nicht weiter als 300 km von der Küste zwischen Sydney und Adelaide liegen. Billige Alltagsweine erzeugt man oft in wärmeren bewässerten Gegenden weiter im Landesinneren, etwa im flachen Einzugsgebiet des Murray River.

Viele europäischstämmige Rebsorten wachsen auf dem fünften Kontinent, auch Chardonnay und Cabernet Sauvignon. Typisch für Australien und am häufigsten angebaut aber ist Shiraz. Diese Traube aus Frankreich, wo sie Syrah heißt, fühlt sich in warmem Klima sehr wohl. Australischer Wein wird, wie in der Neuen Welt üblich, fast immer nach der Sorte etikettiert – mit einem Unterschied: Verschnitte müssen alle enthaltenen Trauben in der Reihenfolge ihrer Anteile auflisten.

GEOGRAPHICAL INDICATIONS

Viele der beliebtesten australischen Weine laufen unter einer einzigen riesigen Appellation, die etwa 90 % der Gesamtrebfläche des Landes umfasst: South Eastern Australia. Hochklassige Weine jedoch werden nach ihren enger gefassten *geographical indications* (Herkunftsbezeichnungen) etikettiert, nach dem bekannten Prinzip der Weinindustrie »je kleiner, desto besser«.

AUSTRALIEN AUF EINEN BLICK

Region der Südhalbkugel mit warmem Klima

Wichtige Weißweine
Chardonnay: reichhaltige, fruchtige Weiße
Riesling: herb-trockene Weiße

Wichtige Rotweine
Shiraz: dunkle, marmeladige Rote
Grenache: kräftige Rote mit Rosinennote

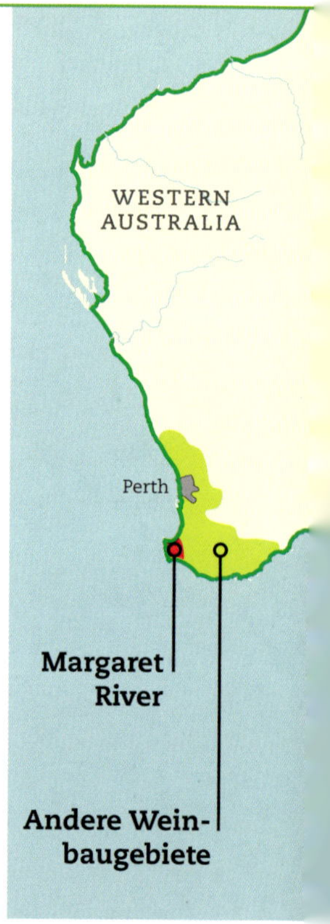

Western Australia
Der riesige Bundesstaat nimmt das westliche Drittel des Kontinents ein, doch nur ein winziges Gebiet nahe der Küste bei Perth eignet sich für den Weinbau. Hier arbeiten mehr kleine, unabhängige Winzer als große Kellereiunternehmen. Die besten Weine kommen aus der Region Margaret River, die für hervorragenden Chardonnay und Shiraz bekannt ist.

South Australia
Viele renommierte Appellationen liegen in der näheren Umgebung von Adelaide. Die Südostecke von South Australia hält hochklassige Appellationen entlang der Küste und auf Massenproduktion ausgerichtete Gebiete im Einzugsgebiet des Murray River bereit. Barossa Valley und McLaren Vale sind berühmt für ihren Shiraz, im kühleren Clare Valley entsteht umwerfender trockener Riesling. Südlich davon produzieren Coonawarra und die Limestone Coast einige der besten Cabernet-Sauvignon- und Chardonnay-Weine Australiens.

Australiens wichtigste Rotweinstile

- **Shiraz** So heißt die französische Syrah-Traube in Australien. Die kräftigen, dunklen Weine reichen von süffig-fruchtig bis tiefgründig-gehaltvoll.
- **Grenache-Verschnitte** Auch andere Rhône-Sorten gedeihen in Australien. Grenache findet man oft in »GSM blends«, die nach dem Vorbild der Côtes du Rhône auch kleinere Anteile Shiraz und Mourvèdre enthalten.
- **Cabernet Sauvignon und Verschnitte** Cabernet Sauvignon wird hier nicht so viel angebaut wie in anderen Gebieten der Neuen Welt und ergibt leichtere, herbere Weine, oft im Verschnitt mit Shiraz.

Australiens wichtigste Weißweinstile

- **Chardonnay** Die vielfältige Geografie Australiens sorgt auch für viele Chardonnay-Stile, von herb aus kühlem Klima bis üppig aus warmer Umgebung. Viele sind ganz ohne oder nicht mit neuer Eiche ausgebaut.
- **Riesling** Australischer Riesling ist meist trocken und herb nach Elsässer Vorbild und zeigt wunderbare Aromen von Limette und grünem Apfel.
- **Semillon** In Frankreich Grundlage des berühmten Süßweins Sauternes, liefert die Traube (hier ohne Akzent auf dem e geschrieben) in Australien alle Weißweinstile, von trocken bis sehr süß, mit und ohne Eichennote.

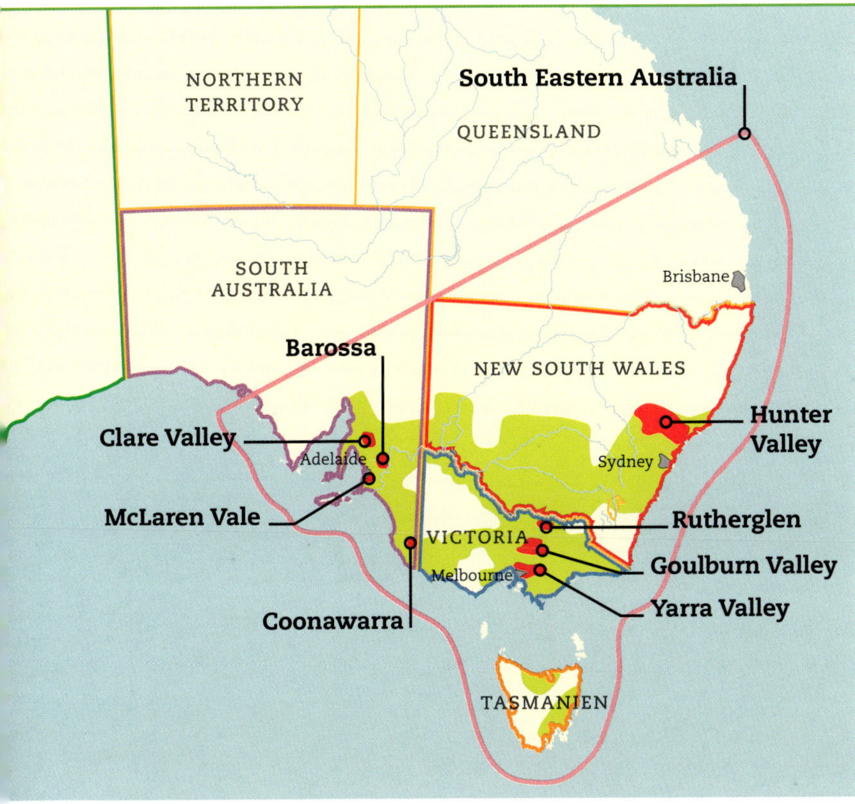

New South Wales

Die Wiege des australischen Qualitätsweinbaus stand im Hunter Valley nahe Sydney. New South Wales produziert ausgezeichneten Chardonnay und Shiraz sowie unverwechselbaren Semillon. Der Großteil der Produktion des Bundesstaats kommt aus dem bewässerten Murray-Darling-Becken im Landesinneren, doch es gibt auch ehrgeizige Winzer, die in den kühleren Hügeln der Great Dividing Range in kleineren Appellationen wie Mudgee und Hilltops spannende Weine erzeugen.

Tasmanien

Die Insel im kalten Südozean ist der kleinste und kühlste Bundesstaat Australiens. Bekannt ist Tasmanien für Weißweine von Chardonnay und Riesling, doch auch die sehr guten Schaumweine und der Pinot Noir finden zunehmend Beachtung.

Victoria

Der südlichste und kühlste Staat des australischen Festlands ist auf kühlklimatische Stile wie Weiß- und Schaumweine spezialisiert. Die Küstengebiete um Melbourne, darunter das Yarra Valley und die Mornington Peninsula, eignen sich ideal für Trauben, die es gern kühl haben, wie Pinot Noir und Chardonnay. Die Gebirgstäler der Great Dividing Range, etwa Goulburn, erzeugen großartige Weiß- und Rotweine in verschiedenen Stilen. Orte im Nordosten wie Rutherglen haben für ihre *stickies* Berühmtheit erlangt: süße gespritete Weine nach dem Vorbild von Port und Sherry.

KÜHLER SÜDEN

Australiens Weinregionen liegen alle nahe der Südküste in Gebieten mit vergleichsweise kühlem mediterranem Klima. Der Rest des Kontinents ist für den Traubenanbau zu heiß.

Neuseeland

Heute kennt man Neuseeland als Großmacht der Weinwelt, vor allem wegen seiner frischen Weißen, doch ist seine Weinindustrie weitaus jünger als die anderer Länder der Neuen Welt. Ernsthafter kommerzieller Weinbau begann erst in den 1970er-Jahren als Teil einer nationalen Umstrukturierung der Wirtschaft, und schon ein Jahrzehnt später machte Sauvignon Blanc aus Marlborough die Doppelinsel im Südpazifik zum internationalen Star. Diese herben Weißweine mit Zitrusnote folgen dem Loire-Stil aus Sancerre, brillieren aber zusätzlich mit überbordenden Noten von Kräutern und tropischen Früchten.

Hintergrund

Für ein Weinland der Neuen Welt ist Neuseeland ungewöhnlich, da seine Rebflächen in viel kühlerem Klima liegen als die der USA, Australiens und Südamerikas – vergleichbar eher mit dem kühlen Europa. Doch genau das ist das Alleinstellungsmerkmal des neuseeländischen Weins, verbindet er doch den sauberen, fruchtigen Charakter, den man mit der Neuen Welt verbindet, mit der frischen Säure und der Affinität zu Speisen, wie sie eher europäische Weine kennzeichnen. Der ungeheure Erfolg des neuseeländischen Sauvignon Blanc hat die Aufmerksamkeit weltweit auch auf andere Weinregionen mit kühlem Klima und deren herbe, trockene, in Edelstahl vergorene Weißweine gelenkt.

Neuseelands wichtigste Weißweinstile

- **Sauvignon Blanc** Die ohne Eicheneinfluss bereiteten, erfrischend säurebetonten Weine sind trocken, mittelschwer und zeigen intensive Zitrusnoten sowie Aromen von grünen Kräutern. Der typische Marlborough-Stil ist ein internationaler Maßstab für diese Traube geworden.
- **Chardonnay** Diese Sorte bringt in den Küstengebieten Neuseelands brillante Ergebnisse hervor, insbesondere an der Südostküste der Nordinsel: schwungvolle Weine mit der Säure grüner Äpfel, die sowohl mit als auch ohne Eiche ausgebaut werden.

Neuseelands wichtigste Rotweinstile

- **Pinot Noir** Neuseeland ist eine der wenigen Gegenden außerhalb Europas, wo diese heikle Traube großartige Weine erbringt, vor allem in der Region Central Otago auf der Südinsel.

NEUSEELAND AUF EINEN BLICK

Region der Südhalbkugel mit kühlem Klima

Beliebte Weißweine
Sauvignon Blanc: säurebetonte Weiße ohne Eichennote
Chardonnay: herbe, trockene Weiße

Beliebte Rotweine
Pinot Noir: blasse, herbe Rote

Südafrika

Der größte Teil Afrikas ist zu heiß für den Weinbau, nur die Region Western Cape in Südafrika hat ein mediterranes Klima. Schon Ende des 17. Jahrhunderts versuchte man sich hier an der Rebenzucht, und zu Beginn des 19. Jahrhunderts galt das Land am Kap als erstklassige Adresse für Wein. Das 20. Jahrhundert hielt dann heftige Rückschläge bereit: Insektenplagen verwüsteten die Weinberge, die Erzeuger stellten auf Fassweinproduktion um, und jahrzehntelang wurden die Weine des Landes nur zu billigem Brandy destilliert.

Hintergrund

Vor dem Ende der Apartheid in den 1990ern blockierten Handelsembargos viele Exportmärkte, just als der globale Weinboom begann. Heute jedoch sind der eigene Charakter und das Qualitätspotenzial der südafrikanischen Weine mit ihrer ungewöhnlichen Komplexität wieder anerkannt. Die Massenproduktion ist in den sonnenverbrannten Tälern des Binnenlandes angesiedelt, Qualitätsweinbau findet in den kühleren Küstengebieten statt. Trotz des warmen Klimas sind südafrikanische Weine oft weniger fruchtbetont und bessere Essenspartner als andere der Neuen Welt.

Südafrikas wichtigste Rotweinstile

- **Pinotage** Die für Südafrika charakteristische Traube entstammt einer Kreuzung von Pinot Noir mit der unbekannteren Rhône-Traube Cinsaut. Pinotage liefert intensive Rotweine mit rauchigem, fleischigem Aroma.
- **Cabernet Sauvignon und Verschnitte** Südafrikanische Weine auf Cabernet-Basis haben einen erdigen Charakter, insbesondere aus Stellenbosch und Paarl.

Südafrikas wichtigste Weißweinstile

- **Chenin Blanc** Die aus dem Loire-Tal stammende Traube erbringt in Südafrika spannende Weine in vielen Stilen, von leicht und süß bis körperreich, trocken und fassvergoren.
- **Chardonnay und Sauvignon Blanc** Gute Weine aus kühleren Gebieten, oft in einem knackig-trockenen Stil.

SÜDAFRIKA AUF EINEN BLICK

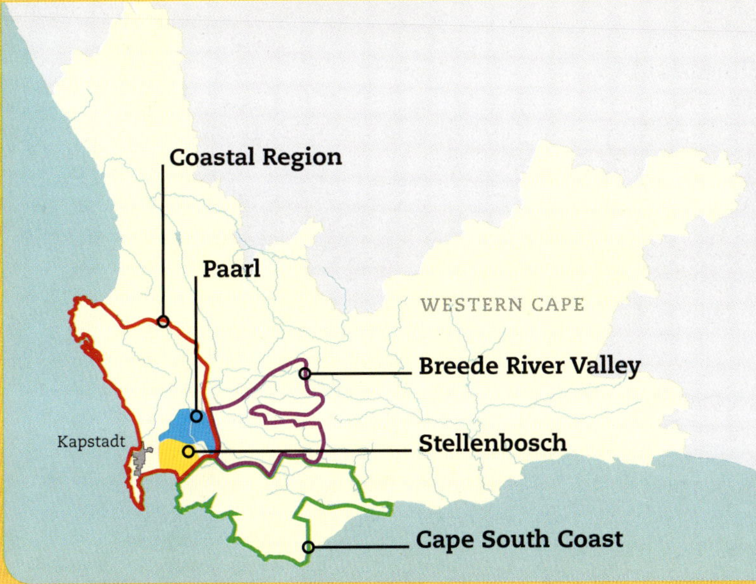

Region der Südhalbkugel mit warmem Klima

Beliebteste Weine
Chenin Blanc: leicht süße Weiße
Pinotage: kräftige, rauchige Rote

Renommierteste Weine
Chardonnay: fassvergorene Weiße
Cabernet Sauvignon: intensive, erdige Rote

Chile

In dem langen, schmalen Land wird Wein erzeugt, seit die Spanier dort ankamen, doch erst jüngst hat es sich einen Ruf für erstklassige Qualität erworben. Chile erstreckt sich über Tausende von Kilometern parallel zum Pazifik und zum Andengebirge. Seine Weinbaugebiete liegen in einer Reihe von Tälern mit gemäßigtem Klima rund um die Hauptstadt Santiago, wo im Sommer monatelang die Sonne scheint und die Winter mild sind.

Hintergrund

Französische Rebsorten gelangten im 19. Jahrhundert nach Chile, deshalb dominieren heute Cabernet Sauvignon, Merlot und Sauvignon Blanc sowie Chardonnay die Exporte des Landes. Außerdem kultiviert Chile eine Traube, die man sonst nirgendwo findet: Carmenère, eine Bordeaux-Sorte mit intensivem Geschmack, die in Frankreich aber seit fast einem Jahrhundert nicht mehr in Erscheinung tritt. In Chile wurde sie lange gemeinsam mit ihrem nahen Verwandten Merlot in die Weinberge gepflanzt.

Mit viel Sonne, kühlen Nächten und einer langen, trockenen Wachstumsperiode kennt Chile das feuchte Wetter und die Insektenplagen nicht, die andere Regionen heimsuchen können. Die günstigen Bedingungen sowie niedrige Grund- und Arbeitskosten lockten in den 1990er-Jahren internationales Kapital und Fachwissen an. Seitdem ist die Weinqualiät sprunghaft angestiegen.

Chiles wichtigste Weinstile

- **Carmenère** Die Traube ist Chiles Markenzeichen und liefert dunkle, kräuterwürzige Rotweine mit großem Potenzial, die an ihre Bordeaux-Verwandten Merlot und Cabernet Sauvignon erinnern.
- **Cabernet Sauvignon, Merlot und Verschnitte im Bordeaux-Stil** Weine aus Bordeaux-Sorten geraten in Chile ausnehmend gut. Die besten sind Verschnitte aus Regionen wie Maipo, Rapel und Aconcagua. Im Vergleich zu anderen Exemplaren der Neuen Welt zeigen sie sich oft als gute Essensbegleiter nach französischem Muster.
- **Chardonnay und Sauvignon Blanc** Weiße Sorten gedeihen in kühlen küstennahen Gebieten wie dem Casablanca-Tal. Chardonnay gerät oft knackig und erfrischend, hochklassige Exemplare zeigen den meisten Eicheneinfluss. Sauvignon-Blanc-Weine sind schwungvoll-herb mit Kräuternote und ohne Eicheneinfluss, ähnlich dem neuseeländischen Stil.

CHILE AUF EINEN BLICK

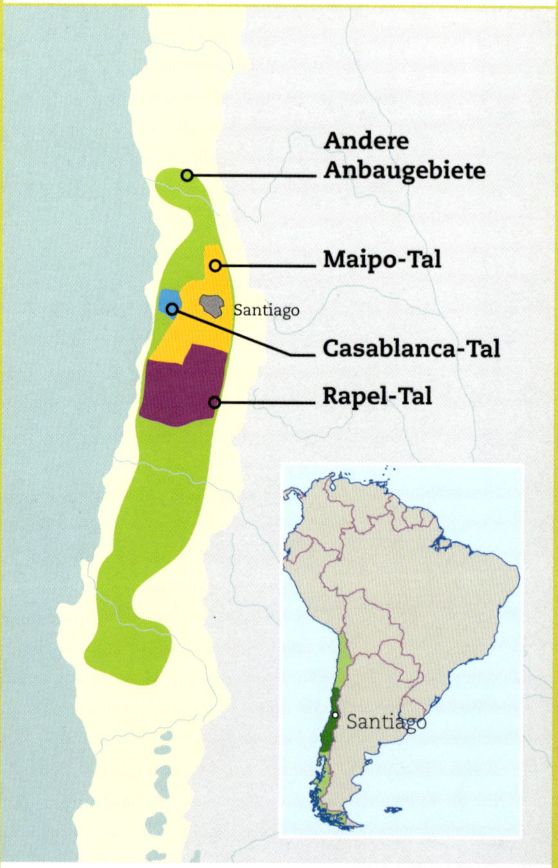

Region der Südhalbkugel mit gemischtem Klima

Beliebteste Weine
Merlot: mittelschwere, trockene Rote
Chardonnay: mittelschwere, trockene Weiße

Renommierteste Weine
Carmenère: dunkle, aromatische Rote
Cabernet Sauvignon: intensive, alterungswürdige Rote

Argentinien

Lateinamerikas größte Weinregion ist die argentinische Provinz Mendoza. Von den Hochebenen der Region Cuyo am Rand der Anden kommen dichte, saftige Rotweine, die in Südamerika schon lange einen guten Ruf genießen – doch der Rest der Welt weiß erst seit etwa 20 Jahren, warum. Das Wüstenklima in den Hochlagen von Mendoza bietet tagsüber genug Wärme und Sonne, um dickschalige Trauben ausreifen zu lassen. Nachts sinken die Temperaturen, was die Säure bewahrt, die für ausgewogene Weine gebraucht wird.

Hintergrund

Im Vergleich zu seinen Konkurrenten hat Argentinien erst spät mit dem Export außerhalb Südamerikas begonnen. Da die wichtigsten argentinischen Rebsorten den internationalen Konsumenten unbekannt waren – nur winzige Punkte auf dem globalen Weinradar – mussten die Erzeuger des Landes hart arbeiten, um das Vertrauen der Verbraucher zu erwerben. Argentiniens wichtigste Traube, Malbec, ist anderswo kaum vertreten. In ihrer Heimat Frankreich reift sie nicht gut aus, weshalb sie weder dort noch anderswo viel angebaut wird. Die weiße Torrontés-Traube stammt von europäischen Sorten ab, hat selbst aber keine Wurzeln in der Alten Welt. In Argentinien bereitet man aus beiden Sorten brillante Weine mit genug Persönlichkeit und Komplexität, um die Welt aufhorchen zu lassen.

Argentiniens wichtigste Weinstile

- **Malbec** Geschmacksintensive, dunkle, volle Rotweine mit blumigen und erdigen Aromen. Erstklassige Exemplare sind dicht und eichenholzwürzig, billigere Tropfen eher leicht und frisch.
- **Bonarda** Mildere Rotweinsorte, die mit der Bonarda-Traube aus Norditalien nicht verwandt ist. Sie liefert weiche, fruchtige, süffige Weine.
- **Torrontés** Die blumig duftenden Weißweine dieser Sorte sind meist trocken und ohne Eichennote; ihr charakteristischer Duft erinnert an Moscato.
- **Internationale Sorten** Das Klima Argentiniens eignet sich sehr gut für den Weinbau, weshalb man sich in den letzten Jahren auch verstärkt an berühmten Traubensorten wie Chardonnay und Cabernet Sauvignon versucht hat.

ARGENTINIEN AUF EINEN BLICK

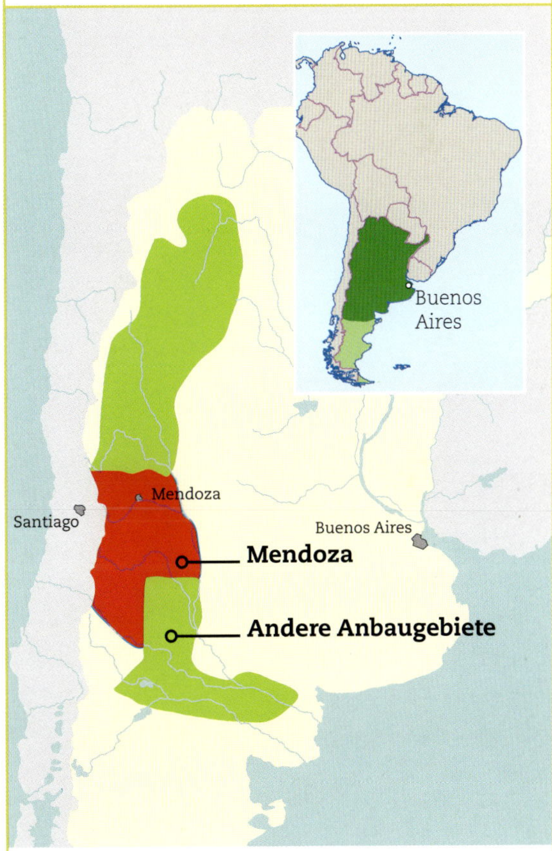

Region der Südhalbkugel mit warmem Klima

Beliebte Weißweine
Torrontés: duftende trockene Weiße

Beliebte Rotweine
Malbec: dunkle intensive Rote
Bonarda: leichtere fruchtige Rote

So wird Wein zur reinen Freude

Viele Weinfreunde, die mehr über ihr Lieblingsgetränk lernen möchten, fühlen sich leicht überfordert. Das muss nicht sein. Halten Sie sich an die Kernkonzepte, anstatt sich mit Massen von Details herumzuschlagen, und lernen Sie, sich auf die eigenen Sinne zu verlassen.

Trauen Sie Ihren eigenen Sinnen

- **Orientieren Sie sich an Ihrem persönlichen Geschmack** Lassen Sie sich keine »raffinierten« Vorlieben einreden. Sie müssen niemanden beeindrucken, höchstens sich selbst.
- **Bleiben Sie offen** Die Wahrnehmung von Wein kann sich mit dem Essen, der Temperatur und sogar Ihrer Stimmung ändern – geben Sie einem Weinstil ruhig eine zweite Chance.
- **Regeln sind zum Brechen da** »Das geht nicht« oder »Das tut man nicht« gibt's nicht. Wein zum Frühstück? Wein mit Eiswürfeln? Zwei Weine mischen? Aber klar!
- **Lassen Sie sich auf Neues ein** Um zu wissen, was es alles gibt, müssen Sie es probieren. Wer sich nur auf einen Stil festlegt, verpasst neue Erfahrungen.
- **Verlieren Sie sich nicht in Einzelheiten** Beim Wein kann man sich tief in Details aller Art versenken – aber passen Sie auf, dass der Genuss nicht leidet.

Lernen Sie, Weine zu beschreiben

- **Drücken Sie sich einfach aus** Die wichtigsten Weineigenschaften lassen sich mit wenigen konkreten Begriffen beschreiben.
- **Jeder Sinn steht für sich** Wein wird mit allen Sinnen wahrgenommen, außer dem Gehör.
- **Sensorische Eigenschaften bewerten** Ordnen Sie Farbtiefe, Süße, Säure, Frucht, Eiche, Gewicht und Kohlensäure im Raster von schwach bis stark ein.
- **Zerbrechen Sie sich nicht den Kopf über Aromen** Geruchs- und Geschmacksnoten zu erkennen, braucht Erfahrung. Die Intensität und die allgemeinen Kategorien zu benennen, reicht fürs Erste.
- **Auf Höhen und Tiefen achten** Die meisten Weine liegen mit ihren Eigenschaften im Mittelfeld – doch die Qualitäten, die außerhalb der Norm liegen, sind am auffälligsten und für die Charakterisierung am hilfreichsten.

Wein einkaufen ohne Stress

- **Die Verpackung beurteilen** Wie ein Erzeuger seine Weine präsentiert, lässt einige Rückschlüsse auf seine Philosophie und die angestrebte Zielgruppe zu.
- **Die Hausnummern kennen** Zahlen wie Alter (Jahrgang), Preis und Alkoholgehalt eines Weins sagen eine Menge über seinen Stil aus.
- **Das Kleingedruckte lesen** Wenn man weiß, was wo steht, hat man es beim Einkauf leichter.
- **Nicht zu viel ausgeben** Guter Wein muss einen nicht arm machen. Unbekannte Namen oder auch eine 3-Liter-Box können gute Qualität für wenig Geld bieten.
- **Lassen Sie sich helfen, aber nicht die Entscheidung abnehmen** Verkäufer können eine große Hilfe sein, doch wie viel Sie ausgeben möchten, bestimmen Sie allein.

Mehr Weinstile entdecken

- **Nach Möglichkeit viele offene Weine probieren** In Restaurants kann man auf diese Weise wunderbar seinen Horizont erweitern, ohne gleich eine ganze Flasche abzunehmen.
- **Aus der Kuschelecke rauskommen** Die meisten Leute finden recht bald ihren Lieblings-Weinstil – aber ruhen Sie sich nicht darauf aus, es gibt doch noch so viel mehr!
- **Nicht nur nach dem ersten Eindruck gehen** Die Säure eines Weins kann im ersten Moment abschreckend wirken. Doch ein zweiter und ein dritter Schluck lässt dann auch die anderen Eigenschaften hervortreten.
- **Nehmen Sie sich Zeit, einen neuen Wein auszukosten** Schenken Sie ihm ein bis zwei Minuten volle Aufmerksamkeit und speichern Sie ihn in Ihrer mentalen Datenbank ab.
- **Eigene Wörter verwenden** Eindrücke in Worte zu fassen, macht es Ihnen viel leichter, sich später an einen Wein zu erinnern – auch ohne Fachbegriffe und ohne dass Sie sie laut aussprechen müssen.

Die Sonne im Glas herausschmecken

- **Vom Alkoholgehalt ableiten** Bei trockenen Weinen ist die Alkoholstärke ein recht guter Indikator für Traubenreife – 13 % ist der Mittelwert.
- **Stärkere Weine sind oft üppiger** Je mehr Alkohol ein trockener Wein enthält, desto wahrscheinlicher ist er auch intensiver und in Eiche gereift.
- **Leichtere Weine sind oft frischer** Je weniger Alkohol ein trockener Wein enthält, desto wahrscheinlicher ist er auch weniger geschmacksintensiv und zeigt eine lebhafte Säure.
- **Reife kann man riechen** Aromen von Kräutern und Erde kommen v. a. in kühlklimatischen Weinen vor, Weine aus warmen Regionen zeigen mehr süße Frucht- und Gewürznoten.
- **Andere Regeln bei Süßweinen** Für spezielle Kategorien wie Dessert- und gespritete Weine ist der Alkoholgehalt nicht sehr aussagekräftig.

Mit Wein und Essen spielen

- **Dem Wein seinen Platz zuweisen** Als Speisenbegleiter sollte Wein eher eine dienende Rolle einnehmen und nicht im Rampenlicht stehen. Ins Zentrum gehören die Aromen des Essens.
- **Gleiches zu Gleichem** Der Wein sollte mit einer prägnanten Eigenschaft des Gerichts korrespondieren, sei es mit Aroma, Geschmack oder Textur.
- **Stimmt die Chemie?** Säurereiche Weine passen zu salzigem Essen, Süßweine zu Süßspeisen.
- **Vorsicht bei scharfem Essen** Nicht vergessen: Alkohol heizt die Schärfe an, leichtere Weine mildern sie.
- **Sie bestimmen die Regeln** Es ist Ihr Wein, also trinken Sie, was Sie mögen – auch wenn es nicht den üblichen Empfehlungen entspricht.

Testen Sie Ihr Weinwissen

- **Raten Sie, welcher Wein nicht völlig trocken ist** Weine mit (Rest-)Süße sind meist alkoholarme Weiße; die süßesten gibt es oft in kleineren Flaschen.
- **Tippen Sie, welcher Wein eine Eichennote hat** Bei älteren, teureren Weinen ist die Wahrscheinlichkeit für Eichenholzeinfluss größer.
- **Schätzen Sie, welcher Wein am herbsten ist** Jüngere, alkoholärmere Weine oder solche aus kühlen Regionen sind im Allgemeinen am säurereichsten.
- **Und welcher ist ein guter Essensbegleiter?** Viele europäische Weine wirken für sich allein recht herb oder trocken und sollten zu salzigen Speisen serviert werden.
- **Ahnen Sie, welcher Wein am intensivsten schmeckt?** Weine aus warmen Regionen mit viel Alkohol haben oft auch sehr üppige Frucht- und Eichenaromen, vor allem, wenn sie aus Amerika oder von der Südhalbkugel stammen.

Locker bleiben und genießen

- **Snobs und Angeber raus** Es kann ja wohl nicht sein, dass ein Getränk, das von Natur aus in eine fröhliche Runde gehört, als hochnäsig und steif verkannt wird.
- **Lassen Sie sich entführen** Der Duft von Wein beschwört seine Herkunft und Kultur herauf. Schließen Sie die Augen, schnuppern Sie – und gehen Sie im Geist auf Reisen.
- **Schenken Sie sich die Hausaufgaben** Sie müssen keine Faktenberge auswendig lernen. Wenn Sie etwas Bestimmtes wissen möchten, können Sie das leicht nachschlagen.
- **Leben Sie den Augenblick** Wein erinnert uns aufs Schönste daran, dass jeder Tag, den wir mit Familie und Freunden verbringen, ein Grund zum Feiern ist.
- **Stoßen Sie an auf Ihren Erfolg** Sie haben viel über ein kniffliges Thema gelernt. Auf ein langes Leben mit gutem Essen und noch besserem Wein!

Glossar

Abgang, Länge
Ausdruck für den (angenehmen) Nachgeschmack des Weins; wie lange er anhält, ist ein Qualitätskriterium.

Adstringenz
In Bezug auf Wein die Wirkung von Tannin, die den Speichelfluss hemmt und ein trockenes Gefühl im Mund hervorruft.

Alkohol
Ethanol, der psychoaktive Bestandteil alkoholischer Getränke wie Wein, entsteht, wenn lebende Hefekulturen Fruchtzucker verstoffwechseln. Siehe auch **Gärung.**

Alltagswein
Einfacher Wein zum günstigen Preis. Billigster unter den Qualitätsweinen, eine Stufe über Fasswein.

Alte Welt
Sammelbezeichnung für die traditionellen Weinregionen Europas.

Antioxidantien
Substanzen, die Oxidation verhindern, etwa die phenolischen Verbindungen aus den Traubenschalen wie Tannin.

Appellation
Formale Herkunftsangabe des Anbaugebiets der Trauben für einen Wein; muss auf dem Etikett angegeben sein.

Archetyp
Ursprüngliches Vorbild oder Muster, nach dem spätere Weine bereitet sind.

Aromen
In der Nasenhöhle wahrgenommene Komponenten des Weins, die sowohl durch die Nase (als Duft) als auch durch Mund und Rachen (als Geschmacksnoten) wahrgenommen werden. Siehe auch **Geschmack.**

Barrique
Traditionelles französisches 225-Liter-Weinfass; wird für Weinstile verwendet, die während der Reifung Aromen von neuer Eiche annehmen sollen.

Biodynamisch
Form der natürlichen Landwirtschaft, die auch Boden, Pflanzen und Tiere berücksichtigt, synthetische Mittel im Weinberg ausschließt und die Bewirtschaftung nach dem Mondzyklus richtet.

Biologisch, ökologisch
Art der Landwirtschaft, bei der die Verwendung synthetischer Chemikalien verboten ist.

Bitter, Bitterkeit
Eine der sechs von den Geschmacksknospen der Zunge wahrnehmbaren Geschmacksqualitäten (z. B. vom Hopfen in Bier), oft verwechselt mit der Adstringenz des Tannins im Wein (wie in schwarzem Tee).

Branntwein
Aus Wein destillierte Spirituose von hohem Alkoholgehalt; wird zum Spriten von Weinen wie Port oder Sherry verwendet. Siehe auch **Gespriteter Wein.**

Bräunung
Bei Wein ein Zeichen von Alter und Oxidation. Bei Speisen die Farbveränderung, die beim Karamellisieren sowie beim Braten, Grillen usw. entsteht.

Brut
Etikettbegriff für Schaumweine ohne wahrnehmbare Süße; eine Stufe trockener als *extra dry*.

Crianza
Amtlicher spanischer Etikettbegriff für gereifte Weine guter Qualität; die unterste Stufe einer Hierarchie, zu der auch *Reserva* und *Gran reserva* gehören.

Cru
Französischer Begriff für Lagen, die hochklassige Weine hervorbringen, meist als *Grand cru* oder *Premier cru* geadelt. Wird oft als »Gewächs« übersetzt, bedeutet aber eher »Rang« (in einer Klassifikation). In verschiedenen Regionen nach jeweils anderen Kriterien verwendet und unterschiedlich streng gehandhabt.

Dekantieren
Das Umfüllen von Wein aus der Flasche vor dem Servieren, meist in ein Gefäß namens Dekanter – entweder, um einen älteren Rotwein von seinem Sediment zu trennen, oder um einen jungen Wein zu belüften.

Demi-sec
Amtlicher französischer Etikettbegriff für Weine mit erkennbarer Süße, typischerweise halbtrocken.

Dessertwein
Kategorie für Weine von intensiver Süße.

Edelstahl
Die meisten Gärbehälter sind heute aus Edelstahl; Weißweine ohne Eichennote werden meist auch in Edelstahltanks gelagert.

Eiche, Eichennote, eichenholzwürzig
Weine, die bei der Bereitung mit neuer Eiche in Kontakt gekommen sind und die dafür typischen Aromen angenommen haben, nennt man eichenholzwürzig oder »mit Eichennote«. Etiketten aus der Neuen Welt bringen dies mit dem Begriff *oaked* zum Ausdruck.

Einzellage
Genau definierter Weinberg mit charakteristischen Eigenschaften, die in seinen Weinen zu erkennen sind.

Eiswein
Dessertwein aus Trauben, die bis in den Winter am Stock hängen bleiben, dort gefrieren und deshalb sehr konzentrierten Saft abgeben.

Erdig
Begriff für Weine, deren Geruch an freie Natur und Landleben erinnert, wie Mulch, Steine und Herbstlaub.

Erfrischend
Beschreibung für Weine, deren Säuregehalt ein belebendes, frisches Gefühl vermittelt.

Ertrag
Maß für die Produktivität eines Weinbergs, angegeben meist in Tonnen pro Hektar (für Trauben) oder in Hektoliter pro Hektar (für Traubensaft).

Erzeuger
Die Person oder Firma, die den Wein tatsächlich herstellt. Traubenanbau und Weinbereitung liegen keineswegs immer in einer Hand, v.a. in der Neuen Welt gibt es viele Kellereien, die ihr Lesegut von spezialisierten Traubenanbauern beziehen.

Essensbegleiter
Weine, die insbesondere zum Essen schmecken sollen, begünstigt v.a. durch den Effekt von Salz in Speisen, der im Wein die Frucht betont und die Säure mildert.

Estate-bottled
Gutsabfüllung; v.a. in der Neuen Welt verwendeter amtlicher Etikettbegriff. Der Winzer besitzt und bewirtschaftet die Weinberge, von deren Trauben der Wein erzeugt wurde.

Ester
Flüchtige aromatische Verbindungen, auf denen die Aromen vieler Früchte, aber auch von Wein beruhen.

Extra dry
Amtlicher Etikettbegriff für Schaumweine, die eine ganz leichte Süße erkennen lassen; eine Stufe süßer als *brut*.

Farbverbindungen
Phenolische Komponenten im Wein, etwa Tannine aus den Traubenschalen, die Rot- und Roséweinen Farbe und Geschmack verleihen.

Fass
Eichenholzgebinde, das zur Reifung oder Gärung von Wein verwendet wird.

Fassgärung
Praxis bei der Weißweinbereitung: Der Traubensaft wird in Eichenfässern zu Wein vergoren und reift dann oft noch bis zu einem Jahr auf dem Hefesatz.

Fassreifung
Übliche Praxis bei der Rotweinbereitung: Junge, frische Weine werden nach der Gärung in Eichenfässer gefüllt und bleiben dann einige Wochen bis einige Jahre darin.

Fasswein
Massenwein; niedrigste Qualitätskategorie für Weine, oft in billigen Verschnitten verwendet.

Flaschenreife
Manche hochklassige Weine können auch nach der Abfüllung noch eine Zeit lang von weiterer Reifung in der Flasche profitieren.

Flüchtig
Substanz, die bei normaler Temperatur leicht verdunstet – eine Eigenschaft vieler Weinbestandteile, insbesondere von Alkohol und Aromaverbindungen wie Estern.

Frucht, fruchtig
Im Zusammenhang mit Wein Begriff für bestimmte Aromen, die aus der Traube oder von der Weinbereitung herrühren. Wenn sie vorherrschen, bezeichnet man den Wein als fruchtig oder fruchtbetont.

Gärung
Wichtigster Vorgang bei der Weinbereitung, der Traubensaft in Wein umwandelt. Er liegt allen alkoholhaltigen Getränken zugrunde: Lebende Hefezellen wandeln durch ihren Stoffwechsel Zucker in Alkohol und Kohlendioxid um.

Gefrierkonzentration
Verringerung des Wassergehalts einer Flüssigkeit, indem man sie gefrieren lässt und die Eiskristalle entfernt, etwa bei Eiswein.

Gemäßigtes Klima
Eignet sich am besten für den Weinbau – im Winter ist es

nicht zu kalt und im Sommer nicht zu heiß.

Generisch
In Bezug auf europäische Weinappellationen die größte, »allgemeine« Appellation einer Weinbauregion, im Unterschied zu den kleineren spezifischen, die sie umfasst: Chianti ist z. B. die generische Appellation, während Chianti Classico den kleineren, höherwertigen Unterbereich bezeichnet.

Geschmack
Umgangssprachlich sind damit alle Wahrnehmungen im Mund gemeint, die im Zusammenhang mit Essen und Trinken stehen. Tatsächlich in der Mundhöhle, v. a. von den Geschmacksknospen der Zunge, werden aber nur die sechs primären Geschmacksqualitäten wahrgenommen: süß, sauer, salzig, bitter, Umami und Fett. Weitergehende »Geschmacksnoten« wie blumig, grasig, Kirsche, Brombeere usw. sind in Wirklichkeit Geruchsempfindungen in der oberen Nasenhöhle. Zur Unterscheidung werden sie in diesem Buch durchgängig als »Aromen« bezeichnet.

Geschmacksknospen
Auf der Zunge verteilte Bündelungen von Sinneszellen zur Wahrnehmung von Geschmack.

Gespriteter Wein
Kategorie von Weinen mit 15–20 % Alkohol, denen Branntwein (Weingeist) zugefügt wurde, etwa Port und Sherry.

Gewicht
Begriff für die Textur eines Weins, die im Mund als »Dicke« oder Viskosität wahrgenommen wird. Weine mit viel Alkohol oder Zucker fühlen sich schwerer an als solche, die alkoholschwächer oder trockener sind.

Gran reserva
Etikettbegriff für gereifte Weine der Spitzenklasse aus Spanien oder Südamerika.

Grand cru
Französische Qualitätsklassifikation für Wein. Siehe **Cru.**

Griffig
Beschreibung für das adstringierende Gefühl, welches das in vielen Rotweinen vorhandene Tannin im Mund vermittelt.

Grün
In Bezug auf Wein Ausdruck für Eigenschaften, die man mit mangelnder Reife in Verbindung bringt, etwa viel Säure und Aromen von grünen Blättern und Kräutern.

Halbtrocken
Mit leichter Süße, nicht ganz trocken.

Hefe
Einzellige Mikroorganismen, die Zucker in Alkohol verwandeln. Siehe auch **Gärung.**

Hefesatz
Sediment aus nach der Gärung abgestorbenen Hefezellen. Einige Weiß- und Schaumweine lagern noch eine Zeit lang auf dem Hefesatz und nehmen dabei Brot- und Toastnoten an.

Indigen
Einheimisch, aus einer bestimmten Region stammend.

Jahrgang
Das Jahr, in dem die Trauben eines Weins gelesen wurden, oft auf dem Etikett angegeben.

Jung
Beschreibung für einen Wein, der vor der Marktfreigabe nicht im Fass und nach der Abfüllung nicht in der Flasche reift; meist jünger als zwei Jahre.

Kabinett
Unterste Qualitätsstufe der Prädikatsweine nach dem deutschen Weingesetz, bereitet aus Trauben von mittlerer Reife. Viele Kabinett-Weine sind halbtrocken und alkoholarm, es gibt aber auch schwerere und trockene Exemplare.

Kirchenfenster
siehe **Tränen.**

Knackig
Verkostungsbegriff für frische Weine mit einem gewissen, nicht zu hohen Säuregehalt.

Komplex
Begriff für simultane Eindrücke beim Weingenuss, in der Regel vielschichtige Düfte und Geschmacksnoten, v. a. solche, die bei der Gärung oder Reifung entstehen.

Konservierungsstoffe
Substanzen, die die Oxidation eines Weins hemmen und ihn dadurch haltbarer machen; sie können wie Tannin von Natur aus im Wein enthalten sein oder hinzugefügt werden wie Schwefeldioxid.

Konzentriert
Begriff für Weine mit überdurchschnittlicher Intensität der Geruchs- und Geschmackseindrücke; bezieht sich eher auf Frucht- als auf Eichennoten.

Korken
Aus der Rinde der Korkeiche gewonnener Flaschenverschluss.

Korkschmecker, korkig
Durch den Kontakt mit Naturkorken hervorgerufener Weinfehler; verursacht meist durch die chemische Verbindung TCA (2,4,6-Trichloranisol), die dem Wein einen unangenehm muffigen Geruch verleiht.

Körper
Der Ausdruck beschreibt die Textur des Weins, meist abhängig vom Alkoholgehalt. Siehe auch **Gewicht.**

Körperreich
Begriff für Wein mit überdurchschnittlich voller Textur. Siehe auch **Schwer.**

Kräuterwürzig, krautig
Beschreibung für Weine, deren Aromen an Kräuter, Blätter oder Gemüse erinnern. »Krautig« hat einen negativen Beiklang.

Lactone
Aromatische Ester, die in Eichenfässern vorkommen und zur Eichennote von Weinen beitragen.

Länge
Siehe **Abgang.**

Leicht
Beschreibung für Weine mit feiner Textur; damit verbindet man Weine von weniger als 13 % Alkohol.

Maderisierung
Durch Hitze verursachte Geschmacksveränderung in Wein; benannt nach den Weinen aus Madeira.

Markenname
Die kommerzielle Identität eines Weins; kann der Erzeugername oder Teil einer Produktreihe sein.

Marmeladig
Beschreibung für Weine, deren Aromen an gekochte oder gesüßte Früchte erinnern.

Massenträgersorten
Rebsorten, die auch bei sehr hohen Erträgen noch passable Weine hervorbringen können; oft für Fass- und Billigweine verwendet.

Mild
Bezeichnung für Weine mit Aromen von geringer Intensität.

Mittelschwer
Beschreibung für Weine mit mittlerer Textur, weder leicht noch schwer, die meist zwischen 13 und 14 % Alkohol enthalten.

Mousse
Bezeichnung für das Schäumen bzw. Perlen eines Weins.

Mundgefühl
Im Mund wahrgenommene taktile Empfindungen von Speisen und Getränken.

Neue Eiche
Fässer oder andere Produkte aus Eiche, die noch nicht mit Wein in Kontakt gekommen sind, verleihen Wein bestimmte Aromen und Geschmacksnoten.

Neue Welt
Sammelbezeichnung für die Weinregionen Amerikas und der Südhalbkugel.

Neutrales Fass
Eichenfass, in dem schon mindestens drei Jahre lang Wein gelagert wurde und das deshalb kaum noch Eichennoten abgibt.

Ohne Eichennote
Beschreibung für Weine, die bei Weinbereitung und Ausbau gar nicht in Kontakt mit Eiche kommen – oder nur so schwach, dass in Geruch und Geschmack kein Holzeinfluss wahrzunehmen ist. *Unoaked* oder *unwooded* sagt man dazu in der Neuen Welt.

Olfaktorisch
Den Geruchssinn betreffend.

Oxidation, oxidiert
Reaktion mit Sauerstoff; die Hauptursache für fehlerhafte Weine durch zu langen Luftkontakt. Bei der Weinbereitung vermeidet man normalerweise Oxidation. Als Weinbeschreibung steht »oxidiert« für Weine mit wenig Frische, bräunlicher Farbe sowie Aromen von Nüssen und gekochten Früchten.

Perlend
Wein mit geringerem Kohlensäuregehalt als Schaumwein.

Phenolische Verbindungen
Farb- und Aromastoffe, die in den Traubenschalen enthalten sind, darunter Tannin und Anthocyanin; häufig sind es auch Antioxidantien mit konservierender Wirkung.

Potenzieller Alkohol
Der Zuckergehalt der Trauben vor der Gärung bestimmt den möglichen maximalen Alkoholgehalt der aus ihnen bereiteten Weine.

Premier cru
Französische Qualitätsklassifikation für Wein. Siehe **Cru.**

Premium-Wein
Wein von hoher Qualität, in der Regel teuer.

Punktbewertung
Von Kritikern und Zeitschriften verwendete Methode, um Weine einzustufen; meist Zahlen in einem 100-Punkte-Schema.

Rassig
Beschreibung für Weine mit hohem Säuregehalt.

Rau
So bezeichnet man entweder Rotweine mit viel adstringierendem Tannin oder sehr alkoholische Weine allgemein.

Rebsorte
Kultivar der Rebenspezies *Vitis vinifera* – fast alle der zur Weinbereitung verwendeten Trauben gehören dieser Art an.

Reichhaltig, voll
Beschreibung für Weine, die sich im Mund überdurchschnittlich dick bzw. viskos anfühlen; siehe auch **Schwer.**

Reif
Bezeichnung für Weine, die auf dem Höhepunkt sind und nicht weiter lagern müssen. In Bezug auf Trauben siehe **Traubenreife.**

Reifung
Der Teil der Weinbereitung nach der Gärung, bei der der Wein in Fässern, Tanks oder Flaschen lagert.

Reinsortig, sortenrein
Wein, der zu 100 % aus einer einzigen Rebsorte bereitet ist.

Reserva, Reserve, Riserva
Etikettbegriffe, die höhere Qualität vermuten lassen; amtlich in Spanien, Italien und Südamerika, anderswo aber ohne gesetzliche Grundlage.

Rosé
Kategorie von rosafarbenen bis hellroten Weinen. Bei ihrer Bereitung kommt der Traubensaft nur kurz mit den dunklen Schalen in Kontakt.

Röstnote
Begriff, der Weine mit Eichennoten beschreibt: nussige, karamellisierte Aromen, die vom Anrösten des Holzes über offener Flamme beim Fassbau herrühren.

Saccharomyces
Gattung der sog. Zuckerhefen, die trinkbaren Alkohol produzieren und an der Herstellung von Wein, Bier und Brot beteiligt sind.

Salzig
Eine der sechs Geschmacksqualitäten, die von den Geschmacksknospen der Zunge wahrgenommen werden. Salzige Speisen lassen Weine, die dazu getrunken werden, säureärmer erscheinen.

Sauer, Säure
Säure gehört zu den sechs primären Geschmacksqualitäten, die insbesondere mit der Zunge wahrgenommen werden.

Scharf
Beschreibung für außerordentlich säurebetonte Weine.

Schaumwein
Kohlensäurehaltiger Wein, der Bläschen bildet.

Schlaff
Begriff für Wein mit unterdurchschnittlichem Säuregehalt.

Schwer
Begriff für Weine mit reichhaltiger, den Mund ausfüllender Textur; oft Weine, deren Alkoholgehalt über 14 % liegt. Siehe auch **Gewicht.**

Sediment
Fester Bodensatz, der sich aus einer Flüssigkeit abgesetzt hat, etwa der Hefesatz aus abgestorbenen Hefezellen nach der Gärung oder das Depot, das sich in den Flaschen alter Rotweine bildet.

Sensorisch
Die Sinne betreffend: Sehen, Riechen, Schmecken, Fühlen und Hören.

Sommelier
Weinkellner in einem (meist gehobenen) Restaurant, der in der Regel auch für den Weineinkauf zuständig ist.

Sortenrein
Siehe **Reinsortig.**

Spätlese
Allgemein ein Ausdruck für Weine, deren Trauben erst spät im Herbst geerntet wurden und daher reifer und süßer sind. In Deutschland die zweitunterste Qualitätsstufe der Prädikatsweine nach dem deutschen Weingesetz, bereitet aus spät gelesenen Trauben von überdurchschnittlicher Reife. Spätlese-Weine sind oft halbtrocken oder lieblich mit mäßigem Alkoholgehalt, es gibt aber auch schwerere und trockenere Exemplare.

Stärke, stark
Bezeichnung für den Alkoholgehalt eines Weins. Siehe **Gewicht.**

Stillwein, still
Ausdruck für Wein, der keine Kohlensäure enthält.

Subtil
Beschreibung für Weine, deren Geruch und Geschmack unterdurchschnittlich intensiv sind.

Süße, süß
Spürbare Gegenwart von Zucker; eine der sechs an der Zunge wahrnehmbaren Geschmacksqualitäten.

Tafeltrauben
Zum direkten Verzehr bestimmte Trauben, oft kernlos, saftig und dünnschalig.

Taktil
Auf den Tastsinn bezogen.

Tannin
In Traubenschalen vorkommende phenolische Verbindung mit adstringierenden Eigenschaften, die auch als natürlicher Konservierungsstoff wirkt. Tanninbetonte Rotweine erzeugen ein austrocknendes Gefühl im Mund.

Terpene
Aromatische Verbindungen, die für den intensiv floralen Duft von Trauben wie Moscato, Gewürztraminer und Riesling verantwortlich sind.

Terroir
Sammelbegriff für die Summe der einzigartigen Eigenschaften eines Weinbaugebiets oder der Geografie eines Weinbergs. »Terroirweine« weisen sensorische Charakteristika auf, die eng mit den Eigenheiten ihrer Herkunft verbunden sind.

Textur
Bezeichnung für den Körper bzw. die Viskosität eines Weins, in der Regel im Zusammenhang mit dem Alkoholgehalt. Siehe auch **Gewicht.**

Tränen, Kirchenfenster
Die Tropfen, die sich an der Glaswand bilden, wenn ein Wein im Glas geschwenkt wird – ein sichtbares Zeichen für das Gewicht eines Weins.

Traubenreife
Die Schlussphase der Entwicklung der Frucht in den letzten Wochen vor der Lese, wenn Sonne und Wärme die Trauben süß und saftig macht.

Trocken
Bezeichnung für Wein ohne erkennbaren Zuckergehalt – das Gegenteil von süß und für die allermeisten Weine die Norm. Nicht zu verwechseln mit dem austrocknenden Effekt, den Tannin von Rotwein im Mund verursacht.

Umami
Eine der sechs an der Zunge wahrnehmbaren Geschmacksqualitäten, oft als »deftig« oder »herzhaft« beschrieben; Träger sind Glutamate und Aminosäuren.

Unoaked, unwooded
Siehe **Ohne Eichennote.**

Üppig
Begriff für sehr aromatische, geschmacksintensive Weine.

Vanillin
Hauptaromaverbindung von Vanilleschoten; auch in Eichenholz reichlich vorhanden. Die Eichennote in Weinen ist deshalb oft auch eine Vanillenote.

Verschneiden, Verschnitt
Einen Wein, der aus mehreren verschiedenen Rebsorten erzeugt wurde, nennt man Verschnitt. Das heißt aber nicht, dass Trauben verschiedener Sorten gemeinsam vergoren werden. Aus jeder Sorte wird zunächst ein eigener Wein bereitet; und erst die fertigen Weine werden dann miteinander verschnitten.

Vin Doux Naturel
Französischer Dessertwein, erzeugt durch *mutage*, also durch Spriten mit Branntwein nach der »Port-Methode«.

Viskosität
Grad der Zähflüssigkeit; bei Wein die Textur oder »Dicke«. Siehe auch **Gewicht.**

Vitis vinifera
Für die Weinerzeugung wichtigste Spezies der Weinrebe.

Voll
Siehe **Reichhaltig.**

Weich
Beschreibung für Weine mit wenig adstringierendem Tannin, manchmal auch für säurearme Weine.

Weinbereitung
Der Vorgang, frische Trauben durch Gärung in Wein zu verwandeln.

Weingeist
Hochprozentiger, fast reiner Alkohol. Siehe **Branntwein**.

Weingut, Gut
Winzerbetrieb, der den Wein auch selbst erzeugt, wodurch Traubenanbau und Weinbereitung in einer Hand bleiben.

Register

Fett gedruckte Seitenzahlen verweisen auf Haupteinträge.

A

B

X

Y

Z

DK | Penguin Random House

Cheflektorat Dawn Henderson
Bildredaktion Christine Keilty,
Umschlaggestaltung Nicola Powling
Herstellung Raymond Williams, Oliver Jeffreys
Redaktionsleitung Peggy Vance
Design Director Peter Luff

Für DK produziert von
Sands Publishing Solutions
Redaktion David Tombesi-Walton
Bildredaktion Simon Murrell

Für die deutsche Ausgabe:
Programmleitung Monika Schlitzer
Projektbetreuung Andrea Göppner
Herstellungsleitung Dorothee Whittaker
Herstellungskoordination Madlen Richter
Herstellung Inga Reinke

Titel der englischen Originalausgabe:
Wine – A Tasting Course

Übersetzung Martin Waller
Lektorat Karen Dengler, Werkstatt München
Satz Roman Bold & Black, Köln

ISBN 978-3-8310-2642-5

Druck und Bindung Hung Hing Printing Group, China

Besuchen Sie uns im Internet
www.dorlingkindersley.de

Hinweis
Die Informationen und Ratschläge in diesem Buch sind von den Autoren und vom Verlag sorgfältig erwogen und geprüft, dennoch kann eine Garantie nicht übernommen werden.
Eine Haftung der Autoren bzw. des Verlags und seiner Beauftragten für Personen-, Sach- und Vermögensschäden ist ausgeschlossen.

Die Autorin

Ein frischer Wind weht durch die Welt des Weins, seit Sommelière Marnie Old komplexe Weinthemen mit ihrer intuitiven Herangehensweise und fesselnden Art verständlich macht. Für die Philadelphia Daily News schreibt sie humorvolle Weinkolumnen, beim jährlichen Food & Wine Classic in Aspen ist sie eine gefragte Rednerin. Im renommierten French Culinary Institute in Manhattan war Marnie Old Director of Wine Studies, außerdem diente sie der American Sommelier Association als Leiterin der Ausbildungsabteilung.

Dank der Autorin

An der Entstehung dieses Buchs war eine Reihe von Leuten beteiligt. Folgenden Personen bin ich zutiefst zu Dank verpflichtet:
Michael Mondavi für seine beständige Unterstützung;
Jamie Goode für seine Vertrauensbekundung;
Tim Kilcullen für sein ehrliches Feedback;
Karyn Gallagher für ihre aufmunternden Worte;
Peggy Vance für ihr intuitives Verständnis dafür, dass dieses Buch gebraucht wird;
Simon Murrell für seine brillanten Visualisierungen;
David Tombesi-Walton für seine geduldige Aufmerksamkeit, wenn es um Details ging;
David Ramey für seinen Fakten-Check in letzter Minute;
Eric Miller für seine wertvollen Kenntnisse der Weinbereitung;
Josh Rosenblat und Kaleigh Smith für ihre Bereitschaft, als Versuchskaninchen herzuhalten;
Kevin Zraly dafür, dass sie mich auf diesen Weg gebracht hat.

Auch den Weinfirmen danke ich herzlich, die großzügig geholfen und ihre Erlaubnis gegeben haben, ihre Produkte abzubilden:
Pierre Gimonnet & Fils, Terry Theise und Michael Skurnik Wines;
Yellow Tail, Casella Wines und Deutsch Family Wine & Spirits;
Bodegas Muga, Jorge Ordóñez und Fine Estates aus Spanien;
SeaGlass Wines und Trinchero Family Estates;
Pacific Rim Wines;
Ramey Wine Cellars;
Concha y Toro USA und Banfi Vintners;
Beaulieu Vineyard und Diageo Chateau & Estate Wines;
Château La Lagune;
Maison Louis Jadot, Tenuta di Nozzole und Kobrand Corporation;
Dr. Loosen und Loosen Bros. USA.

Dank des Verlags

Dorling Kindersley dankt nachstehenden Personen für ihre Hilfe bei diesem Projekt:
Mandy Earey, Kathryn Wilding und Kate Fenton für das Grafikdesign;
Elizabeth Clinton für die Redaktion.

Dank des Produktionsbüros

Sands Publishing Solutions dankt nachstehenden Personen für ihre Mitwirkung an diesem Projekt:
Natalie Godwin für die Assistenz beim Grafikdesign; Hilary Bird für die Erstellung des Registers.